职业院校财经商贸类专业"十三五"规划教材

主　审　陈以东　李建红

财经法规与会计职业道德习题集

主　编　罗厚朝　成玉祥
副主编　翁其龙　费　蕾　张志明
　　　　王惠惠　高月玲
参　编　朱　琴　周　羽　王登芳
　　　　杭冬梅　李　彦

苏州大学出版社
Soochow University Press

图书在版编目(CIP)数据

财经法规与会计职业道德习题集 / 罗厚朝,成玉祥主编. —苏州:苏州大学出版社,2017.3
职业院校财经商贸类专业"十三五"规划教材
ISBN 978-7-5672-2063-8

Ⅰ.①财… Ⅱ.①罗… ②成… Ⅲ.①财政法—中国—高等职业教育—习题集②经济法—中国—高等职业教育—习题集③会计人员—职业道德—高等职业教育—习题集 Ⅳ.①D922.2—44②F233—44

中国版本图书馆 CIP 数据核字(2017)第 041535 号

财经法规与会计职业道德习题集
罗厚朝 成玉祥 主编
责任编辑 施小占

苏州大学出版社出版发行
(地址:苏州市十梓街1号 邮编:215006)
常州市武进第三印刷有限公司印装
(地址:常州市武进区湟里镇村前街 邮编:213154)

开本 787 mm×1 092 mm 1/16 印张 14 字数 341 千
2017 年 3 月第 1 版 2017 年 3 月第 1 次印刷
ISBN 978-7-5672-2063-8 定价:30.00 元

苏州大学版图书若有印装错误,本社负责调换
苏州大学出版社营销部 电话:0512-65225020
苏州大学出版社网址 http://www.sudapress.com

职业院校财经商贸类专业"十三五"规划教材

编委会

主　任　张建初

编　委（排序不分先后）

陈以东　王登芳　高月玲　蒲　忠
李建红　费　蕾　张志明　沈进城
杭冬梅　周丽萍　王惠惠　陈明可
朱　琴　李　彦　罗厚朝　顾关胜
潘朝中　成玉祥　吴明军　邹小玲
李国松　李玉生　周　羽　魏　涛
范红梅

职业院校财经商贸类专业"十三五"规划教材

参加编写学校名单(排序不分先后)

盐城生物工程高等职业技术学校

苏州旅游与财经高等职业技术学校

江苏省大丰中等专业学校

江苏省东台中等专业学校

江苏省吴中中等专业学校

苏州工业园区工业技术学校

江苏省张家港中等专业学校

江苏省相城中等专业学校

江苏省苏州丝绸中等专业学校

江苏省阜宁中等专业学校

盐城交通技师学院

盐城机电高等职业技术学校

为方便考生理解、掌握《财经法规与会计职业道德》的内容,细化各知识点的学习,提高学生理解、分析能力,特编写了本习题集,以供财会类专业学生学习课程时参考选用。

本习题集具有以下特点:

1. 层次明晰 本习题集按照《财经法规与会计职业道德》的章节层次及知识点的顺序排列,遴选出典型性和代表性的题目。

2. 配套性高 本习题集以其配套性和全面性为主要特色,高度匹配《财经法规与会计职业道德》教材,学生可根据学习进度选做相应的题目,从而巩固学习知识,提高学习效果。

3. 针对性强 本习题集体现了知识更新要求,注重了知识浅、宽、新、用,70%是常见题目,20%是有一定难度的题目,10%是较难题目,从而开阔学生的视野、拓宽学生的知识面,有利于学生掌握相关知识点。这也是本习题集编写的出发点和立足点。

本习题集由罗厚朝、成玉祥任主编,翁其龙、费蕾、张志明、王惠惠、高月玲任副主编,陈以东、李建红主审,并由朱琴、周羽、王登芳、杭冬梅、李彦等老师,对习题的内容、试题的难易程度及质量等作了周密务实的反复推敲。在此,我们对在编写、出版过程中,给予大力支持和悉心指导的命题老师和相关组织单位表示诚挚的感谢!

由于编者水平有限,时间仓促,书中疏漏在所难免,希望读者与专家不吝赐教,以便进一步完善。

第一部分 教材配套练习

第一章 会计法律制度 ………………………………………… (1)
第二章 结算法律制度 ………………………………………… (19)
第三章 税收法律制度 ………………………………………… (36)
第四章 财政法律制度 ………………………………………… (53)
第五章 会计职业道德 ………………………………………… (69)

第二部分 综合练习

综合练习(一) ………………………………………………… (86)
综合练习(二) ………………………………………………… (92)
综合练习(三) ………………………………………………… (99)
综合练习(四) ………………………………………………… (105)
综合练习(五) ………………………………………………… (112)

各部分参考答案与解析 …………………………………………… (119)

第一部分 教材配套练习

第一章 会计法律制度

一、单项选择题

1. 对单位财务会计报告的真实性、完整性承担法律责任的主体是(   )。
   A. 单位会计机构负责人   B. 单位负责人
   C. 单位总会计师   D. 财务会计报告的编制人员

2. 下列各项中,属于会计法律的是(   )。
   A.《会计法》   B.《企业会计准则》
   C.《总会计师条例》   D.《企业财务会计报告条例》

3. 下列各项中,属于会计工作政府监督实施主体的是(   )。
   A. 证监会   B. 保监会   C. 银监会   D. 财政部门

4. 下列各项中,属于单位会计机构负责人必须具备的条件是(   )。
   A. 取得会计从业资格证书,且具备会计师以上专业技术职务资格或者从事会计工作的经历为 1 年以上
   B. 取得会计从业资格证书,且具备会计师以上专业技术职务资格或者从事会计工作的经历为 2 年以上
   C. 取得会计从业资格证书,且具备会计师以上专业技术职务资格或者从事会计工作的经历为 3 年以上
   D. 取得会计从业资格证书,且具备会计师以上专业技术职务资格或者从事会计工作的经历为 5 年以上

5. 下列各项中,属于会计主管人员办理交接手续时作为监交人员的是(   )。
   A. 单位负责人   B. 会计机构负责人
   C. 财政部特派人员   D. 审计部特派人员

6. 下列各项中,属于对编制虚假财务会计报告但尚不构成犯罪的单位应处的罚款是(   )。
   A. 三千元以上五万元以下   B. 五千元以上十万元以下
   C. 五万元以上十万元以下   D. 五千元以上五万元以下

7. 在我国,从事会计工作的人员,其基本任职条件是(   )。
   A. 具有会计专业技术资格   B. 担任会计专业职务
   C. 具有中专以上专业学历   D. 具有会计从业资格证书

8. 要求同一企业不同时期发生的相同或者相似的交易或者事项,应当采用一致的会计政策,不得随意变更,这是会计信息质量的(   )。
   A. 相关性要求   B. 明晰性要求   C. 可比性要求   D. 重要性要求

9. 关于原始凭证,下列说法中不正确的是( )。
   A. 自制原始凭证必须有经办单位领导人或者其指定的人员签名或盖章
   B. 发生销货退回的,除填制退货发票外,还必须有退货验收证明
   C. 经上级有关部门批准的经济业务,应当将批准文件作为原始凭证附件
   D. 原始凭证金额有错误的,应由出具单位更正,并加盖出具单位印章

10. 其他单位因为特殊原因需要使用原始凭证时,经本单位相关人员批准,可以复制。该相关人员是指( )。
    A. 会计机构负责人   B. 出纳
    C. 领导人   D. 负责人

11. 某单位会计人员戴某在填制记账凭证过程中发生了以下事项,其中正确的是( )。
    A. 若干张原始凭证进行汇总,根据汇总后的原始凭证汇总表填制记账凭证
    B. 一张更正错误的记账凭证未附原始凭证
    C. 由于一张购货发票涉及了另一单位,发票原件被对方保存,故根据发票复印件填制记账凭证
    D. 填制记账凭证时,因出现文字错误,遂用划线更正法更正

12. 库存现金和银行存款日记账的保管期限是( )。
    A. 10 年   B. 15 年   C. 25 年   D. 永久

13. 下列各项中,不属于行政事业单位内部控制原则的是( )。
    A. 全面性原则   B. 重要性原则   C. 成本效益原则   D. 适应性原则

14. 明确各岗位办理业务和事项的权限范围、审批程序和相关责任,建立重大事项集体决策和会签制度,以下属于行政事业单位内部控制方法的是( )。
    A. 不相容岗位相互分离   B. 内部授权审批制度
    C. 归口管理   D. 会计控制

15. 下列各项中,有权对单位内部会计工作行使监督权,并依法对违法会计行为实施行政处罚的是( )。
    A. 县级以上财政部门   B. 县级以上税务部门
    C. 县级以上审计部门   D. 县级以上人民银行

16. 对于不单独设置会计机构而在有关机构中设置会计人员并指定负责人的单位,其指定的负责人是指( )。
    A. 会计主管   B. 主办会计   C. 主管会计   D. 会计主管人员

17. 对于伪造学历、会计从业资格证书和资历证明的,( )内不得再参加会计专业技术资格考试。
    A. 1 年   B. 2 年   C. 3 年   D. 5 年

18. 下列各项中,属于会计行政法规的是( )。
    A. 《会计从业资格管理办法》
    B. 《企业财务会计报告条例》
    C. 《企业会计准则——基本准则》
    D. 《注册会计师法》

19. 由国家主管会计工作的行政部门以及其他相关部委根据法律和国务院的行政法规、决定、命令,在本部门的权限范围内制定的、调整会计工作中某些方面内容的国家统一的会计制度和规范性文件是(   )。
    A. 会计法律   B. 会计行政法规
    C. 会计部门规章   D. 地方性会计法规

20. 下列人员中,不属于单位负责人的是(   )。
    A. 公司制企业的董事长
    B. 国有企业的党组织负责人
    C. 代表合伙企业执行合伙企业事务的合伙人
    D. 个人独资企业的投资人

21. 下列人员中,应当保证会计机构、会计人员依法履行职责,不得授意、指使、强令会计机构和会计人员违法办理会计事项的是(   )。
    A. 分管会计工作的副职领导   B. 总会计师
    C. 单位负责人   D. 会计主管

22. 取得相关资格或者符合有关条件的会计人员,能否具体从事相关工作,由所在单位自行决定,但(   )除外。
    A. 会计机构负责人   B. 会计主管人员
    C. 高级会计师   D. 总会计师

23. 在某国有企业中,根据回避制度的规定,会计主管人员张某的直系亲属不得担任本单位的(   )。
    A. 会计机构负责人 B. 库管   C. 出纳   D. 稽核

24. 某单位业务人员朱某在一家个体酒店招待业务单位人员,发生招待费 300 元。事后,他将酒店开出的收据金额改为 800 元,并作为报销凭证进行了报销。朱某的行为属于下列违法行为中的(   )。
    A. 伪造会计凭证行为   B. 变造会计凭证行为
    C. 做假账行为   D. 违反招待费报销制度行为

25. 根据会计法律制度的规定,对账工作每年至少应进行的次数是(   )。
    A. 1 次   B. 2 次   C. 3 次   D. 4 次

26. 单位会计账簿记录与会计报表有关内容核对相符也称为(   )。
    A. 账证相符   B. 账账相符   C. 账实相符   D. 账表相符

27. 下列各项中,不属于财务报表种类的是(   )。
    A. 资产负债表 B. 财务预算方案 C. 现金流量表 D. 利润表

28. 根据《企业财务会计报告条例》的规定,我国财务会计报告的责任主体是(   )。
    A. 总会计师   B. 单位负责人
    C. 会计机构负责人   D. 单位领导人

29. 单位未设立档案机构的,应当在会计机构内部指定专人保管会计档案,下列人员中不能指定保管会计档案的是(   )。
    A. 主办会计   B. 总账会计   C. 材料会计   D. 出纳会计

30. 根据《会计档案管理办法》的规定,会计档案如有特殊需要,经相关领导批准后,可以提供查阅或者复制,并办理登记手续。该相关领导是指( )。
  A. 单位负责人   B. 单位分管会计工作的领导
  C. 单位会计机构负责人   D. 会计主管

31. 会计档案保管期限分为永久和定期两类。定期保管的会计档案,其最长期限是( )。
  A. 5年   B. 10年   C. 15年   D. 25年

32. 会计档案保管期限分为永久和定期两类。下列属于企业永久性保管的会计档案是( )。
  A. 原始凭证   B. 会计档案保管清册
  C. 总账   D. 会计移交清册

33. 对于国家机关销毁会计档案时,应当由相关部门派员参加监销。该相关部门是指( )。
  A. 上级财政、审计部门   B. 省级财政、纪检部门
  C. 同级财政、审计部门   D. 同级财政、档案管理部门

34. 企业内部控制的目标不包括( )。
  A. 财务报告的可靠性   B. 审计风险处在低水平
  C. 经营的效率和效果   D. 在所有经营活动中遵守法律的要求

35. 企业的内部控制五要素中属于内部控制基础的是( )。
  A. 控制活动   B. 内部环境   C. 风险评估   D. 信息与沟通

36. 下列各项中,不属于内部牵制制度内容的是( )。
  A. 对限制性岗位的定期检查办法   B. 对出纳岗位的职责和限制条件
  C. 内部牵制制度的原则   D. 稽核工作的职责

37. 下列各项中,不属于会计岗位的是( )。
  A. 会计机构内档案管理岗位   B. 单位内部审计岗位
  C. 财产物资收发、增减核算岗位   D. 总账岗位

38. 接替人员在移交接替过程中发现有"白条顶库"现象,按要求在规定期限内负责查清处理的人员是( )。
  A. 会计机构负责人   B. 移交人员   C. 接替人员   D. 监交人员

39. 一般会计人员办理会计工作交接手续时,负责监交的人员应当是( )。
  A. 主办会计   B. 会计机构负责人
  C. 单位负责人   D. 主管单位有关人员

40. 某单位会计人员在办理了会计资料移交后已调离原工作岗位,事后发现移交的会计资料不真实,按照法律规定,应承担法律责任的人员是( )。
  A. 接替人员   B. 监交人
  C. 会计机构负责人   D. 移交人员

41. 会计从业资格证书实行定期换证制度,其规定的换证期限是( )。
  A. 3年   B. 4年   C. 5年   D. 6年

42. 对于会计从业资格证书到期换证,持证人员应当在到期前一定时期内,到所属会计从业资格管理机构办理换证手续。该时期为( )。
    A. 6个月   B. 4个月   C. 3个月   D. 1个月
43. 下列各项中,不属于行政处罚的是( )。
    A. 罚款   B. 记过
    C. 责令限期改正   D. 吊销会计从业资格证书
44. 根据中华人民共和国刑法的规定,下列各项中属于主刑的是( )。
    A. 罚金   B. 没收财产   C. 有期徒刑   D. 剥夺政治权利
45. 对于伪造、变造会计凭证、会计账簿或者编制虚假财务会计报告的行为,尚不构成犯罪的,由县级以上人民政府财政部门予以通报,可以对单位并处一定额度的罚款。该额度为( )。
    A. 5 000元以上10万元以下   B. 2 000元以上2万元以下
    C. 3 000元以上5万元以下   D. 5 000元以下
46. 下列行为中,不论情节严重与否,应由县级以上人民政府财政部门依法吊销会计从业资格证书的是( )。
    A. 提取固定资产折旧的记账凭证未附原始凭证的行为
    B. 未按照规定的方法更正错账的行为
    C. 会计记录文字采用英文的行为
    D. 编制虚假的财务会计报告的行为
47. 下列各项中,不属于会计行业自律管理制度应发挥的作用的是( )。
    A. 督促会计人员依法开展会计工作   B. 替代会计行政管理制度
    C. 促进行业的发展   D. 树立良好的行业风气
48. 下列各项中,不属于对会计违法行为的行政处分是( )。
    A. 警告   B. 记过   C. 责令限期改正   D. 开除
49. 经办人员应及时将原始凭证送交会计机构,原则上最迟不应超过的时限是( )。
    A. 一个会计结算期   B. 一个季度
    C. 半年   D. 一个月
50. 《总会计师条例》属于( )。
    A. 会计规范性文件   B. 会计行政法规
    C. 会计法律   D. 会计部门规章
51. ( )是在单位负责人领导下,主管经济核算和财务会计工作的负责人。
    A. 单位总书记   B. 总会计师   C. 会计师   D. 会计主管
52. 对于不具备设置会计机构条件的单位,正确的做法是( )。
    A. 可以不记账   B. 可以挂靠其他单位进行记账
    C. 可以挂靠财政部门进行记账   D. 可以委托中介机构代理记账
53. 会计人员调动工作或者离职,必须与之办清交接手续的人员是( )。
    A. 会计机构负责人 B. 会计主管人员 C. 单位负责人   D. 接管人员
54. 下列各项中,属于伪造会计凭证和会计账簿的是( )。
    A. 采取涂改手段改变会计凭证和会计账簿的真实内容

B. 采取挖补手段改变会计凭证和会计账簿的真实内容
C. 将一项经济业务在不同的会计账簿上做出不同反映
D. 以虚假的经济业务为前提编造不真实的会计凭证、会计账簿和其他会计资料

55. 下列各项中,不属于会计岗位的是( )。
    A. 出纳岗位　　　　　　　　　　B. 总账岗位
    C. 药房收费员　　　　　　　　　D. 会计电算化岗位

56. 下列关于会计工作岗位的说法中,不正确的是( )。
    A. 根据单位会计业务的需要设置　　B. 贯彻内部牵制的原则
    C. 只能一人一岗　　　　　　　　　D. 定期轮换

57. 下列各项中,属于会计行政法规的是( )。
    A. 《企业会计制度》　　　　　　　B. 《会计法》
    C. 《会计基础工作规范》　　　　　D. 《企业财务会计报告条例》

58. 违反刑事法律规范所应当承担的法律责任是( )。
    A. 赔偿责任　　B. 民事责任　　C. 行政责任　　D. 刑事责任

59. 按《中华人民共和国会计法》的规定,会计人员变造会计凭证和会计账簿,但是尚不构成犯罪,其违法行为的法律后果是( )。
    A. 处以 3 000 元以上 100 000 元以下的罚款,并吊销其会计从业资格证书
    B. 处以 3 000 元以上 50 000 元以下的罚款,并吊销其会计从业资格证书
    C. 予以警告,并处以 3 000 元以上 100 000 元以下的罚款
    D. 予以警告,并处以 5 000 元以上 100 000 元以下的罚款

60. 下列关于会计工作自律管理的表述中,不正确的是( )。
    A. 中国会计学会属于会计工作自律管理的组织机构之一
    B. 中国总会计师协会是总会计师行业的全国性自律组织
    C. 中国会计学会是总会计师行业的全国性自律组织
    D. 中国注册会计师协会是在财政部党组和理事会领导下开展行业管理和服务的法定组织

二、多项选择题

61. 下列属于会计核算内容的有( )。
    A. 债权债务的发生和结算　　　　B. 经济合作的谈判与签订
    C. 财务成果的计算和处理　　　　D. 收入、支出、费用、成本的计算

62. 根据《会计工作基础规范》的规定,下列属于会计工作岗位的有( )。
    A. 稽核岗位　　　　　　　　　　B. 会计主管人员
    C. 工资核算岗位　　　　　　　　D. 单位内部审计岗位

63. 会计监督是会计的基本职能之一,是指会计人员在进行会计核算的同时,对特定主体的( )进行审查。
    A. 真实性　　　B. 合法性　　　C. 合理性　　　D. 准确性

64. 关于会计记录文字的使用,以下说法中正确的有( )。
    A. 应当使用中文
    B. 可以使用中文,也可以使用其他文字

C. 可以同时使用一种其他文字
D. 不得使用其他文字

65. 下列关于注册会计师审计与内部审计关系的说法中,正确的有( )。
   A. 内部审计主要是对内部控制的有效性、财务信息的真实性和完整性以及经营活动的效率和效果所开展的一种评价活动;注册会计师审计主要对被审计单位财务报表的真实性(或合法性)和公允性进行审计
   B. 内部审计强制程度高;注册会计师审计强制程度低
   C. 内部审计与注册会计师审计一样,都是现代审计体系的组成部分
   D. 外部审计人员在对内部审计工作进行评价以后,利用内部审计全部或部分工作成果,可以减少现场测试的工作量,提高工作效率,从而节约被审计单位的审计费用

66. 《会计基础工作规范》规定各单位应当建立清查制度,主要内容包括( )。
   A. 财产清查范围   B. 财产清查组织
   C. 财产清查的期限和方法   D. 财产管理人员的奖惩办法

67. 下列各项中不符合从事代理记账业务的中介机构的条件有( )。
   A. 2名以上持有会计从业资格证书的专职从业人员
   B. 无固定的办公场所
   C. 没有健全的代理记账业务规范和财务会计管理制度
   D. 主管代理记账业务的负责人具有会计师以上专业技术职务资格

68. 下列人员可以成为单位负责人的有( )。
   A. 国家机关的最高行政长官   B. 公司的董事长
   C. 公司的财务总监   D. 国有企业的厂长

69. 下列各项中,属于国家统一会计行政法规的有( )。
   A. 《中华人民共和国总会计师条例》 B. 《会计从业资格管理办法》
   C. 《企业财务会计报告条例》   D. 《企业会计准则——基本准则》

70. 下列各项中,属于会计工作行政管理的有( )。
   A. 会计监督检查   B. 会计市场管理
   C. 会计专业人才评价   D. 制定国家统一的会计准则制度

71. 下列关于更正原始凭证的表述中,正确的有( )。
   A. 原始单位对于填制有误的原始凭证负有更正和重新开具的法律义务,不得拒绝
   B. 对于金额发生错误的原始凭证,必须退回原开出单位重开,不可在原错误处更正
   C. 对于文字发生错误的原始凭证,应退回原开出单位重开,或在错误处进行更正,并在更正处加盖更正单位公章及相关人员名章
   D. 原始凭证填写如有错误,要使用正确的改错方法更正,不得涂改、刮擦、挖补或用褪色水改,更正处应当加盖开出单位的公章

72. 下列关于会计档案保管期限的表述中,正确的有( )。
   A. 年度财务报告永久保管   B. 库存现金和银行日记账保管25年
   C. 会计凭证保管期限一般为15年   D. 总账、明细账和辅助账簿保管10年

73. 下列各会计档案中,需要保管15年的有( )。
    A. 总账账簿 B. 明细账账簿
    C. 会计移交清册 D. 银行日记账账簿
74. 下列各项中,可以对有关单位会计资料实施监督检查的有( )。
    A. 财政部门 B. 人民银行 C. 税务部门 D. 证券监管部门
75. 下列各项中,属于我国注册会计师可以承担的审计业务有( )。
    A. 审查企业财务会计报告,出具审计报告
    B. 验证企业资本,出具验资报告
    C. 法律、行政法规规定的其他审计业务
    D. 办理企业合并、分立、清算事宜中的审计业务,出具有关的报告
76. 下列各项中,属于会计工作岗位设置要求的有( )。
    A. 按需设岗 B. 建立轮岗制度
    C. 建立岗位责任制 D. 符合内部牵制的要求
77. 下列各岗位中,出纳不得同时兼任的有( )。
    A. 稽核 B. 费用类科目的账目登记
    C. 会计档案保管 D. 债权类科目的账目登记
78. 单位内部的会计工作管理主要包括( )。
    A. 会计人员回避制度 B. 会计监督检查
    C. 会计人员的选拔任用 D. 会计专业人才评价
79. 下列各项中,属于会计档案的是( )。
    A. 利润表 B. 固定资产明细账
    C. 银行对账单 D. 购货发票
80. 下列关于会计档案,说法正确的是( )。
    A. 会计档案的保管期限分为永久和定期两类
    B. 我国境内所有单位的会计档案,经有关部门同意后,可以携带出境
    C. 正处于项目建设期间的建设单位,其保管期满的会计档案不得销毁
    D. 会计档案的保管期限,从会计年度终了后的第一天算起
81. 我国会计法律制度主要包括( )。
    A. 会计法律 B. 会计行政法规
    C. 会计部门规章 D. 地方性会计法规
82. 下列各项中,属于我国财政部门对会计市场管理内容的有( )。
    A. 会计市场的准入管理 B. 会计市场的过程监督
    C. 会计市场的退出管理 D. 会计培训市场的管理
83. 根据新的企业会计基本准则的规定,会计计量属性主要包括历史成本和( )等。
    A. 现值 B. 公允价值 C. 重置成本 D. 可变现净值
84. 下列各项中,任用会计人员应当实行回避制度的有( )。
    A. 国有企业 B. 私营企业 C. 国家机关 D. 事业单位
85. 某单位因其客户需要复印本单位当年的购货发票,下列做法中,正确的是( )。
    A. 经财务部门负责人同意后可提供购货发票复印件

B. 经请示单位负责人同意后可提供购货发票复印件
C. 向客户提供的购货发票复印件,应当在专设的登记簿上登记
D. 向客户提供购货发票复印件时,经办人和客户都要签名或盖章

86. 下列各项中,属于我国单位内部会计监督主体的有(   )。
   A. 会计机构   B. 会计人员
   C. 单位负责人   D. 审计人员

87. 下列各项中,属于企业内部控制要素的有(   )。
   A. 内部环境   B. 内部监督   C. 风险评估   D. 控制活动

88. 下列各项中,属于单位内部审计内容的有(   )。
   A. 财务审计   B. 行政责任审计   C. 经营审计   D. 管理审计

89. 下列各项中,属于财政部门对单位会计核算情况实施监督检查的内容有(   )。
   A. 是否存在外设账等违法行为
   B. 对实际发生的经纪业务事项是否及时办理会计手续,进行会计核算
   C. 填制或者取得原始凭证、编制记账凭证、登记会计账簿是否符合有关规定
   D. 是否按照有关规定建立并实施内部会计监督制度

90. 下列各项中,属于注册会计师所从事业务内容的有(   )。
   A. 出具审计报告   B. 出具验资报告   C. 担任会计顾问   D. 代理纳税申报

91. 下列各项中,属于依法被吊销会计从业资格证书的人员,自吊销之日起5年内不得参加会计从业资格考试,不得重新取得会计从业资格证书的情形有(   )。
   A. 私设会计账簿的
   B. 未按照规定填制、取得原始凭证的
   C. 随意变更会计处理方法的
   D. 未按照规定使用会计记录文字或者记账本位币的

92. 下列各项中,属于会计从业资格管理机构对持证人员实施监督检查内容的有(   )。
   A. 从事会计工作的人员持有会计从业资格证书的情况
   B. 持证人员换发、调转、变更登记会计从业资格证书情况
   C. 持证人员遵守会计职业道德情况
   D. 持证人员接受继续教育情况

93. 某企业对出售废料的收入1万元未纳入企业统一的会计核算,而另设会计账簿进行核算,以解决行政管理部门的福利问题。则该企业及相关人员应承担的法律责任有(   )。
   A. 通报批评
   B. 责令其限期改正
   C. 对该企业并处三千元以上五万元以下的罚款
   D. 对直接负责的主管人员处二千元以上二万元以下的罚款

94. 对受打击报复的会计人员应采取的补救措施通常有(   )。
   A. 要求打击报复者赔礼道歉   B. 赔偿精神损失费
   C. 官复原职   D. 给予经济补偿

95. 关于《会计法》在我国会计法律制度中的地位,下列说法正确的有( )。
   A. 调整我国经济生活中会计关系的法律总规范
   B. 会计法律制度中层次最高的法律规范
   C. 制定其他会计法规的依据
   D. 指导会计工作的最高准则

96. 我国会计工作管理体制的内容主要包括( )。
   A. 会计工作的行政管理   B. 会计工作的自律管理
   C. 单位内部的会计工作管理   D. 会计市场管理

97. 移交人员对其所移交的会计资料的( )承担法律责任。
   A. 真实性   B. 正确性   C. 完整性   D. 可靠性

98. 会计市场退出管理,是指财政部门对在执业过程中有违反会计法律行为的机构和个人进行处罚,情节严重的,吊销其执业资格,强制其退出会计市场。这些会计法律有( )。
   A.《会计法》   B.《注册会计师法》
   C.《审计法》   D.《税收征收管理法》

99. 目前,我国已初步形成的阶梯式的会计专业人才评价机制包括( )。
   A. 会计从业资格考试制度   B. 初级、中级、高级会计人才评价机制
   C. 对先进工作者的表彰奖励   D. 会计行业领军人才培养体系

100. 根据会计法律制度的规定,国有企业单位负责人的直系亲属不得担任本单位的( )。
   A. 出纳员   B. 会计主管人员
   C. 主办会计   D. 会计机构负责人

101. 下列各项中,属于回避制度中所指的亲属关系的有( )。
   A. 夫妻关系   B. 直系血亲关系
   C. 三代以内旁系血亲   D. 近姻亲关系

102. 下列关于原始凭证的说法中,正确的有( )。
   A. 自制原始凭证必须有经办单位领导人或者其指定的人员签名或者盖章
   B. 对外开出的原始凭证必须加盖本单位公章
   C. 会计人员对不真实、不合法的原始凭证,应当销毁
   D. 从个人取得的原始凭证,必须有填制人员的签名或者盖章

103. 下列各项中,属于登记账簿的基本要求的有( )。
   A. 必须依据经过审核的会计凭证登记会计账簿
   B. 各种账簿要按页次顺序连续登记,不得跳行、隔页
   C. 实行会计电算化的单位,总账和明细账应当定期打印
   D. 会计账簿记录发生错误,应按规定的方法更正

104. 各单位定期进行账目核对的目的有( )。
   A. 保证会计账簿记录与实物及款项的实有数额相符
   B. 保证会计账簿记录与会计凭证的有关内容相符
   C. 保证会计账簿记录与会计报表的有关内容相符

D. 保证会计账簿之间相对应的记录相符

105. 某单位出纳人员胡某设置的库存现金日记账采用活页式账簿,银行存款日记账采用订本式账簿。为了分清每天的经济业务,胡某登记银行存款日记账时,在一张账页上登记完当天的经济业务后,次日的经济业务则在另一张账页上重新登记,并按10天一次结出余额。下列关于更正胡某错误的做法中,正确的有( )。

    A. 库存现金日记账采用订本式账簿   B. 银行存款日记账逐日逐笔进行登记

    C. 银行存款日记账每月结出一次余额   D. 银行存款日记账每日结出一次余额

106. 某企业拟销毁一批保管期满的会计档案,其中包括两张未结清的债权债务原始凭证,主管会计工作的副厂长在会计档案销毁清册上签署销毁意见后,由该企业的档案管理部门负责对该批会计档案进行销毁,销毁后遂向单位负责人报告。请问下列各项中,属于该企业在档案销毁过程中错误做法的是( )。

    A. 销毁了会计档案中未结清的债权债务原始凭证

    B. 销毁会计档案由副厂长在销毁清册上签署意见

    C. 会计档案的销毁由档案管理部门负责

    D. 会计档案销毁后向单位负责人报告

107. 下列各项中,属于会计监督范畴的有( )。

    A. 单位内部会计监督   B. 会计工作的政府监督

    C. 会计工作的社会监督   D. 商业银行的监督

108. 下列各项中,属于企业内部控制原则的有( )。

    A. 全面性原则   B. 重要性原则   C. 适应性原则   D. 成本效益原则

109. 单位进行经济活动业务层面的风险评估时,应当重点关注的内容包括( )。

    A. 内部控制的组织工作   B. 预算管理情况

    C. 收支管理情况   D. 政府采购管理情况

110. 下列各项中,属于行政事业单位内部控制的控制方法的有( )。

    A. 单据控制   B. 归口管理

    C. 不相容岗位相互分离   D. 会计控制

111. 下列机构中,有权依法对有关单位的会计资料实施监督检查的有( )。

    A. 财政部门   B. 审计部门   C. 税务部门   D. 商业银行

112. 下列各项中,属于财政部门对单位依法设置会计账簿监督检查的内容有( )。

    A. 按照规定应当设置会计账簿的单位是否设置会计账簿

    B. 设置会计账簿的单位,其设置会计账簿情况是否符合相关法律制度规定

    C. 各单位是否存在账外设账

    D. 各单位是否伪造、变造会计账簿

113. 注册会计师审计与内部审计的联系主要有( )。

    A. 两者都是现代审计体系的重要组成部分

    B. 两者都关注内部控制的健全性和有效性

    C. 注册会计师审计可能涉及对内部审计成果的利用

    D. 两者审计的独立性相同

114. 注册会计师审计与内部审计的区别主要有( )。
   A. 两者的审计职责和作用不同   B. 两者的审计方式不同
   C. 两者的审计独立性不同   D. 两者的审计时间不同

115. 下列各项中,属于注册会计师及其所在的会计师事务所可依法承办的审计业务有( )。
   A. 审查企业财务会计报告,出具审计报告
   B. 验证企业资本,出具验资报告
   C. 办理企业合并、分立、清算事宜中的审计业务,出具有关报告
   D. 设计财务会计制度

116. 下列情形中,会计人员应该办理会计工作交接的有( )。
   A. 调动工作   B. 离职   C. 临时离职   D. 因病不能工作

117. 在办理会计工作交接时,交接双方要按照移交清册列明的内容,进行逐项交接,具体要求有( )。
   A. 现金要根据会计账簿记录余额进行当面点交,不得短缺
   B. 有价证券的数量要与会计账簿记录一致,由于一些有价证券如债券、国库券等面额与发行价格可能会不一致,因此也可以与账簿记录不一致
   C. 移交人员经管的票据、印章及其他会计用品等,也必须交接清楚
   D. 所有会计资料必须完整无缺

118. 根据会计法律制度的规定,下列有关办理会计移交手续的表述中,正确的有( )。
   A. 会计主管人员办理交接手续,由上级审计部门监交
   B. 经单位领导人批准,委托他人代办移交的,委托人仍应承担相应责任
   C. 因病不能工作的会计人员恢复工作的,也应当与接替人员办理交接手续
   D. 单位会计机构负责人晋升为本单位总会计师的,因仍主管会计工作,可不办理交接手续

119. 下列岗位中,必须取得会计从业资格、持有会计从业资格证书方能从事的有( )。
   A. 出纳   B. 稽核
   C. 单位内部审计   D. 会计机构内会计档案保管

120. 下列各项中,属于会计从业资格考试报名基本条件的有( )。
   A. 遵守会计和其他财经法律、法规   B. 具备良好的道德品质
   C. 具备会计专业基础知识和技能   D. 从事过会计工作,有一定的工作经验

三、判断题

121. 对于会计职业和会计工作而言,客观的其中一个特性是"真实性",即会计核算要准确,记录要可靠,凭证要合法。( )

122. 内部审计主要是对内部控制的有效性、财务信息的真实性和完整性以及经营活动的效率和效果所开展的一种评价活动;注册会计师审计主要对被审计单位财务报表的真实性(或合法性)和公允性进行审计。( )

123. 《会计法》规定,各单位应当建立、健全本单位内部会计监督制度。( )

124. 《会计法》规定:审计部门有权对各单位的从事会计工作的人员是否具备从业资格实施监督。(   )

125. 会计行政法规是调整经济生活中各种会计关系的法律。(   )

126. 对会计人员进行打击报复的,除对单位负责人依法进行处罚外,还应当采取必要的补救措施,如恢复会计人员名誉、原有职务、级别。(   )

127. 会计专业技术资格考试是一种通过考试与审核确认担任会计专业职务任职资格的制度。(   )

128. 企业可以在不同的会计期间根据自身财务需要采用不同的会计处理方法。(   )

129. 《会计法》规定,会计账簿登记,必须以经过审核的记账凭证为依据,并符合有关法律、行政法规和国家统一的会计制度的规定。(   )

130. 实行会计电算化的单位,交接双方应将有关电子数据在计算机实行实际操作,确认有关数据正确无误后,方可交接。(   )

131. 对伪造会计账簿的直接责任人员可处 3 000 元以上 5 万元以下的罚款。(   )

132. 会计法律制度是指国家权力机关和行政机关制定的,用以调整会计关系的各种法律、法规、规章和规范性文件的总称。(   )

133. 我国会计工作管理体制实行统一领导、统一管理的原则。(   )

134. 任何单位不得以虚假的经济业务事项或者资料进行会计核算,一旦违反,即是严重的违法行为,将受到法律的严厉制裁。(   )

135. 依法设置会计账簿,是单位进行会计核算的最基本要求之一。(   )

136. 一切妨碍、阻挠会计机构、会计人员进行会计监督的行为都是违法行为。任何人都应支持会计机构、会计人员依法行使会计监督权。(   )

137. 会计工作岗位必须一人一岗。(   )

138. 国有的和国有资产占控股地位或者主导地位的大、中型企业必须设置总会计师。(   )

139. 在设置会计岗位和配备会计人员时,存在夫妻关系、直系血亲关系、三代以内旁系血亲以及近姻亲关系等亲属关系的需要回避。(   )

140. 会计人员在获得会计从业资格证书并上岗后,持证人员无需再进行继续教育。(   )

141. 法律责任是指违反法律规定的行为应当承担的法律后果。《会计法》规定的法律责任主要有行政责任和刑事责任两种责任形式。(   )

142. 《山东省实施〈中华人民共和国会计法〉办法》不属于地方性会计法规。(   )

143. 会计凭证是指记录经济业务发生或者完成情况的书面证明,是登记账簿的依据。(   )

144. 财务报表由资产负债表、利润表、现金流量表、所有者权益变动表四部分组成。(   )

145. 某单位为加强内部管理,进一步健全岗位责任制,规定由会计机构负责人负责本单位内部的会计工作管理。(   )

146. 按照会计人员回避制度的规定,单位负责人的直系亲属不得在本单位会计机构中

担任出纳工作。(   )

147. 注册会计师审计与内部审计具有工作上的一致性(   )

148. 内部审计与内部稽核制度都是企业会计机构内部的一种工作制度,两者并无本质区别。(   )

149. 对于不具备单独设置会计机构条件的单位,可以设置专职会计人员,但无需指定会计主管人员(   )。

150. 某单位出纳王某因工作变动需要办理移交手续,主办会计李某负责监交。(   )

151. 会计作为本单位内部的一项经济管理活动,只受本单位规章制度的约束。(   )

152. 会计部门规章效力低于宪法、法律和行政法规。(   )

153. 地方性会计法规只能由省、自治区、直辖市人民代表大会及其常务委员会根据本地区情况制定发布,其他机关无权制定。(   )

154. 财政部门和审计部门是会计行业和注册会计师行业的主管部门,履行相应的会计市场管理职能。(   )

155. 对会计出版市场、培训市场、境外"洋资格"的管理等不属于会计市场管理的范畴。(   )

156. 财政部和地方财政部门对先进会计工作者的表彰奖励不属于会计人才评价的范畴。(   )

157. 财政部门对会计信息质量检查主要是综合治理会计信息失真问题,提高会计信息质量。(   )

158. 单位作为法人独立进行的会计工作属于单位内部管理活动,财政部门对会计工作的管理属于外部管理活动。(   )

159. 担任单位会计机构负责人只要具备会计师以上专业技术职务资格或从事会计工作3年以上经历就可以了。(   )

160. 单位会计机构负责人应对本单位的会计工作和会计资料的真实性、完整性负责。(   )

161. 企业实际发生的一切经济事项都需要进行会计记录和会计核算。(   )

162. 会计机构、会计人员对不真实、不合法的原始凭证,有权不予受理,并向单位负责人报告。(   )

163. 原始凭证金额出现错误,不得更正,只能由原始凭证开出单位重开。(   )

164. 经涂改的原始凭证不能作为填制记账凭证或登记会计账簿的依据。(   )

165. 除更正错账以及结账外,记账凭证必须附有原始凭证并注明所附原始凭证的张数。(   )

166. 如果填制记账凭证时发生错误,应当重新填制。因此,当发现原始凭证的内容错误时,也一定要重开。(   )

167. 如果填制记账凭证发生金额错误,必须重新填制。(   )

168. 登记会计账簿时发现数字错误,划去整个数字中的错误数字,并由会计人员和会计机构负责人在更正处盖章,以明确责任。(   )

169. 月度财务会计报告应当于月份终了后15天内对外提供。(   )

170. 所有企业的财务会计报告都应委托注册会计师进行审计并出具审计报告。

171. 各单位采用的会计处理方法,前后各期应一致,不得改变。(　　)

172. 对违反国家统一的财政、财务、会计制度规定的财务收支,会计机构和会计人员有权不予办理。(　　)

173. 会计机构和会计人员发现会计账簿记录与实物、款项及有关资料不相符的,应当立即向本单位负责人报告,请求查明原因,做出处理。(　　)

174. 记账人员与经济业务事项和会计事项的审批人员、经办人员、财物保管人员的职责权限应当明确,并相互分离,相互制约。(　　)

175. 企业控制的内部监督是指企业对建立与实施内部控制的情况进行常规、持续的监督检查。(　　)

176. 行政事业单位的风险评估主要指单位层面的风险评估。(　　)

177. 为了及时编制财务会计报告,企业可以提前两天结账。(　　)

178. 单位和个人检举违法会计行为也是会计工作社会监督的范畴。(　　)

179. 会计工作岗位应按需设置,应做到"一人一岗"或"一人多岗",不允许"一岗多人"。(　　)

180. 根据会计机构内部牵制的要求,出纳人员除现金外,不应再保管有价证券和票据。(　　)

四、案例分析题

(一) 2016年3月,某市财政局派出检查组对该市某大型企业甲(国有)的会计工作进行了检查。检查中发现以下情况:

(1) 2016年1月10日,甲企业收到一张应由甲企业和乙企业共同负担费用支出的原始凭证,甲企业的会计人员A以该原始凭证及应承担的费用进行了账务处理,并保存该原始凭证;同时应乙企业的要求将该原始凭证的复印件提供给乙企业用于账务处理。

(2) 2016年3月6日,新上任的厂长张某安排符合会计机构负责人任职条件的儿子B担任本企业的财务科长。3月20日,B与原会计机构负责人办理了会计工作交接手续,人事科长进行了监交。

(3) 2016年5月15日,经会计机构负责人王某批准,业务单位丙企业因业务需要查阅了甲企业2015年有关会计档案,对有关原始凭证进行了复制,并办理了登记手续。

(4) 2016年6月22日,甲企业拟销毁一批保管期满的会计档案(其中包括两张未结清债权债务的原始凭证),由总会计师C在会计档案销毁清册上签署意见后,该批会计档案于2016年6月30日销毁。

(5) 2016年7月18日,厂长张某以总会计师C"擅自在会计档案销毁清册上签署意见"为由,撤销了总会计师C的职务,并决定该厂今后不再设置总会计师的职位。

181. 关于会计人员A的做法,下列说法正确的是(　　)。
    A. 会计人员A的做法是符合规定的
    B. 会计人员A的做法是不符合规定的,应该在复印件上盖上公章
    C. 会计人员A的做法是不符合规定的,原始凭证应该轮换保管
    D. 会计人员A的做法是不符合规定的,应该开具原始凭证的分割单给乙企业

182. 关于甲企业将有关原始凭证复制给业务单位丙企业的做法,下列说法正确的是

( )。
   A. 甲企业的行为符合规定,原始凭证原则上不能外借
   B. 甲企业的行为不符合规定,原始凭证是不能复印提供给其他单位的
   C. 甲企业的行为不符合规定,应该直接把原始凭证交给丙企业
   D. 甲企业的行为符合规定,且办理登记手续时需要由提供人员和收取人员共同签名或盖章

183. B担任甲企业的会计机构负责人,下列说法正确的是( )。
   A. B不能担任甲企业的会计机构负责人
   B. B可以担任甲企业的会计机构负责人
   C. B办理会计工作交接手续,应由单位领导人负责监交
   D. B办理会计工作交接手续,应由财务总监负责监交

184. 关于张某撤销总会计师C的职务,并决定该厂今后不再设置总会计师的职位的做法,下列说法正确的是( )。
   A. 张某有权撤销总会计师C的职务
   B. 张某只有提名撤销的权力,无权直接撤销总会计师C的职务
   C. 张某是厂长,可以决定该厂今后不再设置总会计师的职位
   D. 只有单位主要行政领导人全部同意才能不再设置总会计师的职位

185. 关于甲企业销毁会计档案的过程,下列说法错误的是( )。
   A. 保管期满但未结清的债权债务原始凭证不得销毁
   B. 销毁两张未结清债权债务的原始凭证的做法错误,但由总会计师C在会计档案销毁清单上签了意见,此做法是符合规定的
   C. 保管期满且已结清的原始凭证可以销毁
   D. 单位负责人需要在会计档案销毁清册上签署意见

(二) 2016年5月,某小企业发生如下会计事项:
(1) 该企业不具备设置会计机构和会计人员的条件,委托某代理记账公司办理会计业务。
(2) 单位负责人王某认为,委托代理记账公司办理会计业务,自己不再承担会计责任。
(3) 卞某属于单位档案部门工作人员,负责本单位会计档案保管,卞某尚未取得会计从业资格证书。
(4) 该企业以解约为要挟,要求代理记账公司出具了虚假会计报告。
要求:根据上述资料,分析回答下列问题。

186. 针对事项(3),下列说法中正确的有( )。
   A. 卞某尚未取得会计从业资格证书,不能保管会计档案
   B. 卞某可以保管会计档案,不需要取得会计从业资格证书
   C. 会计机构中对正式移交前的会计档案保管的工作属于会计岗位
   D. 档案部门对正式移交后的会计档案保管的工作属于会计岗位

187 针对事项(1),下列说法中正确的有( )。
   A. 该企业不可以委托代理记账公司办理会计业务
   B. 除代理记账公司外,该企业也可以委托会计师事务所办理会计业务

C. 除代理记账公司外,该企业也可以委托具有代理记账资格的其他社会咨询服务机构办理会计业务

D. 每个单位都必须单独设立会计机构

188. 针对事项(2),下列说法中正确的有(　　)。
    A. 王某的说法是正确的
    B. 王某的说法是错误的
    C. 单位负责人对单位会计工作和会计资料的真实性和完整性负责
    D. 单位负责人会计责任不因代理记账而免除

189. 针对事项(4),下列说法中正确的有(　　)。
    A. 代理记账公司不承担任何法律责任
    B. 代理记账公司要承担法律责任
    C. 违反会计法要承担的责任主要是行政责任和民事责任
    D. 违反会计法要承担的责任主要是行政责任和刑事责任

190. 关于会计工作岗位的说法中正确的有(　　)。
    A. 单位内部审计属于会计岗位　　　B. 社会审计不属于会计岗位
    C. 政府审计属于会计岗位　　　　　D. 稽核不属于会计岗位

(三) H公司是一家上市公司,近年由于公司经营决策失误,导致公司年年亏损。为此,总经理十分着急,采取了多种措施,但是仍无法扭转公司继续亏损的局面。于是总经理要求公司财务经理想办法对公司会计报表进行所谓的"技术处理",把公司的亏损做成盈利。公司财务经理认为,现在公司正面临困境,这样做也是为了整个公司的利益,而不是为了个人利益。于是,公司财务部门便通过虚增收入、隐瞒费用和少列支出,对公司的会计报表进行了技术处理,使公司由亏损变为盈利。

请根据上述资料回答下列问题:

191. 下列违反国家统一会计制度可能承担的法律责任正确的是(　　)。
    A. 《会计法》规定,违反国家统一的会计制度行为的,由县级以上人民政府财政部门责令限期改正,可以对单位并处三千元以上五万元以下的罚款
    B. 构成犯罪的,依法追究刑事责任,对情节严重的会计人员,由县级以上人民政府财政部门吊销会计从业资格证书
    C. 对其直接负责的主管人员和其他责任人员,可以处两千元以上两万元以下的罚款
    D. 属于国家工作人员的,还应当由其所在单位或者有关单位依法给予行政处分

192. 上述行为违反了《会计法》的规定。
    A. 虚增收入、少列支出、隐瞒费用
    B. 总经理授意、指使他人编制虚假财务会计报告
    C. 编制虚假的财务会计报告
    D. 会计人员应总经理的指示调整公司会计报表,进行人为技术处理

193. H企业会计人员违反了(　　)会计职业道德规范。
    A. 客观公正　　　B. 坚持准则　　　C. 诚实守信　　　D. 参与管理

194. H公司的总经理认为对财务数据进行调整,是财务人员所为,他不应承担法律责

任,这种说法是否正确? H 公司的会计人员认为对财务数据进行调整,是单位领导的要求,他只是按照领导的要求办事,尽管他工作有错误,但是财政部门不应吊销其会计从业资格证书。这种说法是否正确?

  A. 正确、正确   B. 正确、错误   C. 错误、正确   D. 错误、错误

195. 违反会计法律制度应当承担的法律责任正确的有( )。
  A. 授意、指使、强令会计机构、会计人员及其他人员伪造、变造会计凭证、会计账簿,编制虚假财务会计报告或者隐匿、故意销毁依法应当保存的会计凭证、会计账簿、财务会计报告,构成犯罪的,依法追求其刑事责任
  B. 授意、指使人尚不构成犯罪的,可以处五千元以上五万元以下的罚款
  C. 会计人员参与技术处理财务会计报告构成犯罪的,依法追究刑事责任
  D. 会计人员参与技术处理财务会计报告尚不构成犯罪的,由县级以上人民政府财政部门予以通报,可以对单位并处五千元以上十万元以下的罚款;对其直接负责的主管人员和其他直接责任人员,可以处三千元以上五万元以下的罚款

(四) 张国强是某国有独资公司的经理,公司的法定代表人。由于工作原因,需要更换和招聘一批会计从业人员。通过公开竞聘的方式,张国强小学同学唐小亮被聘为公司财务经理。唐小亮原来是某中学教师,两年前取得会计从业资格证。之后,唐小亮被授权重新组建公司财务部门。唐小亮将刚博士毕业两年并取得会计师资格两年的赵军聘为公司总会计师,将自己的妹妹唐小文聘为公司的出纳人员,将张国强的妹妹张玉和自己原来的同事王小娟聘为会计。张玉一年前就取得会计从业资格证,王小娟没有取得会计从业资格证。张国强的儿子张凯大学毕业后通过了国家注册会计师资格考试,现在在一家会计师事务所工作。唐小亮担任财务经理后让张凯所在的会计师事务所负责本公司的审计工作。由于出具虚假会计报告,张凯所在的会计师事务所被所在地的市财政局处以罚款,张凯也受到暂停执业的行政处罚。

196. 对会计师事务所和张凯的行政处罚表述正确的有( )。
  A. 应当由所在地的省级财政部门进行行政处罚
  B. 所在地的市财政局处以罚款是正确的
  C. 所在地的市财政局无权进行行政处罚
  D. 应当由注册会计师协会对张凯进行行政处罚

197. 下列行为违反了有关会计人员的回避制度的有( )。
  A. 唐小亮被聘为公司财务经理   B. 唐小文被聘为公司出纳人员
  C. 张玉被聘为公司的会计   D. 王小娟被聘为公司的会计

198. 关于我国会计工作的管理体制表述正确的有( )。
  A. 国务院财政部门主管全国的会计工作
  B. 县级以上地方各级人民政府管理本行政区域内的会计工作
  C. 中国人民解放军总后勤部负责制定军队会计制度的具体办法,报国务院财政部门批准
  D. 财政部门是会计行业和注册会计师行业的主管部门

199. 下列不符合会计人员任用规定的有( )。
  A. 唐小亮   B. 赵军   C. 张玉   D. 王小娟

200. 下列应当对公司的会计工作和会计资料的真实性、完整性负责,保证会计机构、会计人员依法履行职责的有( )。
   A. 张国强　　　　B. 唐小亮　　　　C. 唐小文　　　　D. 张玉

第二章　结算法律制度

一、单项选择题
1. 下列各项中,属于票据基本当事人的是( )。
   A. 出票人　　　　B. 背书人　　　　C. 保证人　　　　D. 被背书人
2. 下列各项中,属于票据非基本当事人的是( )。
   A. 出票人　　　　B. 付款人　　　　C. 收款人　　　　D. 背书人
3. 下列各项中,属于商业汇票绝对记载事项的是( )。
   A. 背书日期　　　B. 付款日期　　　C. 出票日期　　　D. 保证日期
4. 下列各项中,属于商业汇票相对记载事项的是( )。
   A. 出票日期　　　B. 收款人名称　　C. 付款日期　　　D. 出票人签章
5. 下列各项中,属于根据购销合同由收款人发货后委托银行向异地付款人收取款项,由付款人向银行承认付款的结算方式是( )。
   A. 汇兑　　　　　B. 信用证　　　　C. 委托收款　　　D. 托收承付
6. 下列关于支票提示付款期限的表述中,正确的是( )。
   A. 支票的持票人应当自出票日起7日内提示付款
   B. 异地使用的支票,其提示付款的期限由中国人民银行另行规定
   C. 超过提示付款期限提示付款的,付款人仍必须付款
   D. 超过提示付款期限提示付款的,出票人不再对持票人承担票据责任
7. 下列关于承兑的表述中,正确的是( )。
   A. 汇票、本票和支票都有承兑
   B. 商业承兑汇票只能由付款人签发并承兑
   C. 商业承兑汇票只能由收款人签发交由付款人承兑
   D. 承兑是指汇票付款人承诺在汇票到期日无条件支付汇票金额的票据行为
8. 下列关于商业汇票提示付款的表述中,正确的是( )。
   A. 定日付款的汇票自到期日起10日内向承兑人提示付款
   B. 见票即付的汇票,自出票日起7日内向付款人提示付款
   C. 出票后定期付款的汇票自到期日起20日内向承兑人提示付款
   D. 见票后定期付款的汇票自到期日起30日内向承兑人提示付款
9. 下列关于银行汇票提示付款期的表述中,正确的是( )。
   A. 银行汇票的提示付款期限自出票日起7日内
   B. 银行汇票的提示付款期限自出票日起10日内

C. 银行汇票的提示付款期限自出票日起60日内

D. 银行汇票的提示付款期限自出票日起一个月内

10. 下列关于银行本票提示付款期限的表述中,正确的是( )。
    A. 银行本票的提示付款期限自出票日起最长不得超过1个月
    B. 银行本票的提示付款期限自出票日起最长不得超过2个月
    C. 银行本票的提示付款期限自出票日起最长不得超过3个月
    D. 银行本票的提示付款期限自出票日起最长不得超过6个月

11. 下列各项中,不属于银行结算账户管理的基本原则是( )。
    A. 一个基本账户原则   B. 诚实守信原则
    C. 存款信息保密原则   D. 守法合规原则

12. 支票可以实现( )范围内互通使用。
    A. 同城   B. 同一交换区域
    C. 异地   D. 全国

13. 下列各项中,不属于支票的基本当事人的是( )。
    A. 出票人   B. 付款人   C. 保证人   D. 收款人

14. 下列支票中,可以用于支取现金,也可用于转账的支票是( )。
    A. 现金支票   B. 转账支票   C. 划线支票   D. 普通支票

15. 下列账户中,可用于支付工资及奖金的是( )。
    A. 一般存款账户 B. 基本存款账户 C. 专用存款账户 D. 临时存款账户

16. 票据的金额和收款人名称可以由出票人授权补记的是( )。
    A. 银行汇票   B. 银行本票   C. 商业汇票   D. 支票

17. 下列有关现金使用限额说法正确的是( )。
    A. 现金使用限额由人民银行核定
    B. 边远地区和交通不便地区的库存现金限额可按超过5天但不得超过30天的零星开支的需要确定
    C. 现金使用限额一般按照单位3-5天日常零星开支所需确定
    D. 需要增加或者减少库存现金限额的,由人民银行核定

18. 下列各项中,不属于支付结算原则的是( )。
    A. 恪守信用,履行付款   B. 谁的钱进谁的账,由谁支配
    C. 银行不垫款   D. 一个基本账户原则

19. 下列关于办理支付结算的表述中,不符合有关法律规定的是( )。
    A. 在银行开立存款账户的单位和个人办理支付结算,账户内需有足够的资金保证支付
    B. 票据和结算凭证上的签章和其他记载的事项应当真实
    C. 票据上收款日期不得更改,更改的票据无效
    D. 填写票据和结算凭证应当规范

20. 某票据的出票日期为"2016年3月15日",其规范写法是( )。
    A. 贰零壹陆年零叁月壹拾伍日   B. 贰零壹陆年叁月壹拾伍日
    C. 贰零壹陆年零叁月拾伍日   D. 贰零壹陆年叁月拾伍日

21. 下列各项中,不符合票据和结算凭证填写要求的是( )。
    A. 票据的出票日期使用阿拉伯数字填写
    B. 中文大写金额数字书写中使用繁体字
    C. 阿拉伯小写金额数字前面,均应填写人民币符号
    D. 将出票日期2月12日写成零贰月壹拾贰日
22. 票据的出票日期必须使用中文大写,如果大写日期未按要求规范书写的,其法律后果是( )。
    A. 票据无效   B. 银行不予受理
    C. 银行可以受理   D. 以小写日期为准
23. 下列各项中,可以办理存款人工资、奖金等现金支取的存款账户是( )。
    A. 基本存款账户   B. 一般存款账户   C. 临时存款账户   D. 专用存款账户
24. 下列对象中,不具备开立基本存款账户资格的存款人是( )。
    A. 企业法人
    B. 民办非法人企业
    C. 社区委员会
    D. 单位设立的非独立核算的附属机构
25. 根据《银行账户管理办法》的规定,企业对更新改造资金可以申请开立的银行账户是( )。
    A. 基本存款账户   B. 专用存款账户   C. 一般存款账户   D. 临时存款账户
26. 存款人因临时需要并在规定期限内使用而开立的银行结算账户是( )。
    A. 一般存款账户   B. 基本存款账户   C. 专用存款账户   D. 临时存款账户
27. 自然人因投资、消费、结算等而开立的可办理支付结算业务的存款账户称为( )。
    A. 临时存款账户   B. 个人银行结算账户
    C. 专用存款账户   D. 一般存款账户
28. 银行为存款人开立一般存款账户、临时存款账户和专用存款账户的,应自开户之日起一定期限内向中国人民银行当地分支行备案。该期限是( )。
    A. 2个工作日   B. 3个工作日   C. 5个工作日   D. 10个工作日
29. 存款人违反规定将单位款项转入个人银行结算账户的,对于经营性的存款人,给予警告并处以罚款的金额是( )。
    A. 1 000元   B. 10 000元
    C. 5 000元以上3万元以下   D. 1万元以上3万元以下
30. 对银行明知是单位资金而允许以自然人名称开立账户存储的行为,可以给予的罚款为( )。
    A. 10 000元   B. 100 000元
    C. 5万元以上30万元以下   D. 1万元以上3万元以下
31. 下列有关票据的表述中,不正确的是( )。
    A. 票据是由出票人依法签发的有价证券
    B. 票据所记载的金额由出票人自行支付或委托付款人支付

C. 票据都有付款提示期限

D. 任何票据都可以用于办理结算或提取现金

32. 下列各项中不属于票据行为的是(   )。

    A. 出票人签发票据并将其交给收款人的行为

    B. 票据遗失向银行挂失止付的行为

    C. 票据付款人承诺在汇票到期日支付汇票金额并签章的行为

    D. 票据债务人以外的人在票据上记载有关事项并签章的行为

33. 甲在将一汇票背书转让给乙时,未将乙的姓名记载于被背书人栏内。乙发现后将自己的姓名填入被背书人栏内。下列关于乙填入自己姓名的行为效力的表述中,正确的是(   )。

    A. 无效　　　　　　B. 有效　　　　　　C. 可撤销　　　　　　D. 甲追认后有效

34. 甲公司持有一张商业汇票,到期委托开户银行向承兑人收取票款。甲公司行使的票据权利是(   )。

    A. 付款请求权　　　　　　　　　　B. 利益返还请求权

    C. 票据追索权　　　　　　　　　　D. 票据返还请求权

35. 下列关于票据权利与责任的说法中,正确的是(   )。

    A. 票据债务人可以以自己与出票人或者与持票人的前手之间的抗辩事由,对抗持票人

    B. 持票人未按照规定期限提示付款的,付款人的票据责任解除

    C. 持票人委托的收款银行的责任,限于按照票据上记载事项将票据金额转入持票人账户

    D. 付款人委托的付款银行的责任,限于按照票据上记载事项从付款人账户支付票据金额,不必审查背书连续

36. 下列关于支票的表述中,正确的是(   )。

    A. 只适用于单位的各种款项结算

    B. 只适用于个人的各种款项结算

    C. 支票中,只有现金支票可以支取现金

    D. 目前支票可以实现全国范围内互通使用

37. 下列有关支票的表述中,正确的是(   )。

    A. 转账支票可以用于支取现金,也可用于转账

    B. 现金支票可以用于支取现金,也可用于转账

    C. 普通支票可以用于支取现金,也可用于转账

    D. 用于支取现金的支票可以背书转让

38. 下列各项中,不属于支票绝对记载的事项是(   )。

    A. 出票人签章　　B. 出票日期　　C. 付款人名称　　D. 付款地

39. 根据《票据法》的规定,支票的提示付款期限应自出票日起一定期限内。该期限是(   )。

    A. 自出票日起 10 日　　　　　　　B. 自出票日起 20 日

    C. 自出票日起 30 日　　　　　　　D. 自出票日起 60 日

40. 根据《票据法》的规定,下列事项中,不属于商业汇票上必须记载的事项是(   )。
    A. 无条件支付的委托   B. 付款日期
    C. 出票日期   D. 付款人名称

41. 商业汇票出票后,对收款人产生的效力是(   )。
    A. 就票据金额享有付款请求权
    B. 基于出票人的付款委托使其具有承兑人的地位
    C. 对汇票进行承兑后,即成为汇票上的主债务人
    D. 承担保证该汇票承兑和付款的责任

42. 对于汇票上未记载付款日期的,下列关于该汇票的付款期限的说法中,正确的是(   )。
    A. 视为定日付款的汇票   B. 视为出票后定期付款的汇票
    C. 视为见票即付的汇票   D. 视为见票后定期付款的汇票

43. 关于银行汇票办理和使用要求,下列表述中,不正确的是(   )。
    A. 签发现金银行汇票,申请人和收款人都必须是个人
    B. 出票银行收妥款项后签发银行汇票,并用压数机压印出票金额,只需将银行汇票联交给申请人
    C. 银行汇票的提示付款期限是自出票日起一个月内
    D. 银行汇票应在出票金额内按实际结算金额办理结算

44. 根据规定,银行汇票的持票人向银行提示付款时,必须同时提交两种凭证,缺少任何一联,银行不予受理。下列关于两种凭证说法正确的是(   )。
    A. 银行汇票和解讫通知   B. 银行汇票和进账单
    C. 银行汇票和收账通知书   D. 银行汇票和收款委托书

45. 根据《支付结算办法》的规定,银行汇票的付款人是(   )。
    A. 汇票申请人   B. 出票银行   C. 汇票的持有人   D. 汇票的背书人

46. 根据《票据法》的规定,银行汇票的付款方式是(   )。
    A. 定日付款   B. 出票后定期付款
    C. 见票即付   D. 见票后定期付款

47. 下列情形中,银行汇票不属于无效票据或银行不受理的是(   )。
    A. 未填明实际结算金额的   B. 更改实际结算金额的
    C. 实际结算金额超过票面金额的 D. 实际结算金额低于票面金额的

48. 根据《票据法》的规定,下列关于本票的表述中,不正确的是(   )。
    A. 到期日是本票的绝对应记载事项
    B. 本票的基本当事人只有出票人和收款人
    C. 本票无须承兑
    D. 本票是由出票人本人对持票人付款的票据

49. 根据支付结算法律制度的规定,下列银行卡分类中,以是否具有透支功能划分的是(   )。
    A. 人民币卡与外币卡   B. 单位卡与个人卡
    C. 信用卡与借记卡   D. 磁条卡与芯片卡

50. 根据《银行卡业务管理办法》的规定,发卡银行给予持卡人一定的信用额度,持卡人可在信用额度内先消费、后还款的银行卡是( )。
    A. 贷记卡   B. 专用卡   C. 转账卡   D. 储值卡
51. 根据《银行卡业务管理办法》的有关规定,透支期限最长为60天的信用卡是( )。
    A. 准贷记卡   B. 贷记卡   C. 外币卡   D. 专用卡
52. 赵某所持贷记卡透支余额为1万元,根据支付结算法律制度的规定,其首月最低还款额不低于( )。
    A. 2 500   B. 2 000   C. 1 500   D. 1 000
53. 贷记卡持卡人非现金交易可以享受免息还款期,该免息还款期最长是( )。
    A. 20天   B. 30天   C. 50天   D. 60天
54. 单位卡在使用过程中,需要续存资金时,其来源是( )。
    A. 基本存款账户转账存入   B. 交存现金
    C. 专用存款账户转入   D. 临时存款账户转入
55. 根据《支付结算办法》规定,有金额起点限制的结算方式是( )。
    A. 汇兑   B. 托收承付   C. 商业汇票   D. 银行汇票
56. 关于托收承付结算方式使用要求的下列表述中,不正确的是( )。
    A. 托收承付只能用于异地结算
    B. 收付双方使用托收承付结算方式必须签有合法的购销合同
    C. 收款人对同一付款人发货托收累计3次收不回货款的,收款人开户银行暂停收款人办理所有托收业务
    D. 付款人累计3次提出无理拒付的,付款人开户银行应暂停其向外办理托收
57. 下列关于国内信用证办理和使用要求的表述中,符合支付结算法律制度规定的是( )。
    A. 信用证结算方式可以用于转账,也可以支取现金
    B. 开证行应向申请人收取不低于开证金额30%的保证金
    C. 信用证到期不获付款的,议付行可从受益人账户收取议付金额
    D. 申请人交存的保证金和存款账户余额不足支付的,开证行有权拒绝付款
58. 根据《人民币银行结算账户管理办法》的规定,一般存款账户不能办理的业务是( )。
    A. 现金支取   B. 借款归还   C. 现金缴存   D. 借款转存
59. 可以背书转让的支票是( )。
    A. 现金支票   B. 转账支票   C. 普通支票   D. 定额支票
60. 根据《人民币银行结算账户管理办法》的规定,存款人申请开立专用存款账户时,下列各项正确的是( )。
    A. 同一个证明文件,可以开立三个专用存款账户
    B. 同一个证明文件,可以开立四个专用存款账户
    C. 同一个证明文件,可以开立一个专用存款账户
    D. 同一个证明文件,可以开立两个专用存款账户

二、多项选择题

61. 下列各项中,属于现金结算特点的有( )。
    A. 直接便利　　　　　　　　　　B. 不安全性
    C. 费用较高　　　　　　　　　　D. 不易宏观控制和管理

62. 下列各项中,属于现金结算渠道的有( )。
    A. 付款人直接将现金支付给收款人
    B. 付款人委托银行将现金支付给收款人
    C. 付款人委托非金融机构将现金支付给收款人
    D. 付款人委托非银行金融机构将现金支付给收款人

63. 下列各项中,属于现金结算范围的有( )。
    A. 职工工资、津贴
    B. 结算起点以下的零星支出
    C. 向个人收购农副产品和其他物资的价款
    D. 根据国家规定颁发给个人的科学技术、文化艺术、体育等各种奖金

64. 下列关于支付结算特征的表述中,正确的有( )。
    A. 支付结算必须依法进行
    B. 支付结算是一种要式行为
    C. 支付结算的发生取决于委托人的意志
    D. 支付结算必须通过中国人民银行批准的金融机构进行

65. 下列关于支付结算基本原则的表述中,正确的有( )。
    A. 银行垫款原则　　　　　　　　B. 银行不垫款原则
    C. 恪守信用,履约付款原则　　　D. 谁的钱进谁的账、由谁支配原则

66. 下列各项中,属于办理支付结算基本要求的有( )。
    A. 办理支付结算必须按统一的规定开立和使用账户
    B. 票据和结算凭证上的签章和记载事项必须真实,不得变造伪造
    C. 办理支付结算必须使用中国人民银行统一规定的票据和结算凭证
    D. 填写票据和结算凭证应当全面规范,做到数字正确,要素齐全,不错不漏,字迹清楚,防止涂改

67. 下列关于银行结算账户的表述中,正确的有( )。
    A. 基本存款账户是存款人因办理日常转账结算和现金收付需要开立的银行结算账户
    B. 一般存款账户是存款人因临时需要并在规定期限内使用而开立的银行结算账户
    C. 专用存款账户是存款人按照法律、行政法规和规章,对有特定用途资金进行专项管理和使用而开立的银行结算账户
    D. 临时存款账户是存款人因借款和其他结算需要,在基本存款账户开户银行以外的银行营业机构开立的银行结算账户

68. 下列各项中,属于银行结算账户管理应当遵循的基本原则有( )。
    A. 自主选择原则　　　　　　　　B. 守法合规原则

C. 一个基本账户原则 D. 存款信息保密原则

69. 下列情形中,存款人应向开户银行提出撤销银行结算账户申请的有( )。
   A. 注销、被吊销营业执照的
   B. 因迁址,需要变更开户银行的
   C. 被撤并、解散、宣告破产或关闭的
   D. 其他原因需要撤销银行结算账户的

70. 下列关于票据特征的表述中,正确的有( )。
   A. 票据所表示的权利与票据不可分离
   B. 票据出票人做出的付款承诺是无条件的
   C. 票据是一种有价证券,具有一定的票面金额
   D. 票据是出票人做出的到期向持票人支付一定金额的承诺

71. 下列各项中,属于票据功能的有( )。
   A. 汇兑功能 B. 信用功能 C. 结算功能 D. 融资功能

72. 下列各项中,属于票据行为的有( )。
   A. 出票 B. 背书 C. 承兑 D. 保证

73. 下列各项中,属于票据权利的有( )。
   A. 追索权 B. 诉讼权 C. 付款请求权 D. 收款请求权

74. 下列关于票据责任的表述中,正确的有( )。
   A. 汇票承兑人因承兑而应承担付款义务
   B. 本票出票人因出票而承担自己付款的义务
   C. 支票付款人在与出票人有资金关系时承担付款义务
   D. 汇票、本票、支票的背书人,汇票、支票的出票人、保证人,在票据不获承兑或不获付款时承担付款清偿义务

75. 下列各项中,属于我国《票据法》中规定的按照支付票款的方式划分的支票种类有( )。
   A. 现金支票 B. 转账支票 C. 普通支票 D. 划线支票

76. 下列各项中,属于支票绝对记载事项的有( )。
   A. 无条件支付的委托
   B. 表明"支票"的字样
   C. 出票日期及出票人签章
   D. 确定的金额及付款人名称

77. 下列各项中,属于支票相对记载事项的有( )。
   A. 付款地 B. 出票地 C. 出票日期 D. 出票人签章

78. 下列情况中,付款人付款责任不能解除的有( )。
   A. 付款人依法支付票据金额
   B. 付款人不按照正常的操作程序审查票据
   C. 付款人在收到持票人提示的支票时,明知支票的背书以及其他签章系属伪造依然支付票据金额
   D. 付款人在收到持票人提示的支票时,明知持票人不是真正的票据权利人依然支付票据金额

79. 下列各项中,属于签发支票要求的有( )。
   A. 禁止签发空头支票
   B. 签发支票可以使用圆珠笔填写

C. 出票人不得签发与其预留银行签章不符的支票

D. 签发现金支票和用于支取现金的普通支票,必须符合国家现金管理的规定

80. 下列各项中,属于兑付支票要求的有(　　)。

A. 持票人可以委托开户银行收款或直接向付款人提示付款,用于支取现金的支票仅限于收款人向付款人提示付款

B. 持票人持用于转账的支票向付款人提示付款时,应在支票背面背书人签章栏签章,并将支票和填制的进账单交送出票人开户银行

C. 收款人持用于支取现金的支票向付款人提示付款时,应在支票背面"收款人签章"处签章,持票人为个人的,还需交验本人身份证件,并在支票背面注明证件名称、号码及发证机关

D. 持票人委托开户银行收款时,应作委托收款背书,在支票背面背书人签章栏签章,记载"委托收款"字样、背书日期,在被背书人栏记载开户银行名称,并将支票和填制的进账单送交开户银行

81. 下列各项中,属于银行承兑汇票的出票人必须具备的条件有(　　)。

A. 与承兑银行具有战略合作伙伴关系

B. 与承兑银行具有真实的委托付款关系

C. 在承兑银行开立存款账户的法人以及其他组织

D. 资信状况良好,具有支付汇票金额的可靠资金来源

82. 下列关于商业汇票的相对记载事项表述中,正确的有(　　)。

A. 汇票上未记载付款日期的,视为见票即付

B. 汇票上未记载付款地的,付款人的营业场所、住所或者经常居住地为付款地

C. 汇票上未记载出票地的,出票人的营业场所、住所或者经常居住地为出票地

D. 相对记载事项也是商业汇票上应记载的内容,但是,未在汇票上记载的,并不影响汇票本身的效力,汇票仍然有效

83. 下列各项中,属于商业汇票的出票效力的有(　　)。

A. 对收款人的效力　　　　　　　　B. 对付款人的效力

C. 对出票人的效力　　　　　　　　D. 对背书人的效力

84. 下列关于商业汇票提示承兑的表述中,正确的有(　　)。

A. 见票即付的汇票无需提示承兑

B. 汇票未按规定期限提示承兑的,持票人丧失对其前手的追索权

C. 定日付款或者出票后定期付款的汇票,持票人应当在汇票到期日前向付款人提示承兑

D. 见票后定期付款的汇票,持票人应当自出票日起1个月内向付款人提示承兑

85. 下列各项中,属于提示承兑商业汇票的有(　　)。

A. 定日付款的商业汇票

B. 见票后定期付款的商业汇票

C. 出票后定期付款的商业汇票

D. 汇票上没有记载付款日期的商业汇票

86. 下列关于商业汇票承兑效力的表述中,正确的有(　　)。
   A. 承兑人的票据责任不因持票人未在法定期限提示付款而解除
   B. 承兑人不得以其与出票人之间的资金关系来对抗持票人,拒绝支付汇票金额
   C. 承兑人必须对汇票上的一切权利人承担责任,该等权利人包括付款请求权人和追索权人
   D. 承兑人于汇票到期日必须向持票人无条件地支付汇票上的金额,否则其必须承担迟延付款责任

87. 下列关于商业汇票保证的表述中,正确的有(　　)。
   A. 票据保证必须做成于汇票或粘单上
   B. 保证人为二人以上的,保证人之间承担连带责任
   C. 保证不得附有条件,附有条件的,所附条件不影响对商业承兑汇票的保证责任
   D. 保证应由汇票债务人以外的他人承担,已成为票据债务人的,不得再充当票据上的保证人

88. 下列各项中,属于银行汇票记载事项的有(　　)。
   A. 出票日期　　　　　　　　　B. 付款人名称
   C. 出票人签章　　　　　　　　D. 表明"银行汇票"的字样

89. 下列各项中,属于银行本票必须记载事项的有(　　)。
   A. 出票人签章　　　　　　　　B. 收款人的名称
   C. 无条件支付的承诺　　　　　D. 表明"银行本票"的字样

90. 下列关于信用卡使用的表述,正确的有(　　)。
   A. 免息还款期最长为60天
   B. 发卡银行对于贷记卡中的存款不计付利息
   C. 贷记卡的首月最低还款额不得低于其当月透支余额的20%
   D. 信用卡不得用于10万元以上的商品交易、劳务供应款项结算,不得支取现金

91. 下列属于撤销银行结算账户事由的是(　　)。
   A. 被宣告破产　　　　　　　　B. 解散
   C. 被吊销营业执照　　　　　　D. 因迁址需要变更开户银行

92. 支付结算的基本原则有(　　)。
   A. 银行不垫款　　　　　　　　B. 恪守信用,履约付款
   C. 守法合规　　　　　　　　　D. 谁的钱进谁的账,由谁支配

93. 下列各项中,属于票据不得更改的内容的有(　　)。
   A. 票据的金额　　B. 签发日期　　C. 收款人名称　　D. 付款人名称

94. 根据规定,银行结算账户的类别主要有(　　)。
   A. 基本存款账户　　　　　　　B. 临时存款账户
   C. 异地银行结算账户　　　　　D. 一般存款账户

95. 关于现金管理中现金使用的限额,下列表述正确的有(　　)。
   A. 开户银行应当根据实际需要,核定开户单位3天至5天的日常零星开支所需的库存现金限额
   B. 边远地区和交通不便地区的开户单位的库存现金限额,可以多于5天,但不得

超过10天

C. 开户单位需要增加或减少库存现金限额的,应当向开户银行提出申请,由开户银行核定

D. 商业和服务行业的找零备用现金也要根据营业额核定定额,但不包括在开户单位的库存现金限额之内

96. 下列各项中,属于支付结算方式的有( )。
    A. 银行卡　　　　B. 汇兑　　　　C. 信用证　　　　D. 委托收款

97. 下列各项中,属于办理支付结算主体的有( )。
    A. 城市信用合作社　　　　　　B. 农村信用合作社
    C. 单位　　　　　　　　　　　D. 个体工商户

98. 下列说法中,属于支付结算特征的有( )。
    A. 支付结算是一种要式行为
    B. 支付结算的发生取决于受托人的意志
    C. 支付结算实行统一领导和分级管理相结合的管理体制
    D. 支付结算必须通过经中国人民银行批准的金融机构进行

99. 关于银行汇票的叙述中,正确的有( )。
    A. 银行汇票一式四联,第一联为卡片,为承兑行支付票款时作付出传票
    B. 第二联为银行汇票,与第三联解讫通知一并由汇款人自带,在兑付行兑付汇票后此联做银行往来账付出传票
    C. 第三联解讫通知,在兑付行兑付后随报单寄签发行,由签发行做余款收入传票
    D. 第四联是多余款通知,并在签发行结清后交汇款人

100. 关于票据金额的填写,下列说法中,正确的有( )。
    A. 阿拉伯小写金额数字中有"0"的,中文大写应按汉语语言规律、金额数字和防止涂改的要求进行书写
    B. 大写金额数字有"分"的,"分"后面可以写"整"(或"正")字
    C. 大写金额数字应紧接"人民币"字样填写,不得留有空白
    D. 大写金额数字前未印"人民币"字样的,应加填"人民币"字样

101. 票据的出票日期必须使用中文大写,如果大写日期未按要求规范书写的,其法律后果有( )。
    A. 银行不予受理　　　　　　　B. 造成损失由付款人自行承担
    C. 银行可以受理　　　　　　　D. 造成损失由出票人自行承担

102. 根据《人民币银行结算账户管理办法》的规定,下列各项中,可以申请开立基本存款账户的有( )。
    A. 机关事业单位
    B. 社会团体
    C. 个体工商户
    D. 居民委员会、村民委员会、社区委员会

103. 下列各项中,属于一般存款账户的使用范围的有( )。
    A. 借款转存　　B. 借款归还　　C. 现金缴存　　D. 现金支取

104. 存款人使用下列资金,可以申请开立专用存款账户的有( )。
    A. 财政预算外资金　　　　　　　　B. 住房基金
    C. 基本建设资金　　　　　　　　　D. 社会保障基金

105. 下列情形中,存款人可以申请开立临时存款账户的有( )。
    A. 设立临时机构　　　　　　　　　B. 异地建筑施工
    C. 注册验资　　　　　　　　　　　D. 证券交易结算

106. 根据《人民币银行结算账户管理办法》的规定,存款人有下列情况的,可以申请开立个人银行结算账户的有( )。
    A. 使用支票、信用卡等信用支付工具的
    B. 办理汇兑、定期借记、定期贷记、借记卡等结算业务的
    C. 个人证券交易结算资金
    D. 住房基金

107. 下列各项中,属于银行违反结算纪律行为的有( )。
    A. 伪造、变造证明文件欺骗银行开立银行结算账户
    B. 违反规定为存款人多头开立银行结算账户
    C. 明知或应知是单位资金,而允许以自然人名称开立账户存储
    D. 为储蓄账户办理转账结算

108. 下列关于账户违法行为的说法中,正确的有( )。
    A. 存款人出租、出借银行卡账户应承担法律责任
    B. 伪造、变造证明文件欺骗银行开立银行结算账户构成犯罪的,移交司法机关依法追究刑事责任
    C. 伪造、变造、私自印制开户许可证的,均处以1万元以上3万元以下的罚款
    D. 伪造、变造、私自印制开户许可证构成犯罪的,移交司法机关依法追究刑事责任

109. 下列票据中,属于我国《票据法》规定的票据的有( )。
    A. 股票　　　B. 企业债券　　　C. 商业汇票　　　D. 支票

110. 下列各项中,属于票据特征的有( )。
    A. 金钱凭证　　B. 设权证券　　C. 文义证券　　D. 债券凭证

111. 下列各项中,属于票据的功能的有( )。
    A. 支付功能　　B. 融资功能　　C. 担保功能　　D. 汇兑功能

112. 下列票据记载事项中,属于银行汇票的绝对记载事项的有( )。
    A. 付款人名称　　B. 出票日期　　C. 确定的金额　　D. 出票人签章

113. 根据《票据法》的规定,背书转让的绝对记载事项有( )。
    A. 背书的日期　　　　　　　　　　B. 被背书人名称
    C. 背书人签章　　　　　　　　　　D. 背书的原因

114. 下列票据背书中,属于不得进行的背书有( )。
    A. 部分背书　　B. 限制背书　　C. 条件背书　　D. 期后背书

115. 根据支付结算法律制度的规定,下列票据中,允许个人使用的有( )。
    A. 支票　　B. 银行承兑汇票　　C. 银行本票　　D. 银行汇票

116. 下列各项中,属于票据基本当事人的有( )。
    A. 出票人　　　B. 收款人　　　C. 付款人　　　D. 保证人
117. 关于票据签章当事人的下列表述中,正确的有( )。
    A. 票据签发时,由出票人签章　　　B. 票据转让时,由被背书人签章
    C. 票据承兑时,由承兑人签章　　　D. 票据保证时,由保证人签章
118. 可支取现金的支票有( )。
    A. 现金支票　　B. 转账支票　　C. 普通支票　　D. 划线支票
119. 下列关于商业汇票的说法中,正确的有( )。
    A. 汇票转让可以采用单纯交付方式
    B. 持票人持商业汇票申请贴现,必须具有真实贸易背景
    C. 商业汇票的提示付款期限,自汇票出票日起10日
    D. 商业汇票的付款期限,最长不得超过6个月
120. 商业汇票保证的绝对记载事项包括( )。
    A. 保证文句　　　　　　　　　B. 保证人签章
    C. 被保证人的名称　　　　　　D. 保证日期

三、判断题

121. 现金使用的限额由开户行根据单位的实际需要核定,一般按照单位5至7天日常零星开支所需确定。( )
122. 支付结算方面的法律、法规和制度,主要包括:《票据法》《票据管理实施办法》《支付结算办法》《现金管理暂行条例》《中国人民银行银行卡业务管理办法》《人民币银行结算账户管理办法》《异地托收承付结算办法》《电子支付指引(第一号)》等。( )
123. 伪造、变造、私自印制开户登记证的存款人处以1万元以上3万元以下的罚款。( )
124. 票据是由出票人依法签发的,约定自己或者委托付款人在见票时或指定的日期向收款人或持票人无条件支付一定金额的有价证券。( )
125. 票据行为是指票据当事人以发生票据债务为目的的、以在票据上签名或盖章为权利与义务成立要件的法律行为。( )
126. 出票是指出票人签发票据并将其交付给付款人的行为。( )
127. 背书是指持票人为将票据权利转让给他人或者将一定的票据权利授予他人行使,而在票据背面或者粘单上记载有关事项并签章的行为。( )
128. 背书按照目的不同分为转让背书和非转让背书。( )
129. 承兑既可以附有条件,也可以不附条件。( )
130. 保证是指票据债务人以外的人,为担保特定债务人履行票据债务而在票据上记载有关事项并签章的行为。( )
131. 保证不得附有条件,附有条件的,不影响对汇票的保证责任。( )
132. 票据的当事人包括基本当事人和非基本当事人。( )
133. 基本当事人是指在票据做成并交付后,通过一定的票据行为加入票据关系而享有一定权利、承担一定义务的当事人。( )
134. 非基本当事人是指在票据做成和交付时就已存在的当事人。( )

135. 出票人是指以法定方式签发票据并将票据交付给收款人的人。（   ）

136. 承兑人是指接受汇票出票人的付款委托同意承担支付票款义务的人。（   ）

137. 背书人是指在转让票据时，在票据背面签字或盖章，并将该票据交付给受让人的票据收款人或持有人；被背书人是指被记名受让票据或接受票据转让的人。（   ）

138. 保证人是指为票据债务提供担保的人，由票据债务人以外的他人担当。（   ）

139. 票据权利是指票据持票人向票据债务人请求支付票据金额的权利。（   ）

140. 单位和个人的各种款项结算，均可以使用支票。（   ）

141. 支票上印有"现金"字样的为现金支票，现金支票只能用于支取现金。（   ）

142. 支票上印有"转账"字样的为转账支票，转账支票只能用于转账。（   ）

143. 支票上未印有"现金"或"转账"字样的为普通支票，普通支票可以用于支取现金，也可用于转账。（   ）

144. 支票的金额、收款人名称可以由出票人授权补记，未补记前不得背书转让和提示付款。（   ）

145. 支票上未记载出票地的，出票人的营业场所、住所或者经常居住地为出票地。（   ）

146. 出票人签发空头支票、签章与预留银行签章不符的支票，使用支付密码的地区，支付密码错误的支票，银行应予以退票，并按票面金额处以10%但不低于1 000元的罚款。（   ）

147. 出票人作成支票并交付之后，对出票人产生相应的法律效力。出票人必须按照签发的支票金额承担保证向该持票人付款的责任。（   ）

148. 出票人在付款人处的存款足以支付支票金额时，付款人应当在见票次日足额付款。（   ）

149. 商业汇票是指由出票人签发的，委托付款人在指定日期无条件支付确定金额给收款人或者持票人的票据。（   ）

150. 出票行为是单方行为，付款人并不因此而有付款义务。只是基于出票人的付款委托使其具有承兑人的地位，在其对汇票进行承兑后，即成为汇票上的主债务人。（   ）

151. 出票人签发汇票后，即承担保证该汇票承兑和付款的责任。出票人在汇票得不到承兑或者付款时，应当向持票人清偿法律规定的金额和费用。（   ）

152. 付款人承兑商业汇票，应当在汇票背面记载"承兑"字样和承兑日期并签章。（   ）

153. 商业汇票的背书，是指以转让商业汇票权利或者将一定的商业汇票权利授予他人行使为目的，按照法定的事项和方式在商业汇票背面或者粘单上记载有关事项并签章的票据行为。（   ）

154. 持票人向银行提示付款时，必须同时提交银行汇票和解讫通知，缺少任何一联，银行不予受理。（   ）

155. 银行本票是出票人签发的，承诺自己在见票时无条件支付确定的金额给收款人或者持票人的票据。（   ）

156. 单位和个人在同一票据交换区域或者非同一票据交换区域需要支付各种款项，均可以使用银行本票。（   ）

157. 办理托收承付的收款单位和付款单位可以是国有单位或者私营企业。（　　）

158. 我国信用证为不可撤销、不可转让的跟单信用证。（　　）

159. 凡是与支付结算的各种结算方式有关的法律、行政法规以及部门规章和地方性规定都是支付结算的法律依据。（　　）

160. 办理支付结算必须使用中国人民银行统一规定的票据和结算凭证,未使用中国人民银行统一规定的票据,票据无效；未使用中国人民银行统一规定的结算凭证,银行可以受理。（　　）

161. 银行结算账户是指存款人在经办银行开立的办理资金收付结算的人民币活期存款账户或者定期存款账户。（　　）

162. 票据是文义证券。（　　）

163. 现金结算的特点主要表现在直接便利、安全快捷和费用较低。（　　）

164. 单位可以用所收到的销售现金收入直接支付购买商品所需费用。（　　）

165. 使用现金结算的起点为一千元,需要增加时由中国人民银行确定后,报国务院备案。（　　）

166. 边远地区和交通不发达地区的开户单位的库存现金限额,可以适当放宽,但最多不得超过25天的日常零星开支。（　　）

167. 商业和服务行业的找零备用现金也要根据营业额核定定额,并且包括在开户单位的库存现金限额之内。（　　）

168. 支付结算是指单位、个人在社会经济活动中使用现金进行货币给付的行为。（　　）

169. 根据《支付结算办法》的规定,未经中国人民银行批准的非银行金融机构和其他单位不得作为中介机构经营支付结算业务。（　　）

170. 根据规定,银行可以为任何单位或者个人查询账户情况,但不得为任何单位或者个人冻结、扣划款项,不得停止单位、个人存款的正常支付。（　　）

171. 根据《支付结算办法》的规定,未使用按中国人民银行统一规定印制的票据,票据无效；未使用中国人民银行统一规定格式的结算凭证,银行不予受理。（　　）

172. 民法上"诚实守信"原则在支付结算中具体体现为银行不垫款原则。（　　）

173. 支付结算中的恪守信用,履约付款原则在于维护存款人对存款资金的所有权或控制权,保证其对资金的自主支配。（　　）

174. 票据和结算凭证金额以中文大写和阿拉伯数码同时记载,两者不一致的票据,以大写为准。（　　）

175. 票据的出票日期必须使用中文大写,如果大写日期未按要求规范书写,银行不予受理。（　　）

176. 大写金额数字有"分"的,"分"后面应写"整"（或"正"）字。（　　）。

177. 票据和结算凭证的金额、出票或签发日期、收款人名称,原记载人可以更改,更改时应当由原记载人在更改处签章证明。（　　）

178. 一般存款账户是指存款人因借款或其他结算需要,在基本存款账户开户银行内其他营业机构开立的银行结算账户。（　　）

179. 存款人因异地临时经营活动需要可以申请开立专用存款账户。（　　）

180. 存款人因附属的非独立核算单位或派出机构发生的收入汇缴或业务支出需要开立专用存款账户的,可以在异地开立有关银行结算账户。(　　)

四、案例分析题

(一) 甲公司出票给乙公司时,甲公司在商业汇票上记载了"不得转让"字样,乙公司为履行与丙公司的合同,将该商业汇票背书转让给丙公司。

要求:根据上述事实和票据法律制度的规定,回答下列问题:

181. 下列关于该商业汇票上记载的"不得转让"事项的说法中正确的有(　　)。
    A. 该记载事项属于绝对记载事项　　B. 该记载事项属于相对记载事项
    C. 该记载事项属于任意记载事项　　D. 该记载事项属于非法定记载事项

182. 下列关于票据各当事人的票据权利的说法中正确的有(　　)。
    A. 乙公司不享有票据权利　　B. 乙公司享有票据权利
    C. 丙公司不享有票据权利　　D. 丙公司享有票据权利

183. 下列关于该商业汇票背书的说法中正确的有(　　)。
    A. 背书有效　　B. 背书无效
    C. 背书经甲公司追认后有效　　D. 背书效力待定

184. 下列属于甲公司出票时必须记载的事项有(　　)。
    A. 收款人姓名　　B. 付款人姓名
    C. 无条件支付的承诺　　D. 出票人签章

185. 下列关于汇票背书的说法中正确的有(　　)。
    A. 被拒绝承兑的汇票不得背书转让
    B. 每一位使用粘单的背书人都应在汇票和粘单的粘接处签章
    C. 被背书人必须在票据上签章,否则背书无效
    D. 未记载背书日期的,背书无效

(二) 公司为安东强开出一张人民币20万元的汇票,上面记载如下内容:金额20万元,收款人为安东强,付款人为交通银行某支行,出票日期为2016年10月10日,未记载付款日期。安东强背书转让给乙公司,乙公司为支付合同款,背书转让给李安,并记载"不得转让"字样。李安又背书转让给张方同,张方同怕有问题,要求李安找两个保证人,李安的好朋友李起和李广没有在票据上签保证字样,而是另行签订保证合同,并写明一旦银行拒绝付款,各自将承担10万元的赔偿损失责任。2016年10月30日持票人张方同到付款人处要求付款。

根据材料,回答下列问题:

186. 张方同受让票据时,该票据的主债务人是(　　)。
    A. 甲公司　　B. 交通银行某支行
    C. 安东强　　D. 李安

187. 关于此汇票的说法正确的是(　　)。
    A. 需要持票人在2016年11月10日前到交通银行某支行提示付款
    B. 需要持票人在2016年11月10日到交通银行某支行提示付款
    C. 此汇票未记载付款日期,属于无效票据
    D. 此汇票属于见票即付的商业汇票

188. 一旦付款人拒绝付款,张方同可以要求( )支付20万元。
    A. 甲公司　　　B. 乙公司　　　C. 安东强　　　D. 李安

189. 下列说法正确的是( )。
    A. 李安将记载有"不得转让"字样的票据背书转让给张方同,该背书转让有效
    B. 张方同不享有票据权利
    C. 乙公司对张方同不承担票据责任
    D. 李安将记载有"不得转让"字样的票据背书转让给张方同,该背书转让无效

190. 关于该票据的保证人说法正确的是( )。
    A. 李起和李广承担票据保证的责任
    B. 李起和李广不承担票据保证的责任
    C. 票据保证人可以由债务人自己承担
    D. 票据保证人由债务人以外的第三人承担

(三) 2016年3月1日,A公司和B公司由于买卖关系,A公司签发一张20万元的于2016年5月1日付款的定期付款的甲银行承兑汇票。3月10日,B公司向甲银行提示承兑并于当日获得承兑。3月15日,B公司在和C公司购销合同中,将此汇票背书转让给C公司,并在汇票上记载"不得转让"字样。3月28日,C公司在和D公司的买卖合同中将其背书给D公司,同时C公司没有记载背书时间。5月5日,D公司向甲银行提示付款,但甲银行拒绝付款。

191. 关于商业汇票,下列说法正确的是( )。
    A. 收款人享有付款请求权和追索权双重权利
    B. 出票人的出票行为并不意味着付款人因此而承担付款的义务
    C. 出票人的出票行为就意味着付款人因此而承担付款的义务
    D. 持票人依法请求付款时,而付款人不予付款,出票人就应该向持票人承担票据责任

192. D公司( )行使追索权,应当对D公司承担票据责任的是( )。
    A. 可以　A公司、B公司、C公司、甲银行
    B. 可以　A公司、C公司、甲银行
    C. 可以　C公司、甲银行
    D. 不可以　银行已经拒付

193. B公司将汇票背书给C公司,可以记载的事项有( )。
    A. 货到后此汇票方生效　　　B. 背书人的签章
    C. 被背书人的名称　　　　　D. 背书的日期

194. 持票人应当在收到被拒绝承兑或者被拒绝付款的有关证明之日起( )内,将被拒绝事由通知其前手;其前手应当自收到通知之日起( )内书面通知其再前手。
    A. 3日　3日　　　　　B. 3日　5日
    C. 15日　15日　　　　D. 7日　1个月

195. D公司可以追索的金额包括( )。
    A. 被拒绝付款的汇票金额
    B. 汇票金额从到期日或者提示付款日起至清偿日止,按照中国人民银行规定的

利率计算的利息

C. 取得有关拒绝证明和发出通知书的费用

D. 精神赔偿费用

(四) 2016年3月10日,公民甲在P商业银行申办了一张在银行核定的信用额度内先消费、后还款的信用卡。当月,甲在特约单位乙商场用该信用卡消费1万元。

196. 关于公民甲申办的这张信用卡的种类,下列说法中正确的有(　　)。

A. 借记卡　　　　B. 个人卡　　　　C. 贷记卡　　　　D. 准贷记卡

197. 如果公民甲选择首月最低还款额,下列说法中正确的有(　　)。

A. 首月最低还款额不得低于1 000元　　B. 首月最低还款额不得低于500元

C. 甲不再享受免息还款期待遇　　　　　D. 甲仍可享受免息还款期特遇

198. 关于信用卡的使用,下列说法中正确的有(　　)。

A. P商业银行应按规定向甲收取结算手续费

B. P商业银行应按规定向乙收取结算手续费

C. P商业银行应按规定向甲、乙收取结算手续费

D. P商业银行只有在甲未按期履行还款义务时才向乙收取结算手续费

199. 下列情形中,甲可以办理销户的有(　　)。

A. 4月12日,甲要求注销自用的信用卡

B. 3月11日,甲的信用卡丢失并于当日挂失,4月12日要求注销该丢失的信用卡

C. 至2017年6月7日,甲的信用卡未发生过任何交易

D. 至2018年8月30日,甲信用卡未发生过任何交易

200. 下列关于发卡银行对卡内存款计付利息的说法中正确的有(　　)。

A. 贷记卡账户内的存款计付利息

B. 准贷记卡账户内的存款不计付利息

C. 借记卡账户内的存款不计付利息

D. 贷记卡账户内的存款不计付利息

第三章　税收法律制度

一、单项选择题

1. 下列各项中,属于财产税的是(　　)。

A. 增值税　　　　　　　　　　B. 土地使用税

C. 房产税　　　　　　　　　　D. 城市维护建设税

2. 下列各类型增值税中,在计算增值税时允许将当期购入的固定资产价值中所含的增值税全部扣除的是(　　)。

A. 消费型增值税　　B. 收入型增值税　　C. 生产型增值税　　D. 成本型增值税

3. 下列各项中,属于增值税一般纳税人的是( )。
   A. 非企业性单位
   B. 除个体经营者以外的其他个人
   C. 不经常发生增值税应税行为的企业
   D. 年应税销售额超过小规模纳税人标准的企业

4. 下列各项中,属于增值税基本税率的是( )。
   A. 6%　　　　　B. 11%　　　　　C. 13%　　　　　D. 17%

5. 2016年6月,甲酒厂(增值税一般纳税人)销售粮食白酒开具增值税专用发票,收取含税价款93 600元,就此项业务,该酒厂2016年6月增值税销项税额应为( )元。
   A. 10 000　　　B. 12 000　　　C. 13 600　　　D. 17 000

6. 乙电器修理部(小规模纳税人)2016年5月取得含税修理收入10 300元,该修理部应纳增值税为( )元。
   A. 300　　　　B. 500　　　　C. 600　　　　D. 800

7. 下列各项中,不属于消费税纳税期限的是( )。
   A. 1日　　　　B. 3日　　　　C. 1年　　　　D. 1个季度

8. 下列由国家税务局统一印制的是( )。
   A. 服务业发票　　　　　　　　B. 契税完税证
   C. 运输业发票　　　　　　　　D. 增值税专用发票

9. 下列各项中,属于需要国家重点扶持的高新技术企业所得税税率是( )。
   A. 15%　　　　B. 20%　　　　C. 25%　　　　D. 30%

10. 在税款征收方式中,查账征收方式一般适用于( )。
    A. 无完整考核依据的小型纳税单位
    B. 账册不够健全,但能够控制原材料或进销存的纳税单位
    C. 财务会计制度较为健全,能够认真履行纳税义务的纳税单位
    D. 经营品种比较单一、经营地点、时间和商品来源不固定的纳税单位

11. 下列各项中,不属于流转税的是( )。
    A. 消费税　　　B. 车船使用税　　C. 增值税　　　D. 关税

12. 下列各项中,不属于税务代理的特点的是( )。
    A. 公正性　　　B. 自愿性　　　C. 强制性　　　D. 独立性

13. 对提供应税服务的,年应税服务销售额在( )以下的,属于小规模纳税人。
    A. 500万元　　B. 80万元　　　C. 50万元　　　D. 800万元

14. 提供交通运输业服务,适用的增值税税率是( )。
    A. 11%　　　　B. 17%　　　　C. 13%　　　　D. 6%

15. 根据《税收征收管理法》及其实施细则的规定,企业向税务机关申报办理税务登记的时间是自领取营业执照之日起( )内。
    A. 15日　　　　B. 30日　　　　C. 45日　　　　D. 50日

16. 我国现行的增值税属于( )增值税。
    A. 生产型　　　B. 收入型　　　C. 消费型　　　D. 复合型

17. 国家征税以法律形式预先规定征税范围和征收比例是指税收特征的( )。
    A. 强制性　　　　B. 无偿性　　　　C. 固定性　　　　D. 客观性
18. 下列各项中,属于税收"三性"的核心是( )。
    A. 固定性　　　　B. 强制性　　　　C. 无偿性　　　　D. 自愿性
19. 区分不同税种的主要标志是( )。
    A. 税率　　　　　B. 纳税主体　　　C. 税目　　　　　D. 征税对象
20. 对同一课税对象,无论其数额大小,都按照相同比例征税的税率是( )。
    A. 比例税率　　　B. 累进税率　　　C. 定额税率　　　D. 幅度税率
21. 下列各项中,属于财产税的是( )。
    A. 增值税　　　　B. 企业所得税　　C. 车船使用税　　D. 车辆购置税
22. 下列各项中,属于中央地方共享税的是( )。
    A. 契税　　　　　B. 消费税　　　　C. 关税　　　　　D. 增值税
23. 在税制要素中,对纳税对象总额中的一部分数额免予征税,只就减除后的剩余部分计征税款,被免予征税的这部分数额是( )。
    A. 计税依据　　　B. 免征额　　　　C. 税基　　　　　D. 起征点
24. 按照对外购固定资产价值的处理方式,可以将增值税划分为不同类型。2009年1月1日起,我国的增值税实行的是( )。
    A. 消费型增值税　B. 收入型增值税　C. 生产型增值税　D. 费用型增值税
25. 根据增值税法律制度的规定,下列各项中,属于企业所得税征税范围的是( )。
    A. 销售电力　　　　　　　　　　　B. 提供文化创意服务
    C. 受托加工货物　　　　　　　　　D. 企业所得额
26. 甲酒厂为增值税一般纳税人,2016年5月销售果木酒,取得不含增值税销售额10万元,同时收取包装物租金0.585万元、优质费2.34万元。果木酒消费税税率为10%,增值税税率为17%,甲酒厂当月销售果木酒应缴纳消费税税额的下列计算中,正确的是( )。
    A. (10+0.585+2.34)×10% = 1.2925 万元
    B. (10+0.585)×10% = 1.0585 万元
    C. [10+(0.585+2.34)/(1+17%)]×10% = 1.25 万元
    D. [10+0.585/(1+17%)]×10% = 1.05 万元
27. 下列行为中涉及的进项税额不得从销项税额中抵扣的是( )。
    A. 将外购的货物用于本单位集体福利
    B. 将外购的货物分配给股东和投资者
    C. 将外购的货物无偿赠送给其他个人
    D. 将外购的货物作为投资提供给其他单位
28. 下列关于增值税的税务处理说法不正确的是( )。
    A. 纳税人兼营不同税率应税项目,对收入划分不清的,一律从高从重计税
    B. 纳税人兼营增值税应税项目与非应税项目,对收入划分不清的,一律征收增值税
    C. 一项销售行为既涉及增值税应税货物又涉及非增值税应税劳务是混合销售
    D. 一般情况下缴纳增值税为主的企业的混合销售交增值税,应按不同的销售额计算增值税

29. 下列各项中不符合有关增值税纳税地点规定的是(　　)。
    A. 进口货物应当由进口人或其代理人向报关地海关申报纳税
    B. 非固定业户销售货物或者提供应税劳务,应当向销售地或劳务发生地主管税务机关申报纳税
    C. 非固定业户销售货物的,向其机构所在地缴纳税款
    D. 固定业户到外县市销售货物,未向销售地主管税务机关申报纳税的,由其机构所在地主管税务机关补征税款

30. 下列业务中,一般纳税人允许开具增值税专用发票的有(　　)。
    A. 向个人提供修理、修配服务　　　　B. 向个体经营者零售烟酒、食品
    C. 向一般纳税人销售货物　　　　　　D. 向一般纳税人销售房屋

31. 根据交通运输业和部分现代服务业营业税改征增值税试点相关规定,应认定为一般纳税人的,其应税服务年销售额应超过(　　)。
    A. 50 万元　　　B. 80 万元　　　C. 180 万元　　　D. 500 万元

32. 下列关于税法构成要素的说法中,正确的是(　　)。
    A. 征税对象是税法法律关系中征纳双方权利义务所指的物品
    B. 税目是区分不同税种的主要标志
    C. 纳税人就是履行纳税义务的法人
    D. 税率是衡量税负轻重的重要标志

33. 某餐饮连锁企业属于增值税一般纳税人,2016 年 8 月营业额为 200 万元,该月购买的面粉、油、自来水等原材料 20 万元,购买的酒水、饮料等原材料和燃料 10 万元,并取得增值税专用发票,则餐饮企业应纳增值税额(　　)
    A. 10 万元　　　B. 8.7 万元　　　C. 7.75 万元　　　D. 5.83 万元

34. 下列项目中,应当按消费税"汽车轮胎"税目征收消费税的是(　　)。
    A. 专用车轮胎　　　　　　B. 翻新轮胎
    C. 农用拖拉机专用轮胎　　D. 子午线轮胎

35. 下列各项行为中,一般不需自行缴纳消费税的是(　　)。
    A. 将自产的应税消费品对外交换其他应税消费品
    B. 将自产的应税消费品对外投资
    C. 将外购的商品委托加工应税消费品
    D. 将自产的应税消费品对外交换其他非应税消费品

36. 以下应税消费品中,不适用定额税率的有(　　)。
    A. 粮食白酒　　　B. 啤酒　　　C. 黄酒　　　D. 其他酒

37. 根据 2009 年 1 月 1 日开始施行的《增值税暂行条例实施细则》规定,委托其他纳税人代销货物,未收到代销清单及货款的,增值税纳税义务发生时间为发出代销货物满规定天数的当天。该规定天数是(　　)。
    A. 90 天　　　B. 60 天　　　C. 180 天　　　D. 120 天

38. 根据 2009 年 1 月 1 日开始施行的《增值税暂行条例实施细则》规定,采取直接收款方式销售货物,不论货物是否发出,增值税纳税义务发生时间均为(　　)。
    A. 发货的当天

B. 收到销售款或者取得索取销售款凭据的当天
C. 合同约定收款日的当天
D. 货物移动的当天

39. 根据增值税法律制度的规定,下列各项中,必须认定为小规模纳税人的是( )。
    A. 年不含税应税销售额在50万元以上的从事货物生产的企业
    B. 年不含税应税销售额在80万元以下的商业企业
    C. 年不含税应税销售额为100万元的商业企业
    D. 年应税销售额超过小规模纳税人标准的非企业性单位、不经常发生应税行为的企业

40. 下列各项中,不应交纳消费税的是( )。
    A. 服装　　　B. 小汽车　　　C. 烟　　　D. 汽车轮胎

41. 下列关于企业所得税纳税人的表述中,不正确的是( )。
    A. 居民企业就其来源于我国境内外的全部所得缴税
    B. 非居民企业就其来源于我国境内外的全部所得缴税
    C. 个人独资企业和合伙企业不是企业所得税的纳税人
    D. 企业设有多个不具有法人资格的营业机构的,实行由法人汇总纳税

42. 根据《企业所得税法》的规定,我国企业所得税适用的税率属于( )。
    A. 比例税率　　　　　　　　B. 超额累进税率
    C. 超率累进税率　　　　　　D. 定额税额

43. 根据《企业所得税法》的规定,对于符合条件的小型微利企业,征收企业所得税时可以采用的税率为( )。
    A. 10%　　　B. 25%　　　C. 20%　　　D. 15%

44. 下列税金中,在计算企业所得税应纳税所得额时,不能扣除的是( )。
    A. 消费税　　　　　　　　B. 教育费附加费
    C. 增值税　　　　　　　　D. 房产税

45. 企业发生的公益性捐赠支出,在年度利润总额一定比例以内的部分,准予在计算应纳税所得额时扣除。该比例是( )。
    A. 3%　　　B. 5%　　　C. 10%　　　D. 12%

46. 纳税人发生年度亏损准予在以后一定期限内弥补。该期限为( )。
    A. 3年　　　B. 5年　　　C. 7年　　　D. 4年

47. 根据《企业所得税法》的规定,企业所得税年终汇算清缴的期限是( )。
    A. 3个月　　　B. 15天　　　C. 1个月　　　D. 5个月

48. 某演员参加营业性演出,一次获得表演收入50 000元,其应纳个人所得税的税额为( )元。
    A. 8 000　　　B. 10 000　　　C. 12 000　　　D. 3 000

49. 下列各项中,适用超额累进税率计征个人所得税的有( )。
    A. 个体工商户的生产经营所得　　　B. 财产租赁所得
    C. 特许权使用费所得　　　　　　　D. 稿酬所得

50. 根据税法规定,稿酬所得应缴纳的个人所得税的实际税率为( )。
   A. 20%　　　　　B. 14%　　　　　C. 15%　　　　　D. 10%
51. 个体工商户的生产经营所得和对企事业单位的承包经营、承租经营所得,适用( )的超额累进税率。
   A. 5%～20%　　B. 5%～25%　　C. 5%～30%　　D. 5%～35%
52. 下列项目中,应计入工资、薪金所得纳税的是( )。
   A. 职工加班费补贴　　　　　B. 误餐补助
   C. 托儿费补贴　　　　　　　D. 独生子女补贴
53. 根据我国《税收征收管理法》的规定,企业向税务机关申报办理税务登记的时间是( )。
   A. 自领取营业执照之日起15日内　　B. 自领取营业执照之日起30日内
   C. 自申请营业执照之日起45日内　　D. 自申请营业执照之日起60日内
54. 税务机关针对纳税人的不同情况可以采取不同的税款征收方式。根据税收法律制度的规定,对生产、经营规模小,不能建账设账的单位,适用的税款征收方式是( )。
   A. 查账征收　　B. 查定征收　　C. 查验征收　　D. 定期定额征收
55. 因纳税人计算错误,而未缴少缴的税款,追征期为( ),特殊情况的追征期为( )。
   A. 2年　5年　　B. 3年　5年　　C. 2年　7年　　D. 3年　7年
56. 关于消费税的说法不正确的是( )
   A. 我国现行的消费税属于特别消费税,主要对特定消费品征税
   B. 在中国境内从事生产、委托加工及进口应税消费品的单位和个人,为消费税纳税人
   C. 消费税计税方法主要有从价定率征收、从量定额征收、从价定率和从量定额复合三种方式
   D. 根据《消费税暂行条例》规定,我国消费税科目共有13项
57. 2016年,某大学于教授受某企业邀请,为该企业中层干部进行管理培训讲座,从企业取得报酬5 000元。该笔报酬在缴纳个人所得税时适用的税目是( )。
   A. 工资薪金所得　　　　　B. 劳务报酬所得
   C. 稿酬所得　　　　　　　D. 偶然所得
58. 税收制度的中心环节是( )。
   A. 征税对象　　B. 纳税期限　　C. 纳税人　　D. 税率

二、多项选择题

59. 下列各项中,属于税收作用的有( )。
   A. 调控经济　　　　　　　B. 维护国家政权
   C. 组织财政收入　　　　　D. 在经济交往中维护国家利益
60. 下列各项中,构成税法的最基本的要素有( )。
   A. 税率　　　　B. 征税人　　　C. 征税对象　　D. 纳税义务人
61. 下列各项中,属于增值税征收范围的有( )。
   A. 销售的货物　　　　　　B. 提供的属于营改增应税服务

C. 进口的货物　　　　　　　　D. 提供的加工、修理修配劳务

62. 下列各项中,属于"营改增"范围的应税服务有(　　)。
   A. 邮政业　　　　　　　　　　B. 交通运输业
   C. 现代服务业　　　　　　　　D. 部分现代服务业

63. 下列行为中,属于视同销售货物的有(　　)。
   A. 销售代销货物
   B. 将自产或委托加工的货物用于非增值税应税项目
   C. 将自产、委托加工或购进的货物分配给股东或投资者
   D. 将自产、委托加工或购进的货物无偿赠送其他单位或个人

64. 下列各项中,应认定为小规模纳税人的有(　　)。
   A. 提供应税服务的纳税人年应税服务销售额在500万元以下的
   B. 从事货物批发或者零售的纳税人,年应税销售额在80万元以下的
   C. 从事货物生产或者提供应税劳务的纳税人年应税销售额在50万元以下的
   D. 以从事货物生产或者提供应税劳务为主,并兼营货物批发或者零售的纳税人,年应税销售额在50万元以下的

65. 下列关于增值税税率的表述中,正确的有(　　)。
   A. 提供有形动产租赁服务税率为6%
   B. 提供交通运输业服务税率为11%
   C. 纳税人出口货物一般适用零税率
   D. 农机零部件按照13%的低税率征收增值税

66. 下列关于增值税纳税义务发生时间的表述中,正确的有(　　)。
   A. 进口货物,为货物验收入库的当天
   B. 采取预收货款方式销售货物,为收到预收款的当天
   C. 采取委托银行收款方式销售货物,为发出货物并办妥托收手续的当天
   D. 销售应税劳务,为提供劳务同时收讫销售额或取得索取销售额的凭据的当天

67. 下列人员中,属于自行申报缴纳个人所得税的纳税义务人有(　　)。
   A. 从中国境外取得所得的
   B. 取得应纳税所得,没有扣缴义务人的
   C. 年所得12万元以上的
   D. 从中国境内两处或者两处以上取得工资、薪金所得的

68. 下列情形中,一般纳税人不得领购使用增值税专用发票的有(　　)。
   A. 会计核算不健全
   B. 有《税收征收管理法》规定的税收违法行为拒不接受处理
   C. 不能向税务机关准确提供增值税进、销项税额以及其他增值税税务资料
   D. 虚开增值税专用发票、私自印制专用发票、未按规定开具专用发票等经税务机关责令限期改正而仍未改正的

69. 下列各项中,属于扣缴义务人应依法履行的义务有(　　)。
   A. 代扣税款　　B. 代垫税款　　C. 代支税款　　D. 代收税款

70. 下列各项中,属于纳税申报方式的有( )。
    A. 直接申报　　　B. 邮寄申报　　　C. 数据电文申报　　　D. 电话申报
71. 下列各项中,属于税务代理特征的有( )。
    A. 公正性　　　B. 自愿性　　　C. 法定性　　　D. 中介性
72. 下列各项中,属于税收违法行政处罚形式的有( )。
    A. 没收财产　　　　　　　　　　B. 责令限期改正
    C. 停止出口退税权　　　　　　　D. 收缴未用发票和暂停供应发票
73. 下列各项中,属于行政复议范围的有( )。
    A. 征税行为　　　　　　　　　　B. 纳税行为
    C. 行政处罚行为　　　　　　　　D. 行政许可、行政审批行为
74. 下列各项中,关于税收的作用,表述正确的是( )。
    A. 税收是国际经济交往中维护国家利益的可靠保证
    B. 税收是国家组织财政收入的主要形式和工具
    C. 税收是国家调控经济运行的重要手段
    D. 税收具有维护国家政权的作用
75. 下列各项中,属于按照征税对象分类的有( )。
    A. 资源税　　　B. 流转税　　　C. 行为税　　　D. 所得税
76. 下列各项中,属于资源税的是( )。
    A. 土地增值税　　　　　　　　　B. 车辆购置税
    C. 资源税　　　　　　　　　　　D. 城镇土地使用税
77. 下列各项中,属于按征收管理的分工体系分类的有( )。
    A. 从价税　　　B. 关税类　　　C. 地方税　　　D. 工商税类
78. 下列各项中,属于缴纳增值税的是( )。
    A. 邮政储蓄业务　　　　　　　　B. 研发和技术服务
    C. 水路运输服务　　　　　　　　D. 广播影视服务
79. 下列选项中,属于税收法律的有( )。
    A. 个人所得税法　　　　　　　　B. 增值税暂行条例
    C. 税务代理试行办法　　　　　　D. 税收征收管理法
80. 消费税按照不同的划分标准属于( )。
    A. 流转税　　　B. 财产税　　　C. 中央税　　　D. 共享税
81. 按税收管理权限的不同,可将税种划分为( )。
    A. 中央税　　　　　　　　　　　B. 地方税
    C. 中央和地方共享税　　　　　　D. 所得税
82. 以下表述中属于从价税的特征的有( )。
    A. 受价格影响　　B. 不受价格影响　　C. 税负比较合理　　D. 税负比较固定
83. 下列行为涉及的增值税进项税额,可以从销项税额中抵扣的有( )。
    A. 将外购的货物用于本单位集体福利　　B. 购进农产品所发生的运输费用
    C. 接受铁路运输服务　　　　　　　　　D. 接受的旅客运输服务

84. 根据增值税的规定,纳税人销售下列货物适用于13%税率的有(　　)。
    A. 冷气　　　　　B. 热水　　　　　C. 煤气　　　　　D. 天然气

85. 下列运输业务中,属于营改增征税范围的有(　　)。
    A. 公路运输服务　　B. 水路运输服务　　C. 铁路运输服务　　D. 航空运输服务

86. 下列各项中,属于消费税征收环节的有(　　)。
    A. 生产环节　　　B. 零售环节　　　C. 批发环节　　　D. 进口环节

87. 下列关于消费税征收范围的表述中,正确的有(　　)。
    A. 纳税人自产自用的应税消费品,用于连续生产应税消费品的,不缴纳消费税
    B. 纳税人将自产自用的应税消费品用于馈赠、赞助的,缴纳消费税
    C. 委托加工的应税消费品,受托方在交货时已代收代缴消费税,委托方收回后直接销售的,再缴纳一道消费税
    D. 卷烟在生产和批发两个环节均征收消费税

88. 下列关于我国现行个人所得税的说法中,正确的有(　　)。
    A. 我国个人所得税实行的是分类所得税制
    B. 我国个人所得税的纳税办法有自行申报纳税和代扣代缴两种
    C. 我国个人所得税实行的是综合所得税制
    D. 我国个人所得税采取累进税率和比例税率并用

89. 下列各项中,属于企业所得税征收税范围的有(　　)。
    A. 居民企业来源于境外的所得
    B. 设立机构、场所的非居民企业,其机构、场所来源于中国境内的所得
    C. 未设立机构、场所的非居民企业来源于中国境外的所得
    D. 居民企业来源于中国境内的所得

90. 不可以领购使用增值税专用发票的有(　　)。
    A. 小规模纳税人　　　　　　　　　B. 有法定情形的一般纳税人
    C. 一般纳税人　　　　　　　　　　D. 个体工商户

91. 纳税人自产自用的下列应税消费品中,应该缴纳消费税的有(　　)。
    A. 生产企业将石脑油用于本企业连续生产汽油
    B. 日化厂自产化妆品用于促销赠品
    C. 一次性木筷用于本企业职工食堂
    D. 汽车制造厂自产小汽车用于后勤服务

92. 关于税务行政复议,下列说法正确的有(　　)。
    A. 当事人对税务机关的处罚决定不服的,应当先申请行政复议,对行政复议不服的,可以依法向人民法院起诉
    B. 当事人对税务机关的行政处罚决定逾期不申请复议也不向人民法院起诉、又不履行的,作出处罚决定的税务机关可依法采取强制执行措施,或者申请人民法院强制执行
    C. 纳税人同税务机关在纳税上发生争执时,必须先依照税务机关的纳税决定缴纳或解缴税款及滞纳金或者提供相应的担保,然后可以依法申请行政复议,或向人民法院起诉

D. 当事人对税务机关的税收保全措施或税收强制执行措施不服的,可以依法申请行政复议,也可以依法向人民法院起诉

93. 某建筑企业(一般纳税人)机构所在地为 A 省,2016 年 8 月在 B 省提供建筑服务(非简易计税项目)取得建筑服务收入(含税)1 665 万元,支付分包款 555 万元,购入建筑材料可抵扣的进项税额为 80 万元。要求计算在 B 省预缴增值税款和回 A 省机构所在地纳税申报应缴的增值税款(　　)。
   A. 20 万元　　　　B. 10 万元　　　　C. 30 万元　　　　D. 15 万元

94. 可不办理税务登记的有(　　)。
   A. 从事生产、经营的事业单位
   B. 负有扣缴税款义务的扣缴义务人
   C. 无固定生产、经营场所的流动性农村小商贩
   D. 国家机关

95. 根据企业所得税法律制度的规定,在中国境内未设立机构、场所的非居民企业从中国境内取得的下列所得中,应以收入全额为应纳税所得额的有(　　)。
   A. 红利　　　　B. 转让财产所得　　　　C. 租金　　　　D. 利息

96. 企业实际发生的与取得收入有关的、合理的支出,准予在计算应纳税所得额时扣除。其中包括(　　)。
   A. 企业生产的成本、费用　　　　B. 企业的税金
   C. 企业的损失　　　　　　　　　D. 赞助支出

97. 在计算应纳税所得额时,下列支出中不得扣除的有(　　)。
   A. 税收滞纳金　　　　　　　　　B. 被没收财物的损失
   C. 法定比例范围内的公益性捐赠支出　　D. 向投资者支付的股息

98. 下列各项中,关于委托加工商品缴纳消费税的说法错误的有(　　)。
   A. 纳税人委托某金银首饰加工企业加工一批金银首饰用于销售,应由受托加工企业代收代缴消费税
   B. 纳税人委托个体经营者加工消费品,由个体经营者代收代缴消费税
   C. 纳税人用委托加工收回的应税消费品连续生产应税消费品的,其委托加工环节已经缴纳的消费税不得抵扣
   D. 纳税人委托加工消费品,一律由受托人代收代缴消费税款

99. 企业的下列收入中为免税收入的有(　　)。
   A. 国债利息收入
   B. 符合条件的居民企业之间的股息、红利等权益性投资收益
   C. 在中国境内设立机构、场所的非居民企业从居民企业取得与该机构、场所有实际联系的股息、红利收入
   D. 符合条件的非营利组织的收入

100. 特许权使用费收入是指企业提供(　　)取得的收入。
   A. 专利权　　　　B. 非专利技术　　　　C. 商标权　　　　D. 土地使用权

101. 下列属于居民企业的有(　　)。
   A. 注册地与实际管理机构均在中国

B. 注册地或实际管理机构所在地其一在中国

C. 作出和形成企业的经营管理重大决定和决策的地点在中国

D. 依法在中国境内成立,或者依照外国(地区)法律成立但实际管理机构在中国境内的企业

102. 下面有关企业所得税税率说法正确的有( )。

A. 企业所得税的基本税率为25%

B. 非居民企业在中国境内未设立机构、场所的,其来源于中国境内的所得适用税率为20%

C. 符合条件的小型微利企业适用税率为20%

D. 国家需要重点扶持的高新技术企业适用税率为15%

103. 下列各项所得,应征个人所得税的有( )。

A. 民政部门支付给个人的生活困难补助

B. 稿酬所得

C. 劳务报酬所得

D. 保险赔款

104. 应征个人所得税的工资、薪金所得包括( )。

A. 一般性奖金 B. 年终加薪 C. 职务工资 D. 交通费补贴

105. 对个人所得征收个人所得税时,以每次收入额为应纳税所得额的有( )。

A. 偶然所得   B. 稿酬所得

C. 利息、股息、红利所得   D. 财产转让所得

106. 下列个人所得,适用20%比例税率的有( )。

A. 对企事业单位的承包经营所得   B. 劳务报酬所得

C. 财产转让所得   D. 工资、薪金所得

107. 个人所得税法将纳税义务人区分为居民和非居民所依据的标准有( )。

A. 意愿标准 B. 国籍标准 C. 居住时间标准 D. 住所标准

108. 下列利息中,属于应征税利息的有( )。

A. 储蓄存款利息   B. 公司债券利息

C. 国家发行的金融债券利息   D. 企业集资利息

109. 根据个人所得税法律制度的规定,下列情形中,纳税人应当自行申报缴纳个人所得税的有( )。

A. 年所得12万元以上的

B. 从中国境外取得所得的

C. 取得应税所得,没有扣缴义务人的

D. 从中国境内两处或两处以上取得工资、薪金所得的

110. 下列票据中,属于专业发票的有( )。

A. 电报收据   B. 商业零售统一发票

C. 保险凭证   D. 国有铁路货票

111. 企业的下列行为中,属于违反发票使用相关规定的有( )。

A. 拆本使用发票   B. 转借发票

C. 代开发票　　　　　　　　D. 转让发票

112. 下列关于邮寄申报的表述中,正确的有(　　)。
    A. 使用特快专递信封
    B. 以税务局收到时间为申报时间
    C. 以邮政部门收据作为申报凭证
    D. 以寄出的邮戳日期为实际申报日期

113. 下列各项中,属于我国税款征收方式的有(　　)。
    A. 委托代征　　B. 代扣代缴　　C. 查账征收　　D. 代收代缴

114. 根据税收征收管理法律制度的规定,下列各项中,属于税收强制执行措施的有(　　)。
    A. 书面通知纳税人开户银行从其存款中直接扣缴税款
    B. 书面通知纳税人开户银行冻结纳税人的金额相当于应纳税款的存款
    C. 拍卖纳税人的价值相当于应纳税款的商品、货物或者其他财产
    D. 扣押、查封纳税人的价值相当于应纳税款的商品、货物或者其他财产

115. 下列各项中,属于税款征收方式的有(　　)。
    A. 查账征收　　B. 查验征收　　C. 代扣代缴　　D. 核定征收

116. 按照税法的功能作用不同,税法可以分为(　　)。
    A. 税收基本法　　B. 税收程序法　　C. 税收普通法　　D. 税收实体法

117. 根据《中华人民共和国税收征收管理法》的规定,经县以上税务局(分局)局长批准,税务机关可以对符合税法规定情形的纳税人采取税收保全措施。下列各项不属于税收保全措施的有(　　)。
    A. 依法拍卖纳税人的价值相当于应纳税款的商品,以拍卖所得抵缴税款
    B. 书面通知纳税人开户银行冻结纳税人的金额相当于应纳税款的存款
    C. 书面通知纳税人开户银行从其存款中扣缴应纳税款
    D. 责令纳税人暂时停业,限期缴纳应纳税款

118. 个人所得税的缴纳方法有(　　)。
    A. 自行申报纳税　　　　　　B. 代扣代缴
    C. 强制征收　　　　　　　　D. 网上转账

119. 下列不能作为税务代理人委托方的有(　　)。
    A. 税务机关　　B. 工商部门　　C. 扣缴义务人　　D. 纳税人

120. 税务代理人在其权限内,以纳税人的名义可以代为办理的事项有(　　)。
    A. 纳税申报　　　　　　　　B. 申请减免税
    C. 注销税务登记证　　　　　D. 税务检查

三、判断题

121. 税收法律制度在财政法的体系中处于核心地位。(　　)

122. 凡实行查账征收方式的纳税人,经主管税务机关批准,可以采用邮寄申报的办法。(　　)

123. 企业所得税的纳税年度,自公历1月1日起至12月31日止。(　　)

124. 纳税人进口应税消费品,应当自海关填发海关进口消费税专用缴款书之日起15

日内缴纳税款。（   ）

125. 销售应税劳务，其纳税义务发生时间为提供劳务同时收讫销售额或取得索取销售额的凭据的当天。（   ）

126. 增值税一般纳税人在不能开具专用发票的情况下也可以使用普通发票。（   ）

127. 凡支付个人应纳税所得的企业（公司）、事业单位、机关、社团组织、军队、驻华机构、个体户等单位或者个人，为个人所得税的扣缴义务人。（   ）

128. 纳税地点主要是指根据各个税种纳税对象的纳税环节和有利于对税款的源泉控制而规定的纳税人（不包括代征、代扣、代缴义务人）的具体纳税地点。（   ）

129. 税收是国家为了满足一般的社会共同需要，凭借政治的权力，按照国家法律规定的标准，强制地、有偿地取得财政收入的一种分配关系。（   ）

130. 税法是调整税收关系的法律规范，是由国家最高权力机关和其授权的行政机关制定的有关调整国家在筹集财政资金方面形成的税收关系的法律规范的总称。（   ）

131. 按税法的功能作用的不同，将税法分为税收实体法和税收程序法。（   ）

132. 纳税义务人是指税法规定的直接或间接负有纳税义务的自然人、法人或其他组织。（   ）

133. 增值税是以商品（含应税劳务）在流转过程中产生的增值额作为计税依据而征收的一种流转税。（   ）

134. 2012年增值税的第四次改革，属于增值税的"营改增"阶段。（   ）

135. 中华人民共和国境外的单位或者个人在境内提供应税服务，在境内未设有经营机构的，以其代理人为增值税扣缴义务人；在境内没有代理人的，以接受方为增值税扣缴义务人。（   ）

136. 自2009年1月1日起，小规模纳税人增值税征收率调整为5%。（   ）

137. 增值税专用发票只限于经国家税务机关认定为增值税一般纳税人才能领购增值税专用发票，小规模纳税人和法定情形的一般纳税人不得领购使用。（   ）

138. 对于符合条件的小型微利企业，应按基本税率征收企业所得税。（   ）

139. 税收征收管理是税务机关代表国家行使征税权，对日常税收活动进行有计划的组织、指挥、控制和监督的活动，是对纳税人履行纳税义务采用的一种管理、征收和检查行为，是实现税收职能的必要手段。（   ）

140. 按照主权国家行使税收管辖权不同，分为国内税法、国际税法、外国税法。（   ）

141. 将委托加工的货物无偿赠送给其他单位和个人，不需要缴纳增值税。（   ）

142. 2014年3月5日发生铁路运输业务，适用的是增值税。（   ）

143. 进口货物自海关填发税收专用缴款书之日起15日内缴纳消费税。（   ）

144. 纳税人是纳税的主体，通常所说的负人也就是指纳税人。（   ）。

145. 个人所得税的工资薪金免征额是3 500元，那么超过免征额的，应对其全部数额征税。（   ）。

146. 消费税与增值税的计税依据均为含消费税但不含增值税的销售额，因而两税的税额计算方法也是一致的。（   ）。

147. 增值税一般纳税人购进农产品，可以按照农产品收购发票或者销售发票上注明的农产品买价和10%的扣除率计算进项税额抵扣。（   ）。

148. 金银首饰、钻石及钻石饰品在生产、进口环节应征消费税。（ ）。

149. 纳税人自产自用的应税消费品用于连续生产应税消费品的不纳税；用于生产非应税消费品的，于移送使用时纳税。（ ）。

150. 对饮食业、商业、娱乐业举办的啤酒屋（啤酒坊）利用啤酒生产设备生产的啤酒，应当征收消费税和增值税。（ ）

151. 在我国境内提供各种劳务取得的收入，均应缴纳增值税。（ ）

152. 根据《企业所得税法》的规定，非居民企业发生在我国境外的所得一律不在我国缴纳企业所得税。（ ）

153. 居民企业承担无限纳税义务，非居民企业承担有限纳税义务。（ ）

154. 企业经批准发行债券的利息支出，可据实在企业所得税税前扣除。（ ）

155. 在一个纳税年度内，企业发生的印花税，可以单独作为税金在企业所得税税前扣除。（ ）

156. 在我国无住所的某外籍人员2015年5月3日来华工作，2016年9月30日结束工作离华，则该外籍人员是我国的非居民纳税人。（ ）

157. 对个人所得的股息、红利，均可免征个人所得税。（ ）

158. 我国个人所得税的居民纳税人负全面纳税义务，应就其来源于中国境内、境外的全部所得缴纳个人所得税；非居民纳税人负有限纳税义务，仅就来源于中国境内的所得缴纳个人所得税。（ ）

159. 企业在停业期间发生纳税义务的，应在复业后与其他发生的纳税义务一起纳税申报。（ ）

160. 外国企业在我国承包项目的，应在离开中国前30日内办理注销税务登记。（ ）

161. 税务行政处罚包括罚款和罚金。（ ）

162. 根据《个人所得税法》规定，稿酬所得适用税率为20%，并按应纳税额减征30%。（ ）

163. 国家税务机关可以规定纳税人（含扣缴义务人）必须进行税务代理。（ ）

164. 税收强制措施是税收保全措施的延续。（ ）

165. 纳税人依照法律、行政法规的规定可以不设置账簿的，税务机关无权核定其应纳税额。

166. 凡有法律、法规规定的应税收入、应税财产或者应税行为的各类纳税人，均应当按照法律规定办理税务登记。（ ）

167. 纳税人对海关确定纳税人有异议的，可以向上一级海关申请行政复议。（ ）

168. 欠缴税款数额较大的纳税人在处分其大额不动产之前，应当向税务机关报告。（ ）

169. 税率是指应纳税额与征税对象之间的比例，是计算应纳税额的尺度，它体现征税的广度。（ ）

170. 各级税务机关应当建立、健全内部制约和监督管理制度。下级税务机关应当对上级税务机关的执法活动依法进行监督。各级税务机关应当对其工作人员执行法律、行政法规和廉洁自律准则的情况进行监督检查。（ ）

171. 某家电销售公司为销售的空调提供上门安装调试服务。本月销售额为30万元，

收取的安装费为 1 万元。该公司应将安装费并入销售额,一并征收增值税。(　　)

172. 纳税人未按规定办理验证或换证手续的,税务机关限期仍不做整改的,由县级以上税务机关宣布其税务登记证件失效,并收回有关税务证件及发票。(　　)

173. 对于设置了账簿的企业,税务机关就应当采用查账征收的方式征收税款。(　　)

174. 享受减税、免税优惠的纳税人,减税、免税条件发生变化的,应当自发生变化之日起 25 日内向税务机关报告。(　　)

175. 享有减免税待遇的纳税人,在减免税期间也应按规定办理纳税申报。(　　)

176. 增值税专用发票只限于增值税一般纳税人领购使用,小规模纳税人不得领购使用。(　　)

177. 从事生产、经营的纳税人未经税务机关批准,不得拆本使用发票,但根据需要可以代开发票。(　　)

178. 税务机关应当广泛宣传税收法律、行政法规,普及纳税知识,无偿地为纳税人提供纳税咨询服务。(　　)

179. 纳税人销售应税消费品采取预收货款结算方式的,其消费税纳税义务发生时间为收到预收款的当天。(　　)

180. 增值税非固定业户销售货物或者应税劳务,应当向销售地或劳务发生地的主管税务机关申报纳税,进口货物应当向报关地海关申报纳税。(　　)

四、案例分析题

（一）A 企业 2016 年 3 月以每台不含税售价 4 000 元销售冰箱 100 台,采用以旧换新方式销售冰箱 50 台,每台实收 3 500 元,企业按照 575 000 元计入该月销售额。B 超市是一般纳税人,2016 年 3 月,开具专用发票销售商品,取得不含税销售额为 200 000 元,开具普通发票销售商品取得含税销售额为 1 170 000 元。小规模纳税人 C,2016 年 3 月,填开普通发票销售货物,销售收入为 51 500 元。

181. 一般纳税人,按基本税率计征增值税,基本税率为(　　)。小规模纳税人增值税征收率为(　　)。

  A. 17%　3%　　　B. 15%　5%　　　C. 17%　5%　　　D. 15%　3%

182. B 超市该月增值税的销售额为(　　)元。

  A. 1 000 000　　B. 1 200 000　　C. 1 100 000　　D. 200 000

183. A 企业该月增值税的销售额为(　　)元。

  A. 575 000　　B. 175 000　　C. 500 000　　D. 600 000

184. 下列关于销售额的确定,说法正确的是(　　)。

  A. 销货方给予购货方相应的价格优惠或补偿等折扣行为,销货方可按有关规定开具红字增值税专用发票

  B. 以旧换新方式销售的货物,按照新货物的同期销售价格确定的销售额扣减旧货物的收购价格

  C. 还本销售方式,应该从其销售额中减除还本支出

  D. 以物易物的方式,双方都应作购销处理

185. 小规模纳税人 C 该月增值税销售额为(　　)元。

  A. 50 000　　　B. 34 333　　　C. 49 047　　　D. 60 000

(二) A市国家税务局在进行税务稽查时,认为旭日公司涉嫌少缴巨额税款,先查封了部分公司房产,同时扣押了大量库存商品。并对旭日公司做出了行政处罚决定,要求旭日公司限期补缴少缴税款,同时加收滞纳金,并做罚款的行政处罚。旭日公司不服,认为税务机关的计税依据错误,是乱征税,查封、扣押房产和商品未按法律规定的程序办理。加收滞纳金和罚款更是没有法律依据。因此提出行政复议。

186. 对哪些事项不服可以不经复议直接提起行政诉讼(　　)。
    A. 计税依据争议　　　　　　B. 查封、扣押措施
    C. 加收滞纳金　　　　　　　D. 罚款

187. 行政复议决定书生效时间为(　　)时。
    A. 行政复议决定书做出生效
    B. 行政复议决定书送达产生法律效力
    C. 行政复议决定书送达,经申请人与被申请人签收才生效
    D. 行政复议决定书送达后,15日不起诉生效

188. 行政复议机关应当在(　　)做出行政复议决定。
    A. 收到申请之日60日内　　　B. 收到申请之日30日内
    C. 受理申请之日60日后　　　D. 受理申请之日60日内

189. 复议机关审查具体行政行为时,(　　)。
    A. 只审查合法性
    B. 只审查合理性
    C. 合法性与合理性都应当审查
    D. 复议机关来决定审查合法性还是合理性

190. 旭日公司应当向(　　)提起行政复议。
    A. A市国家税务局
    B. A市政府
    C. A市国家税务局上一级国家税务机关
    D. A市政府的上一级政府

(三) 根据以下内容,请回答下列1－5小题:

某化妆品生产企业是增值税一般纳税人。2016年5月6日,该企业向当地税务机关申报纳税,结清4月份应缴纳税款。5月20日,税务机关在对该企业4月份纳税情况实施税务稽核时,发现以下情况:

(1) 该企业销售一批化妆品,销售额为90 000元(不含税),未计入销售收入计算缴纳增值税和消费税。

(2) 该企业外购一批用于生产化妆品的原料,已验收入库,取得增值税专用发票上注明支付的货款30 000元、增值税税额5 100元。经核查,该批原料因管理不善被盗,其进项税额已从4月份销项税额中抵扣。

(3) 该企业将新开发的化妆品40箱作为样品用于新产品发布会,会后全部赠送与会人员,该批样品未计入销售收入计算增值税和消费税。生产该批样品发生的进项税额已在4月份销项税额中抵扣。该化妆品市场售价为315.9元/箱(含税)。

(4) 该企业销售一批化妆品,取得承运公司开具的运输发票上注明的运费金额为5 000

元,该企业计算抵扣的进项税额为850元。(说明:化妆品消费税税率为30%)

191. 下列各项中,关于上述业务是否应该补缴增值税的分析,正确的有( )。
    A. 第一笔业务中,销售化妆品收入应该计算缴纳增值税,因为其收入未计入销售收入计算缴纳增值,应该补缴增值税
    B. 第二笔业务中,外购的原料因为管理不善被盗,其进项税额应该做转出处理,应该补缴增值税
    C. 第三笔业务中,将自产的货物用于无偿赠送,属于视同销售的行为,应计算补缴增值税
    D. 第四笔业务中,支付运费可以抵扣的进项税额为350元,该公司多计算进项税额500元,需要补缴增值税

192. 该公司上述第三笔业务应补缴的增值税税额为( )。
    A. 1 836元   B. 2 418.12元   C. 1 453.7元   D. 1 642.68元

193. 根据《税收征收管理法》,税务机关对该企业违反税法规定的行为处理正确的是( )。
    A. 责令该公司限期补缴少缴的增值税税款、加收滞纳金,并处少缴的税款50%以上5倍以下的罚款
    B. 责令该公司限期补缴少缴的增值税税款、加收滞纳金,并处少缴的税款30%以上3倍以下的罚款
    C. 扣押查封该企业价值相当于少缴税款的商品
    D. 通知该公司开户银行冻结其金额相当于少缴税款的存款

194. 该公司上述第一笔业务应补缴的增值税税额为( )。
    A. 15 300元   B. 11 700元   C. 2 700元   D. 13 076.9元

195. 该公司4月份应补缴( )。
    A. 增值税税额22 736元   B. 增值税税额22 236元
    C. 消费税税额37 000元   D. 消费税税额30 240元

(四) 甲公司为增值税一般纳税人,8月份的有关生产经营业务如下:
(1) 销售A产品。开具普通发票,取得含税销售收入29.25万元;
(2) 将生产的一批B产品用于本企业基建工程,该批产品市场不含税销售价22万元;
(3) 将生产的一批C产品用于本企业职工福利,该批产品市场不含税销售价5万元;
(4) 将上月购进的一批D材料用于生产A产品,该批材料不含税购买价10万元;
(5) 购进E材料,取得增值税专用发票上注明的货款60万元,增值税税额10.2万元;另外支付购货的运输费用6万元,取得运输公司开具的运输发票;
(6) 向农业生产者购进免税农产品一批,取得收购凭证上注明价款30万元,支付给运输单位的运费5万元,取得运输单位开具的运输发票。本月下旬将购进农产品的20%用于本企业职工福利。

(假定8月初增值税留抵税额为0,运输发票按11%抵扣)

根据上述资料,回答下列问题:

196. 该公司8月份开展的业务中,需要缴纳增值税的有( )
    A. 销售A产品   B. 将B产品用于基建工程

C. 将 C 产品用于职工福利　　　　D. 将购进 D 材料用于生产 A 产品

197. 该公司8月份的增值税销项税额为(　　)万元
　　A. 5.66　　　B. 3.23　　　C. 10.01　　　D. 8.84

198. 该公司购进 E 材料及支付相关运费可抵扣的进项税额为(　　)万元
　　A. 11.63　　　B. 9.52　　　C. 10.86　　　D. 10

199. 该公司购进免税农产品及支付相关运费可抵扣的进项税额为(　　)万元。
　　A. 3.56　　　B. 3.6　　　C. 5.2　　　D. 3.62

200. 该公司8月份可结转下月继续抵扣的增值税进项税额为(　　)万元
　　A. 3.22　　　B. 6.16　　　C. 8.78　　　D. 5.58

第四章　财政法律制度

一、单项选择

1. 下列各权力机关中,有权撤销国务院制定的同宪法相抵触的关于预算行政法规的是(　　)。
　　A. 乡、民族乡、镇的人民代表大会
　　B. 各级人民代表大会及其常务委员会
　　C. 全国人民代表大会常务委员会
　　D. 县级以上地方各级人民代表大会及其常务委员会

2. 下列各项中,属于我国预算制度实行原则的是(　　)。
　　A. 统一管理　　　　　　　　B. 分级领导
　　C. 各级自行决定　　　　　　D. 一级政府一级预算

3. 下列各项中,属于调整国家进行预算资金的筹措、分配、使用和管理过程中发生的经济关系的法律规范的总称是(　　)。
　　A. 财政法律制度　　　　　　B. 预算法律制度
　　C. 税收法律制度　　　　　　D. 金融法律制度

4. 下列各项中,属于财政收入收缴方式的是(　　)。
　　A. 直接缴库　　B. 间接缴库　　C. 分次预缴　　D. 分期缴库

5. 下列各项中,属于财政支出支付方式的是(　　)。
　　A. 分批支付　　B. 授权支付　　C. 间接支付　　D. 按期支付

6. 下列各项中,不属于按内容划分的预算支出的是(　　)。
　　A. 事业发展支出　　　　　　B. 经济建设支出
　　C. 中央预算支出　　　　　　D. 国防支出

7. 下列各项中,不属于国家预算的作用的是(　　)。
　　A. 财力保证作用　　　　　　B. 反映监督作用
　　C. 维持政权作用　　　　　　D. 调节制约作用

8. 下列各项中,不属于政府采购的基本当事人的是(　　)。
   A. 采购人　　　B. 运输机构　　　C. 供应商　　　D. 采购代理机构
9. 由财政部门或另由一个专门负责的部门负责本级政府所有采购的模式是(　　)。
   A. 集中分散结合采购　　　　　　B. 集中采购
   C. 分散采购　　　　　　　　　　D. 统一采购
10. 下列关于政府采购的说法中,错误的是(　　)。
    A. 政府采购项目的标准和采购结果应当一律公开
    B. 采购代理机构与行政机关不得存在隶属关系
    C. 采购活动的决策和执行程序应当明确,并相互监督、相互制约
    D. 任何个人不得违反政府采购法的规定,要求采购人向其指定的供应商进行采购
11. 根据《政府采购法》规定,下列各项中,不属于供应商权利的有(　　)。
    A. 确定中标供应商
    B. 平等地取得政府的采购信息
    C. 平等地签订政府采购合同的权利
    D. 有权根据法律规定行使对政府采购活动的监督
12. 所有地方预算连同中央预算一起共同组成统一的国家预算,因此要求设立统一的预算科目,每个科目都应按统一的口径、程序计算和填列。这一要求体现的国家预算的原则是(　　)。
    A. 公开性　　　B. 可靠性　　　C. 完整性　　　D. 统一性
13. 我国国家预算体系中不包括(　　)。
    A. 中央预算　　　　　　　　　　B. 省级(省、自治区、直辖市)预算
    C. 乡镇级(乡、民族乡、镇)预算　D. 村级预算
14. 下列各项中,属于我国国家预算采用的原则的是(　　)。
    A. 统一领导,分级管理　　　　　B. 统一领导,统一管理
    C. 一级政府,一级预算　　　　　D. 一级人大,一级财政
15. 根据我国预算法规定,我国的国家预算划分的级次是(　　)。
    A. 三级　　　B. 两级　　　C. 五级　　　D. 七级
16. 下列关于地方各级政府预算表述中,正确的是(　　)。
    A. 地方各级政府预算由本级各部门和直属单位的预算组成
    B. 地方各级政府预算不包括下级政府向上级政府上解的收入数额
    C. 地方各级政府预算不包括上级政府对下级政府返还或者给予补助的数额
    D. 地方各级政府预算不包括直属单位的预算
17. 将国家预算分为中央预算和地方预算的划分标准是(　　)。
    A. 管理权限　　　B. 政府级次　　　C. 收支管理范围　　　D. 管理需要
18. 下列关于县级以上地方各级人民代表大会常务委员会的预算管理职权表述中,不正确的是(　　)。
    A. 监督本级总预算的执行
    B. 审查和批准本级预算的调整方案
    C. 审查和批准本级政府决算

D. 批准本级预算和本级预算执行情况的报告

19. 下列各项中,不属地方各级政府财政部门预算管理职权的是( )。
   A. 编制本级预算、决算草案
   B. 向本级人民代表大会作关于本级总预算草案的报告
   C. 批准本级预算和本级预算执行情况的报告
   D. 组织本级总预算的执行

20. 下列有关对预决算监督表述中,不正确的是( )。
   A. 全国人民代表大会及其常务委员会对中央和地方预算、决算进行监督
   B. 县以上地方各级人民代表大会及其常务委员会对本级和下级政府预算、决算进行监督
   C. 乡、民族乡、镇人民代表大会对本级预算、决算进行监督
   D. 各级政府财政部门对本级各部门、各单位和下级政府的预算执行和决算实行审计监督

21. 下列各项中,属于国库集中收付制度另外名称的是( )。
   A. 国库集中支付制度   B. 国库收入收缴制度
   C. 国库单一账户制度   D. 国库集中管理制度

22. 国库单一账户体系,是指以某账户为核心的各类财政性资金的集合。该账户是( )。
   A. 财政国库存款账户   B. 财政一般存款账户
   C. 财政专项存款账户   D. 财政预算内资金账户

23. 下列各项中,用于财政直接支付和与国库单一账户清算的账户是( )。
   A. 国库单一账户   B. 财政部门零余额账户
   C. 特殊专户   D. 预算单位零余额账户

24. 按照有关规定,对国库单一账户和代理银行进行管理和监督的机构是( )。
   A. 财政部门   B. 中国人民银行   C. 商业银行   D. 纪检部门

25. 下列各项中,在财政总预算会计中使用的账户是( )。
   A. 财政部门零余额账户   B. 预算外资金专户
   C. 特设专户   D. 国库单一账户

26. 依据有关法律规定,下列选项中,适用《政府采购法》的是( )。
   A. 某中外合资经营企业采购设备
   B. 某国有独资公司采购基本建设项目设备
   C. 某高等院校用教育经费拨款购买教学用计算机
   D. 某上市公司承揽了国家重点建设项目而采购加工设备

27. 除极少数法定情形外,政府采购应当采购本国货物、工程和服务,这一规定体现了政府采购的功能是( )。
   A. 活跃市场经济   B. 反腐倡廉   C. 保护民族产业   D. 强化宏观调控

28. 根据《政府采购法》的规定,对于具有特殊性,只能从有限范围的供应商处采购的货物,其适用的政府采购方式是( )。
   A. 公开招标方式   B. 邀请招标方式

C. 竞争性谈判方式　　　　　　　D. 单一来源方式

29. 与过去分散的采购体制相比较,实行统一集中的政府采购使采购规模得到扩大,有助于形成政府采购买方市场,这体现了政府采购的功能是(　　)。
   A. 节约财政支出　　　　　　　B. 强化宏观调控
   C. 活跃市场经济　　　　　　　D. 保护民族产业

30. 对于招标后没有供应商投标或者没有合格标的或重新招标未能成立的货物或服务,可以采用的采购方式是(　　)。
   A. 公开招标　　B. 邀请招标　　C. 竞争性谈判　　D. 询价

31. 下列银行账户中,不构成国库单一账户体系的是(　　)。
   A. 预算单位在商业银行为本单位开设的基本账户
   B. 财政部门在商业银行为预算单位开设的零余额账户
   C. 财政部门按资金使用性在商业银行开设的零余额账户
   D. 财政部门在中国人民银行开设的国库单一账户

32. 下列项目中,不属于预算单位实行财政直接支付的财政性资金的是(　　)。
   A. 工资支出　　　　　　　　　B. 工程采购支出
   C. 零星支出　　　　　　　　　D. 物品和服务采购支出

33. 根据《预算法》的规定,下列各项中,负责编制各单位预算和决算草案的是(　　)。
   A. 本级人民代表大会常务委员会　　B. 本单位
   C. 本级行政主管部门　　　　　　　D. 本级政府财政部门

34. 根据《预算法》的规定,下列各项中,负责具体组织地方各级总预算执行的是(　　)。
   A. 本级人民代表大会　　　　　　　B. 本级人民代表大会常务委员会
   C. 本级政府财政部门　　　　　　　D. 本级政府审计部门

35. 下列关于地方各级政府预算表述正确的是(　　)。
   A. 地方各级政府预算由本级各部门和直属单位的预算组成
   B. 地方各级政府预算不包括下级政府向上级政府上解的收入数额
   C. 地方各级政府预算不包括上级政府向下级政府返还或者给予补助的数额
   D. 地方各级政府预算不包括直属单位的预算

36. 下列关于预算支出的表述中,不正确的是(　　)。
   A. 上级政府不得在预算之外调用下级政府预算资金,下级政府不得挤占或截留属于上级政府的资金
   B. 中央预算支出包括中央本级支出和中央返还或者补助地方的支出
   C. 中央预算与地方预算有关收入和支出项目的划分、地方向中央上解收入、中央对地方返还或者给予补助的具体办法,由政府财政部门规定,报国务院批准
   D. 地方预算支出包括地方本级支出和地方按照规定上解中央的支出

37. 各级总预算由本级政府预算和所属下级政府的总预算汇编而成,由(　　)负责编制。
   A. 政府　　　　　　　　　　　B. 人民代表大会
   C. 财政部门　　　　　　　　　D. 人民代表大会常务委员会

38. 下列关于预算组织程序的表述中,不正确的是( )。
    A. 编制预算草案的具体事项由财政部门负责部署
    B. 财政部应当及时下达关于编制下一年度预算草案的指示
    C. 预算草案是指各级政府、各部门、各单位编制的未经法定程序审查和批准的预算收支计划
    D. 预算组织程序包括预算的编制、审批、执行和调整

39. 使用财政性资金采购依法制定的集中采购目录以内的或者限额标准以上的货物、工程服务的单位中,不属于《政府采购法》主体的是( )。
    A. 国家机关   B. 事业单位   C. 社会团体   D. 国有企业

40. 政府采购信息应当在( )以上财政部门指定的政府采购信息发布媒体上向社会公开发布。
    A. 地市级   B. 中央   C. 县市级   D. 省级

41. 财政收入收缴方式中,由征收机关(有关法定单位)按有关法律法规规定,将所有收入汇总缴入国库单一账户或预算外资金财政专户的方式是( )。
    A. 分次汇缴   B. 直接缴库   C. 集中汇缴   D. 间接缴库

42. 根据《政府采购法》的规定,下列各项关于政府采购的表述中,不正确的是( )。
    A. 政府采购具有保护民族产业的功能
    B. 政府采购中采购人具有审查政府供应商资格的权利
    C. 邀请招标是政府采购的主要方式
    D. 政府采购中采购代理机构具有依法发布采购信息的义务

43. 国库集中收付制度也称为( )。
    A. 国库集中支付制度   B. 国库收入收缴制度
    C. 国库单一账户制度   D. 国库集中管理制度

44. 国家预算由预算收入和( )组成。
    A. 预算外收入   B. 预算支出
    C. 政府性基金收入   D. 中央预算支出

45. 下列不属于预算收入的是( )。
    A. 税收收入   B. 依照规定应当上缴的国有资产收益
    C. 依照规定应当上缴的集体资产收益   D. 专项收入

46. 国家预算作为财政分配和宏观调控的主要手段,具有分配、调控和( )职能。
    A. 平衡   B. 计划   C. 监督   D. 组织

47. 技术复杂或者性质特殊,不能确定详细规格或者是具体要求的采购,可以采用( )方法采购。
    A. 询价   B. 协议采购   C. 邀请招标   D. 竞争性谈判

48. 《预算法实施条例》是由( )制定的。
    A. 全国人民代表大会   B. 全国人民代表大会常务委员会
    C. 国务院   D. 财政部

49. 按照现行法规,下列选项中属于中央预算收入的有( )。
    A. 屠宰税   B. 房产税   C. 消费税   D. 资源税

50. 在不可预见的紧急情况发生时,对于不能从其他供应商处采购的货物或服务,可以采用的采购方式是( )。
    A. 公开招标   B. 单一来源采购   C. 竞争性谈判   D. 邀请招标
51. 我国政府采购实行( )的执行模式。
    A. 集中采购   B. 分散采购
    C. 集中采购和分散采购相结合   D. 公开招标
52. 政府采购目录和采购限额标准由( )确定并公布。
    A. 国务院   B. 省级人民政府
    C. 县级以上人民政府   D. 省级以上人民政府
53. 中央政府预算的编制内容不包括( )。
    A. 本级预算收入和支出
    B. 上级返还或者补助的收入
    C. 上一年度结余用于本年度安排的支出
    D. 返还或者补助地方的支出
54. 下列各项中,不属于《预算法》规定的国务院财政部门职权的是( )。
    A. 具体编制中央预算和决算草案
    B. 具体组织中央和地方预算的执行
    C. 提出中央预备费动用方案
    D. 具体编制地方预算的调整方案
55. 根据《政府采购法》的规定,下列各项中,属于政府采购主体范围的是( )。
    A. 国有企业   B. 外资企业   C. 私营企业   D. 公立小学
56. 政府采购资金中不包括( )。
    A. 预算内资金   B. 预算外资金
    C. 与财政资金相配套的单位自筹资金 D. 社会捐助资金
57. 招标采购单位应当在采购合同签订后( )个工作日内退还中标供应商的投标保证金。
    A. 10   B. 7   C. 5   D. 3

二、多项选择题

58. 预算组织程序包括预算的( )。
    A. 编制   B. 审批   C. 执行   D. 调整
59. 国家预算的职能有( )
    A. 分配   B. 支付   C. 调控   D. 监督
60. 县级以上地方各级人民代表大会的职权包括( )。
    A. 审查本级总预算草案及本级预算执行情况的报告
    B. 批准本级预算和本级预算执行情况的报告
    C. 改变或撤销本级人民代表大会常务委员会关于预算、决算的不适当的决议
    D. 撤销本级政府关于预算、决算的不适当的决定和命令
61. 下列各项中,属于国务院财政部门职权的有( )。
    A. 具体编制中央预算、决算草案

B. 具体编制中央预算的调整方案
C. 具体组织中央和地方预算的执行
D. 定期向国务院报告中央和地方预算的执行情况

62. 下列各项中,属于国家预算作用的有( )。
    A. 财力保证   B. 调节制约   C. 反映监督   D. 维持政权

63. 下列各项中,属于按来源划分的预算收入有( )。
    A. 税收收入   B. 专项收入
    C. 国有资产收益   D. 中央和地方共享收入

64. 下列各项中,属于按内容划分的预算支出有( )。
    A. 经济建设支出   B. 国防支出
    C. 中央预算支出   D. 国家管理费用支出

65. 下列各项中,属于预算组织程序的有( )。
    A. 预算的编制   B. 预算的审批   C. 预算的执行   D. 预算的调整

66. 下列关于预算审批的表述中,正确的有( )。
    A. 中央预算由全国人民代表大会审查和批准
    B. 各级政府预算经批准即可,无须向有关部门备案
    C. 地方各级政府预算由本级人民代表大会审查和批准
    D. 中央预算和地方各级政府预算均由全国人民代表大会审查和批准

67. 下列关于预决算监督的表述中,正确的有( )。
    A. 全国人民代表大会及其常务委员会对中央和地方预算、决算进行监督
    B. 县级以上地方各级人民代表大会及其常务委员会对本级和下级政府预算、决算进行监督
    C. 乡、民族乡、镇人民代表大会对本级预算、决算进行监督
    D. 各级政府审计部门对本级各部门、各单位和下级政府的预算执行、决算实行审计监督

68. 下列各项中,属于《政府采购法》规定政府采购应当遵循的原则有( )。
    A. 公正原则   B. 公开透明原则   C. 公平竞争原则   D. 诚实信用原则

69. 下列各项中,属于政府采购功能的有( )。
    A. 强化宏观调控   B. 节约财政支出
    C. 活跃市场经济   D. 提高采购资金的使用效益

70. 下列各项中,属于政府采购执行模式的有( )。
    A. 自行采购   B. 集中采购   C. 分散采购   D. 供应商采购

71. 下列各项中,属于供应商参加政府采购活动应当具备的条件有( )。
    A. 具有独立承担民事责任的能力
    B. 具有良好商业信誉和健全的财务会计制度
    C. 有依法缴纳税收和社会保障资金的良好记录
    D. 参加政府采购活动前5年内,在经营活动中没有重大违法记录

72. 下列各项中,属于国库单一账户体系的有( )。
    A. 国库单一账户   B. 预算外资金财政专户

C. 财政部门零余额账户　　　　　　　D. 预算单位零余额账户

73. 根据规定,国家预算按照收支管理范围可分为(　　)。
   A. 部门单位预算　　B. 中央预算　　C. 地方预算　　D. 总预算

74. 下列各项中,属于国家预算的原则的有(　　)。
   A. 公开性　　B. 完整性　　C. 统一性　　D. 法律性

75. 下列关于国家预算的作用表述中,正确的有(　　)。
   A. 财力保证作用　　B. 调节制约作用　　C. 反映监督作用　　D. 信息公开作用

76. 下列各项中,属于我国国家预算体系的有(　　)。
   A. 中央预算　　　　　　　　　　　　B. 省级(省、自治区、直辖市)预算
   C. 乡镇级(乡、民族乡、镇)预算　　D. 县级以上地方政府的派出机关

77. 下列国家预算中有关中央预算表述中,正确的有(　　)。
   A. 由中央各部门(含直属单位)的预算组成
   B. 中央预算包括地方向中央上解的收入数额
   C. 中央预算包括中央对地方返还或者给予补助的数额
   D. 中央预算不包括军队和政党组织的预算

78. 下列有关总预算表述中,正确的有(　　)。
   A. 各级政府总预算由本级政府预算和汇总的下一级政府总预算组成,由财政部门负责编制
   B. 若下一级政府只有本级预算的,则下一级政府总预算即指下一级政府的本级预算
   C. 没有下一级政府预算的,总预算即指本级预算
   D. 我国地方政府总预算一般编制到乡镇一级

79. 下列关于全国人民代表大会预算职权表述中,正确的有(　　)。
   A. 审查中央和地方预算草案及中央和地方预算执行情况的报告
   B. 审查和批准中央预算的调整方案
   C. 撤销国务院制定的同宪法、法律相抵触的关于预算、决算的行政法规、决定和命令
   D. 改变或者撤销全国人民代表大会常务委员会关于预算、决算的不适当的决议

80. 下列有关县级以上地方各级人民代表大会的预算管理职权表述中,正确的有(　　)。
   A. 审查本级总预算草案及本级总预算执行情况的报告
   B. 批准本级预算和本级预算执行情况的报告
   C. 审查和批准本级预算的调整方案
   D. 改变或者撤销本级人民代表大会常务委员会关于预算、决算的不适当的决议

81. 下列各项中,属于国务院财政部门的预算管理职权的有(　　)。
   A. 具体编制中央预算、决算草案　　　B. 具体组织中央和地方预算的执行
   C. 提出中央预算预备费动用方案　　　D. 具体编制中央预算的调整方案

82. 下列各项中,属于预算收入按归属划分的有(　　)。
   A. 中央预算收入　　　　　　　　　　B. 地方预算收入

C. 中央和地方预算共享收入 D. 税收收入

83. 下列有关我国国家决算草案的审查和批准表述中,正确的有( )。
    A. 决算草案由各级政府、各部门、各单位在每一预算年度终了后按国务院规定的时间编制,具体事项由国务院财政部门部署
    B. 各部门对所属各单位的决算草案,应当审核并汇总编制本部门的决算草案,在规定的期限内报本级政府财政部门审核
    C. 国务院财政部门编制中央决算草案,报国务院审定后,提请全国人民代表大会常务委员会审查和批准
    D. 乡、民族乡、镇政府编制本级决算草案,提请上级人民代表大会审查和批准

84. 下列有关预算决算管理的监督表述中,正确的有( )。
    A. 全国人民代表大会及其常务委员会对中央和地方预算、决算进行监督
    B. 县以上地方各级人民代表大会及其常务委员会对本级和下级政府预算、决算进行监督
    C. 乡、民族乡、镇人民代表大会对本级预算、决算进行监督
    D. 各级政府审计部门对本级各部门、各单位和下级政府的预算执行和决算实行审计监督

85. 关于国库集中收付制度,下列说法正确的有( )。
    A. 财政部门代表政府设置国库单一账户体系
    B. 所有的财政性资金均纳入国库单一账户体系收缴、支付和管理
    C. 大大提高了财政资金收付管理的规范性和安全性
    D. 能有效地防止利用财政资金谋取私利等腐败现象的发生

86. 下列各项中,属于财政收入收缴方式的有( )。
    A. 直接缴库 B. 集中汇缴 C. 分散汇缴 D. 代扣代缴

87. 下列各项中,属于预算单位零余额账户可以办理的业务有( )。
    A. 转账、提取现金等结算业务
    B. 向按规定保留的相应账户划拨工会经费
    C. 经财政部门批准的特殊款项
    D. 国库单一账户结算

88. 下列各项支付中,属于财政直接支付的有( )。
    A. 工资支出 B. 购买支出 C. 转移支付 D. 零星支付

89. 下列各项中,适用《政府采购法》主体的有( )。
    A. 某市中级人民法院采购办公设备
    B. 某股份有限公司购买生产设备
    C. 某省级人民医院购买医疗设备
    D. 某国有企业订购一套大型计算机系统

90. 下列有关政府集中采购目录和政府采购限额标准表中,正确的有( )。
    A. 政府集中采购目录和采购限额标准由省级以上人民政府确定并公布
    B. 属于中央预算的政府采购项目,其集中采购目录和政府采购限额标准由国务院确定并公布

C. 属于地方预算的政府采购项目,其集中采购目录和政府采购限额标准由省、自治区、直辖市人民政府确定并公布

D. 集中采购目录和政府采购限额标准可以由省、自治区、直辖市人民政府授权的机构确定并公布

91. 下列各项中,属于政府采购的当事人的有(   )。
    A. 采购人   B. 供应商   C. 采购代理机构   D. 资产评估机构

92. 下列各项中,属于采购商的义务的是(   )。
    A. 遵守政府采购的各项法律、法规和规章制度
    B. 按规定接受供应商资格审查,并在资格审查中客观真实地反映自身情况
    C. 在指定媒体及时向社会发布政府采购信息、招标结果
    D. 依法发布采购信息

93. 符合下列情形之一的货物或者服务,可以采用单一来源方式采购的有(   )。
    A. 只能从唯一供应商处采购的
    B. 发生了不可预见的紧急情况不能从其他供应商处采购的
    C. 必须保证原有采购项目一致性或者服务配套的要求,需要继续从原供应商处添购,且添购资金总额不超过原合同采购金额百分之十的
    D. 不能事先计算出价格总额的

94. 下列各项中,属于《预算法》规定的乡、民族乡、镇的人民代表大会的职权的有(   )。
    A. 审查和批准本级预算和本级预算执行情况的报告
    B. 监督本级预算的执行
    C. 审查和批准本级预算的调整方案和本级预算
    D. 撤销本级政府关于预算、决算的不适当的决定和命令

95. 下列各项中,属于各级国家权力机关、政府及其财政审计部门对各级政府预决算进行监督的内容的有(   )。
    A. 对预算编制的监督   B. 对预算执行的监督
    C. 对预算调整的监督   D. 对决算的监督

96. 根据《预算法》的规定,下列选项中,属于预算调整的有(   )。
    A. 经依法批准的预算,在执行中因特殊情况需要减少收入,使原批准的收支平衡的预算的总支出超过总收入的部分变更
    B. 经依法批准的预算,在执行中因特殊情况需要增加支出,使原批准的预算中举借债务的数额增加的部分变更
    C. 经依法批准的预算,在执行中因特殊情况需要增加支出,使原批准的收支平衡的预算的总支出超过总收入的部分变更
    D. 经依法批准的预算,在执行中因特殊情况需要减少收入,使原批准的预算中举借债务的数额增加的部分变更

97. 下列选项中,属预算单位零余额账户办理的结算业务有(   )。
    A. 向本单位下属单位账户划转资金
    B. 向本单位上级主管单位账户划转资金

C. 提取现金
D. 向本单位按管理规定保留的账户划转工会费、住房公积金等

98. 下列选项中,属于政府采购的对象范围的有( )。
    A. 货物   B. 服务   C. 工程   D. 商誉

99. 下列选项中,可以作为政府采购当事人中采购人的有( )。
    A. 商务部   B. 中国红十字会   C. 财政部   D. 个人独资企业

100. 按横向分类,我国国家预算可以分为( )。
    A. 财政总预算   B. 部门预算   C. 地方预算   D. 单位预算

101. 《政府采购法》规定采购人的权利主要包括( )。
    A. 审查政府采购供应商的资格
    B. 依法确定中标供应的权利
    C. 自行选择采购代理机构
    D. 签订采购合同并参与对供应商履约验收

102. 下列选项中,属于中央预算编制的内容有( )。
    A. 返还或者补助地方的支出
    B. 地方上解的收入
    C. 本级预算收入和支出
    D. 上一年度结余用于本年度安排的支出

103. 下列关于国家预算收入和支出的表述中,正确的有( )。
    A. 预算收入反映各项建设事业发展的基本情况
    B. 预算收入反映国民经济发展规模
    C. 预算支出反映各项建设事业发展的基本情况
    D. 预算支出反映国民经济效益水平

104. 下列选项中,属于政府采购主体的有( )。
    A. 国有企业   B. 社会团体   C. 事业单位   D. 国家机关

105. 下列选项中,属于《政府采购法》规定供应商权利的是( )。
    A. 监督政府采购依法公开、公正进行
    B. 平等地取得政府采购供应商资格
    C. 自行选择采购代理机构
    D. 就政府采购活动事项提出询问、质疑和投诉

106. 下列关于实行国库集中收付制度作用的表述中,正确的有( )。
    A. 有利于提高财政资金的拨付效率和规范化运作程度
    B. 有利于加强收入缴库和支付拨付过程的监督
    C. 有利于预算单位用款及时和便利
    D. 有利于增强财政资金收付过程的透明度

107. 下列各项中,可以适用《政府采购法》相关规定的项目有( )。
    A. 事业单位采购   B. 外国的建筑企业在中国采购
    C. 公立小学采购   D. 国有企业采购

108. 下列各项中，属于各部门、各单位编制年度预算草案的依据的有（　　）。
    A. 法律、法规和本级政府的指示和要求以及本级政府财政部门的部署
    B. 本部门、本单位的定员定额标准
    C. 本部门、本单位的职责、任务和事业发展计划
    D. 本部门、本单位上一年度预算执行情况和本年度预算收支变化因素

109. 根据政府采购法律制度的规定，下列情形中，采购人可以采用竞争性谈判方式采购的有（　　）。
    A. 采用招标方式所需时间不能满足用户紧急需要的
    B. 不能事先计算出价格总额的
    C. 采用公开招标方式的费用占政府采购项目总价值的比例过大的
    D. 技术复杂或者性质特殊，不能确定详细规格或者具体要求的

三、判断题

110. 我国国家预算体系中不包括县市级以下的预算。（　　）

111. 各单位负责编制本单位预算、决算草案；按照国家规定上缴预算收入，安排预算支出，并接受国家有关部门的监督。（　　）

112. 我国《预算法》规定预算年度自公历 1 月 1 日起至 12 月 31 日止。（　　）

113. 国务院财政部门编制中央决算草案，报国务院审定后，由国务院提请全国政协常委会审查和批准。（　　）

114. 政府采购，是指各级国家机关、事业单位和团体组织，使用财政性资金采购依法制定的集中采购目录以内的或者采购限额标准以上的货物、工程和服务的行为。（　　）

115. 采用公开招标方式的费用占政府采购项目总价值的比例过大的，可以采用邀请招标方式采购。（　　）

116. 设区的市、自治州以上人民政府根据本级政府采购项目组织集中采购的需要设立集中采购机构。集中采购机构是非营利事业法人，根据采购人的委托办理采购事宜。（　　）

117. 国库集中收付制度是指由财政部门代表政府设置国库单一账户，所有的财政性资金均纳入国库单一账户收缴、支付和管理的制度。（　　）

118. "财政部门零余额账户"可以用于财政授权支付。（　　）

119. 财政直接支付是指财政部门向中国人民银行和代理银行签发支付指令，代理银行根据支付指令通过国库单一账户体系将资金直接支付到收款人或用款单位账户。（　　）

120. 政府采购具有保护民族产业的功能。（　　）

121. 国务院财政部门具体编制中央预算、决算草案。（　　）

122. 决算只包括决算草案的编制和决算的批复。（　　）

123. 任何单位和个人对政府采购活动中的违法行为，有权控告和检举。（　　）

124. 国家预算是指经法定程序批准的、国家在一定期间内预定的财政收支计划，是国家进行财政分配的依据和宏观调控的重要手段。（　　）

125. 每一收支项目的数字指标必须运用科学的方法，依据充分确实的资料，并总结出规律性，进行计算，不得假定、估算，更不能任意编造，体现了预算的统一性。（　　）

126. 国家预算作为财政分配和宏观调控的主要手段，具有分配、调控和监督职能。

( )

127. 依据财政法原理中的"一级政权,一级财政"的原则,我国《预算法》规定,国家实行一级政府一级预算。我国国家预算共分为七级。( )

128. 若下一级政府只有本级预算的,则下一级政府总预算即指下一级政府的本级预算;没有下一级政府预算的,总预算即指上级预算。( )

129. 各部门预算由本部门所属各单位预算组成。本部门机关经费预算,不纳入本部门预算。( )

130. 全国人民代表大会有权审查和批准中央预算的调整方案。( )

131. 县级以上地方各级人民代表大会有权批准本级预算执行情况的报告。( )

132. 国务院负责具体编制中央预算、决算草案。( )

133. 国有资产收益是我国国家预算收入的最主要来源。( )

134. 由于我国中央预算收入采用了分税制财政管理体制,因此我国国家预算收入分为中央预算收入和地方预算收入两种形式。( )

135. 国务院财政部门编制中央决算草案,报国务院审定后,由国务院提请全国人民代表大会审查和批准。( )

136. 《预算法》规定,全国人民代表大会及其常务委员会对中央和地方预算、决算进行监督,县以上地方各级人民代表大会及其常务委员会对本级政府预算、决算进行监督。( )

137. 国库单一账户在财政总预算会计中使用,行政单位和事业单位会计中不设置该账户。( )

138. 财政部门在商业银行为预算单位开设的零余额账户,简称财政部门零余额账户。( )

139. 财政部门是持有和管理国库单一账户体系的职能部门,任何单位不得擅自设立、变更或撤销国库单一账户体系中的各类银行账户。( )

140. 属于中央预算的政府采购项目,其集中采购目录和政府采购限额标准由国务院财政部门确定并公布。( )

141. 诚实信用原则对采购主体的要求是在项目发标、信息发布、评标审标中要真实,不得有所隐瞒。( )

142. 按照《政府采购法》的规定,集中采购必须委托集中采购机构代理采购。省级以上人民政府根据本级政府采购项目组织集中采购的需要设立集中采购机构。( )

143. 采购人的权利包括在指定媒体及时向社会发布政府采购信息、招标结果。( )

144. 供应商的义务包括要求采购人或采购代理机构保守其商业秘密。( )

145. 发生了不可预见的紧急情况不能从其他供应商处采购的,可以采用单一来源方式采购。( )

146. 乡、民族乡政府财政部门编制本级决算草案,提请本级人民代表大会审查和批准。( )

147. 集中采购机构的资格,必须由国务院有关部门或省级人民政府有关部门认定。( )

148. 我国的政府采购法律制度由《政府采购法》、国务院各部门特别是财政部颁发的一系列部门规章,以及地方性法规和政府规章组成。( )

149. 国家预算的编制和执行情况对国民经济和社会发展都有直接的制约作用。( )

150. 国家预算是指经法定程序批准的、国家在一定期间内的财政收支计划,是国家进行财政分配的依据和宏观调控的重要手段。( )

151. 与财政部门直接发生预算缴款、拨款关系的国家机关、军队、政党组织和社会团体等各部门的预算职权包括安排预算支出。( )

152. 中央预算和地方各级政府预算,应当参考上一年预算执行情况和下一年度收支预测进行编制。( )

153. 政府有关部门以本级预算安排的资金拨付给下级政府有关部门的专款,必须经本级人民代表大会常务委员会同意并办理预算划转手续。( )

154. 经批准的中央预算在执行中因特殊情况需要增加支出或减少收入,使原批准的收支平衡的预算总支出超出总收入的,需要进行预算调整。( )

155. 地方各级政府财政部门具体编制本级预算、决算草案( )。

156. 根据《预算法实施条例》的有关规定,年度预算确定后,企事业单位隶属关系引起预算级次和关系发生变化的,应当在改变财务关系的同时,相应办理预算划转。( )

157. 各级政府编制年度预算草案的依据包括本部门、本单位的定员定额标准。( )

158. 国务院负责具体编制中央预算、决算草案。( )

159. 政府采购当事人,是指在政府采购活动中享有权利和承担义务的各类主体。( )

160. 在财政法的体系中,预算法是核心法、骨干法。( )

161. 我国目前预算法律制度主要有《预算法》和《预算法实施条例》。( )

162. 县以上地方各级人民代表大会及其常务委员会对本级和下级政府预算、决算进行监督。( )

163. 国务院应当及时下达关于编制下一年度预算草案的指示。编制预算草案的具体事项由各级政府负责部署。( )

164. 我国的预算分为中央预算和地方预算,而中央预算是由各地方预算组成的。( )

165. 在招标采购中,出现因重大变故致采购任务取消的情形,应予废标。( )

四、案例分析题

(一)甲行政单位执行国库集中收付制度,5月份代政府收取属于预算外资金的养路费100万元;购买单件物品8万元;收到政府拨付的救灾款50万元。根据上述资料回答以下问题:

166. 养路费上缴的账户是( )。

    A. 国库单一账户

    B. 财政专户

    C. 特设专户

    D. 先存入单位银行账户,再上缴财政

167. 关于购买单件物品8万元,下列说法正确的是( )。

    A. 财政直接支付   B. 财政授权支付

    C. 通过财政零余额账户进行支付   D. 通过单位零余额账户进行支付

168. 该单位收到政府拨付的救灾款 50 万元应存入的账户为(　　)。
    A. 收到的救灾款可以先存入该行政单位的基本存款账户
    B. 特设专户
    C. 该账户是经批准为该行政单位在商业银行开设的特殊专户
    D. 该账户是以财政的名义在商业银行开的账户

169. 以下属于财政授权支付方式包括的内容有(　　)。
    A. 工资　　　　　　　　　　B. 单件物品 15 万元
    C. 单项服务 6 万元　　　　　D. 特别紧急支出

170. 以单位名义开的账户有(　　)。
    A. 财政零余额账户　　　　　B. 单位零余额账户
    C. 财政专户　　　　　　　　D. 特设专户

(二) 明确划分国家各级权力机关、各级政府、各级财政部门以及各部门、各单位在预算活动中的职权,是保证依法管理预算的前提条件,也是将各级预算编制、预算审批、预算执行、预算调整和预算决算的各环节纳入法治化、规范化轨道的必要措施。《预算法》明确地规定了各级人民代表大会及其常务委员会、各级政府、各级财政部门和各部门、各单位的预算职权。

请根据以上资料,回答下列关于预算职权的有关问题:

171. 根据《预算法》的规定,下列各项中,属于乡、民族乡、镇的人民代表大会的职权的为(　　)。
    A. 审查和批准本级预算和本级预算执行情况的报告
    B. 监督本级预算的执行
    C. 审查和批准本级预算的调整方案和本级决算
    D. 撤销本级政府关于预算、决算的不适当的决定和命令

172. 根据《预算法》的规定,下列各项中,属于各部门的预算职权的为(　　)。
    A. 编制本部门预算草案
    B. 编制本部门决算草案
    C. 组织和监督本部门预算的执行
    D. 定期向本级政府财政部门报告预算的执行情况

173. 根据《预算法》的规定,下列各项中,不属于国务院财政部门职权的为(　　)。
    A. 具体编制中央预算、决算草案　　B. 具体组织中央和地方预算的执行
    C. 具体编制地方预算的调整方案　　D. 提出中央预备费动用方案

174. 根据《预算法》的规定,下列各项中,属于划分预算职权的原则的为(　　)。
    A. 统一领导　　B. 各级独立　　C. 分级管理　　D. 权责结合

175. 根据《预算法》的规定,下列各项中,属于县级以上地方各级人民代表大会的职权的为(　　)。
    A. 审查本级总预算草案及本级总预算执行情况的报告
    B. 批准本级预算和本级预算执行情况的报告
    C. 改变或者撤销本级人民代表大会常务委员会关于预算、决算的不适当的决议
    D. 撤销本级政府关于预算、决算的不适当的决定和命令

(三)某事业单位2016年初准备使用财政性资金修缮和装修一幢办公楼,预算金额为800万元,采用公开招标方式,经确认,此次采购项目已经达到公开招标的标准。该单位委托A招标公司代理进行公开招标的事宜,已知A公司是取得政府采购代理机构资格的中介机构。A公司于2016年2月1日在财政部指定的媒体上公开发布招标文件,招标文件中确认的投标截止时间为2016年2月17日。招标活动中,A公司确定的符合专业条件的供应商为5家,最终确定中标的供应商为B建筑公司。工程于当年2016年10月1日完工验收,实际结算金额与预算相同。由于施工质量极佳,事业单位准备再将其另外一幢楼房按照同样的标准进行外墙修缮,但不再进行内部装修,并与B建筑公司签订补充合同,该合同的预算金额为100万元。

要求:根据本题所述内容,并结合《政府采购法》法律制度的规定,回答下列问题:

176. 采购代理机构分为( )。
 A. 一般采购代理机构　　　　B. 集中采购代理机构
 C. 重要采购代理机构　　　　D. 分散采购代理机构

177. 采购人需向( )以上询价。
 A. 1家　　　B. 2家　　　C. 3家　　　D. 4家

178. 政府采购方式有( )。
 A. 公开招标　　　　　　　　B. 邀请招标
 C. 竞争性谈判　　　　　　　D. 单一来源及询价

179. 该公司与B建筑公司签订补充合同,该合同的预算金额为100万元( )。
 A. 不属于财政授权支付程序　　B. 属于财政授权支付程序
 C. 不属于财政直接支付程序　　D. 属于财政直接支付程序

180. 政府采购当事人包括( )。
 A. 采购人　　B. 供应商　　C. 采购代理机构　　D. 其他人员

(四)乙单位是实行国库集中支付的事业单位,经批准,乙单位的工资支出和设备购置实行财政直接支付,日常办公及零星支出实行财政授权支付。2016年2月份,审计机构对该单位财政资金使用进行检查,发现:

(1) 2016年4月,该单位通过零余额账户向上级单位基本户划转资金15万元,用于为上级单位员工购买个人商业保险;

(2) 8月,该单位通过零余额账户向下级单位基本户划拨资金50万元,用于为下级单位支付设备采购款;

(3) 11月,乙单位购买办公用品,通过零余额账户向本单位在商业银行开设的基本户转账17万元,再通过基本户支付采购款;

(4) 12月,该单位使用财政性资金购买了一台大型专用设备,该单位通过零余额账户向本单位其他户转账80万元,再通过单位基本户向供应商支付设备款。

要求:根据上述资料,回答下列问题:

181. 下列各项中,属于国库单一支付方式的有( )。
 A. 财政集中汇缴　　　　　　B. 财政直接缴库
 C. 财政授权支付　　　　　　D. 财政直接支付

182. 该单位的下列事项表述情形中,错误的有(　　)。
    A. 通过零余额账户向本单位基本户划拨资金,再通过基本户支付本单位大型设备的价款
    B. 通过零余额账户向上级单划转资金,为上级单位员工购个人商业保险
    C. 通过零余额账户向本单位基本户划转资金,再通过基本户支付本单位日常零星支出
    D. 通过零余额账户向下级单位划转资金,为下级单位购买设备

183. 下列各项关于预算单位使用零余额账户的表述中,正确的有(　　)。
    A. 通过零余额账户提取现金,用于支付本单位的日常办公零星支出
    B. 通过零余额账户转账支付按规定应采用财政直接支付方式发放的职工工资
    C. 通过零余额账户转账支付本单位的日常办公零星支出
    D. 通过零余额账户向本单位按账户规定保留的相应账户划拨工会经费

184. 下列银行账户体系中,不属于财政直接支付的账户为(　　)。
    A. 该单位在商业银行开设的基本户
    B. 财政部门在商业银行为该单位开设的零余额账户
    C. 财政部门在商业银行开设的预算外资金财政专户
    D. 财政部门按资金使用性质在商业银行开设的零余额账户

185. 各项关于该单位实行财政直接支付方式的表述中,正确的为(　　)
    A. 该单位进行财政直接支付时应先按批复的部门预算和资金使用计划向财政国库支付机构执行机构提出支付申请
    B. 财政直接支付中代理银行应根据财政部门支付指令通过国库单一账户体系将资金直接支付到该单位账户
    C. 财政直接支付应由财政部门向中国人民银行和代理银行签发支付指令
    D. 财政直接支付中财政部门应根据支付指令通过国库单一账户体系将资金直接支付到该单位账户

第五章　会计职业道德

一、单项选择题

1. 会计自律是会计的(　　)。
    A. 基本标准　　　B. 理想追求　　　C. 最低标准　　　D. 最高标准
2. 会计职业道德教育的主要内容包括(　　)。
    A. 会计职业道德观念教育、会计职业警示教育、会计职业规范教育
    B. 会计职业道德信念教育、会计职业权利教育、会计职业荣誉教育
    C. 会计职业道德警示教育、会计职业义务教育、会计职业荣誉教育
    D. 会计职业道德信念教育、会计职业义务教育、会计职业法制观念教育

3. 会计工作是一门专业性和技术性很强的工作,从业人员必须"具备一定的会计专业知识和技能",才能胜任会计工作。由此可以体现,会计人员急需加强的会计职业道德是( )。

  A. 坚持准则　　　　B. 廉洁自律　　　　C. 客观公正　　　　D. 提高技能

4. 坚持依法办理会计事项,体现( )方面的会计职业道德。

  A. 坚持准则　　　　B. 提高技能　　　　C. 参与管理　　　　D. 廉洁自律

5. 会计职业道德与会计法律制度的保障机制不同,会计法律制度是通过( )来推行的会计行为规范。

  A. 上层建筑　　　　B. 权利机关　　　　C. 财政部门　　　　D. 国家强制力

6. 会计职业道德的基本工作准则是( )。

  A. 客观公正　　　　B. 诚实守信　　　　C. 办事公道　　　　D. 服务群众

7. 应大力提倡会计人员进行( ),在实践中不断地加强职业道德修养,养成良好的道德行为,从而实现道德境界的升华。

  A. 岗前职业道德教育　　　　　　　　B. 学校会计学历教育
  C. 自我教育　　　　　　　　　　　　D. 会计继续教育

8. 会计职业道德修养的前提和首要环节是( )。

  A. 会计职业道德认知　　　　　　　　B. 会计职业道德情感
  C. 会计职业道德信念　　　　　　　　D. 会计职业道德行为

9. 下列各项中,不属于会计职业道德教育内容的是( )。

  A. 会计职业道德观念教育　　　　　　B. 会计职业道德规范教育
  C. 会计人员继续教育　　　　　　　　D. 会计职业道德警示教育

10. 下列各项中,要求"做老实人,说老实话,办老实事"的会计职业道德规范是( )。

  A. 参与管理　　　　B. 诚实守信　　　　C. 爱岗敬业　　　　D. 提高技能

11. 下列各项中,属于会计职业道德精髓所在的是( )。

  A. 廉洁自律　　　　B. 诚实守信　　　　C. 客观公正　　　　D. 坚持准则

12. 下列各项中,既是会计职业道德的前提也是会计职业道德的内在要求的是( )。

  A. 参与管理　　　　B. 强化服务　　　　C. 提高技能　　　　D. 廉洁自律

13. 下列各项中,既是会计人员的义务,也是在职业活动中做到客观公正、坚持准则的基础的会计职业道德规范是( )。

  A. 提高技能　　　　B. 廉洁自律　　　　C. 强化服务　　　　D. 客观公正

14. 下列各会计法律规范中,规定对忠于职守,坚持原则,作出显著成绩的会计人员,给予精神的或者物质的奖励的是( )。

  A.《会计法》　　　　　　　　　　　　B.《注册会计师法》
  C.《会计基础工作规范》　　　　　　　D.《会计从业资格管理办法》

15. 下列有关诚实守信的基本要求表述不正确的是( )。

  A. 说老实话　　　　B. 信誉至上　　　　C. 保密守信　　　　D. 遵循准则

16. "常在河边走,就是不湿鞋",表述的是( )。

  A. 公私分明,不贪不占　　　　　　　B. 客观公正
  C. 依法办事　　　　　　　　　　　　D. 遵纪守法,一身正气

17. 努力钻研业务,熟悉财经法规和相关制度,提高业务技能,为参与管理打下坚实的基础,表述的是(   )。
    A. 强化服务   B. 提高技能   C. 参与管理   D. 爱岗敬业
18. 下列各项中,属于提高服务质量的是(   )。
    A. 客观公正   B. 强化服务   C. 提高技能   D. 廉洁自律
19. 下列各项中,体现具有不断提高会计专业技能的意识和愿望的是(   )。
    A. 廉洁自律   B. 诚实守信   C. 提高技能   D. 坚持准则
20. 某企业会计人员在讨论会计职业道德和会计法律制度两者的关系时,提出的下列观点中,表述不正确的是(   )。
    A. 两者在实施过程中相互作用、相互补充
    B. 违反会计法律制度一定违反会计职业道德
    C. 会计法律制度是会计职业道德的最低要求
    D. 违反会计职业道德一定违反会计法律制度
21. 下列各项中,有关会计职业道德修养的方法不正确的是(   )。
    A. 不断地进行内省   B. 要提倡慎独精神
    C. 虚心向先进人物学习   D. 树立爱岗敬业的精神
22. 下列各项中,决定职业道德的本质的是(   )。
    A. 社会实践   B. 经济基础   C. 社会经济关系   D. 上层建筑
23. 职业道德除具有职业性、继承性、多样性的特征外,还具有的特征是(   )。
    A. 强制性   B. 实践性   C. 合法性   D. 不变性
24. 会计法律制度调整的范围侧重于(   )。
    A. 会计人员的精神世界   B. 会计人员的物质世界
    C. 会计人员的意识形态   D. 会计人员的外在行为和结果
25. 会计职业道德和会计法律制度两者在性质上的区别主要是(   )。
    A. 会计法律制度具有很强的他律性,会计职业道德具有很强的自律性
    B. 会计法律制度调整会计人员的外在行为,会计职业道德只调整会计人员内在的精神世界
    C. 会计法律制度有成文规定,会计职业道德无具体的表现形式
    D. 违反会计法律制度可能受到法律制裁,违反会计职业道德只会受到道德谴责
26. 会计职业道德建设应与会计专业技术资格实行(   )方式。
    A. 考试   B. 评审   C. 聘用   D. 考评、聘用相结合
27. 下列会计职业道德规范中,要求会计人员熟悉国家法律、法规和国家统一的会计制度,始终按照法律、法规和国家统一的会计制度的要求进行会计核算,实施会计监督的是(   )。
    A. 廉洁自律   B. 坚持准则   C. 客观公正   D. 提高技能
28. 某公司资金紧张,需向银行贷款 600 万元。公司财务科长老李业务熟练,公司经理于是要求其对公司提供给银行的会计报表进行技术处理。老李很清楚公司财务正处于困境,偿债能力较差,做这种技术处理是很危险的,但在公司经理的反复开导下,老李感恩于经理平时对自己的信任和关照,于是编制了一份经过技术处理后的"漂亮"会计报表,从而

使公司顺利获得了银行贷款。下列对于老李行为的认定中,正确的是( )。

  A. 老李违反了爱岗敬业、客观公正的会计职业道德规范的要求

  B. 老李违反了参与管理、坚持准则的会计职业道德规范的要求

  C. 老李违反了客观公正、坚持准则的会计职业道德规范的要求

  D. 老李违反了提高技能、客观公正的会计职业道德规范的要求

29. 下列会计职业道德规范中,要求会计人员在处理业务过程中,严格按照会计法律制度办事,不为主观或他人意志左右的是( )。

  A. 诚实信用 B. 坚持准则 C. 客观公正 D. 廉洁自律

30. 下列会计职业道德规范中,要求会计人员在工作中应实事求是,不偏不倚的是( )。

  A. 爱岗敬业 B. 诚实守信 C. 廉洁自律 D. 客观公正

31. 坚持好制度胜于做好事,"制度大于天,人情薄如烟",这句话所体现的会计职业道德规范是( )。

  A. 参与管理 B. 提高技能 C. 坚持准则 D. 强化服务

32. 会计职业道德规范"诚实守信"的基本要求中,侧重于对注册会计师提出的要求是( )。

  A. 做老实人、说老实话、办老实事,不搞虚假

  B. 保守秘密,不为利益所诱惑

  C. 执业谨慎,信誉至上

  D. 实事求是,如实反映

33. 下列会计职业道德规范中,要求会计人员在工作中应主动就单位经营管理中存在的问题提出合理化建议,协助领导决策的是( )。

  A. 提高技能 B. 参与管理 C. 坚持准则 D. 爱岗敬业

34. 会计人员经常会对自己的工作进行评价,对工作中的不足进行评判、剖析,这种自我教育方式属于( )。

  A. 自重自省法 B. 自警自励法 C. 自我解剖法 D. 自律慎独法

35. 下列各项中,属于会计职业道德修养中的核心内容的是( )。

  A. 形成正确的会计职业道德认知 B. 培养高尚的会计职业道德情感

  C. 树立坚定的会计职业道德信念 D. 养成良好的会计职业道德行为

36. 下列各项中,属于会计职业道德修养的终极目标的是( )。

  A. 形成正确的会计职业道德认知 B. 培养高尚的会计职业道德情感

  C. 树立坚定的会计职业道德信念 D. 养成良好的会计职业道德行为

37. 会计人员强化服务的关键是( )。

  A. 增强服务意识 B. 提高服务质量 C. 提高业务水平 D. 端正服务态度

38. 组织和推动本地区会计职业道德建设的任务的责任属于( )。

  A. 地方各级人民政府 B. 各级审计部门

  C. 各级财政部门 D. 各级纪检、监察部门

39. 对会计人员遵守职业道德情况进行考核和奖惩的主要依据是( )。

  A. 会计职业道德准则和规范 B. 会计法等法律、法规

C. 单位内部工作纪律　　　　　　　　D. 会计行业组织有关规定

40. 下列关于会计职业道德的表述中,正确的是(　　)。
    A. 相对于会计法律制度而言,会计职业道德是对会计从业人员行为最低限度的要求
    B. 会计职业道德具有强制性
    C. 会计职业道德对会计人员具有很强的自律性
    D. 会计职业道德在时间上和空间上对会计人员的影响没有会计法律制度广泛持久

41. "理万金,分文不沾"、"手提万贯,一尘不染"体现的会计职业道德是(　　)。
    A. 参与管理　　　B. 廉洁自律　　　C. 提高技能　　　D. 强化服务

42. 现阶段,会计职业道德的主要内容不包括(　　)。
    A. 团结协作、爱岗敬业　　　　　　B. 坚持准则、提高技能
    C. 诚实守信、廉洁自律　　　　　　D. 诚实守信、客观公正

43. (　　)是职业道德的出发点和归宿。
    A. 爱岗敬业　　　B. 诚实守信　　　C. 办事公道　　　D. 奉献社会

44. 会计职业道德"爱岗敬业"的"岗"是指(　　)。
    A. 税务工作岗位　　B. 会计工作岗位　　C. 审计工作岗位　　D. 管理工作岗位

45. 张某家庭条件富裕,大学毕业后从事出纳工作。在办理现金收付过程中,时常出现长款短款,张某不以为然,短款自己垫上,长款仍放在单位保险柜中备用。张某违反了(　　)会计职业道德内容要求。
    A. 提高技能　　　B. 客观公正　　　C. 坚持准则　　　D. 廉洁自律

46. (　　)在会计职业道德教育中具有基础性地位。
    A. 会计职业道德的自我教育
    B. 会计学历教育中的职业道德教育
    C. 会计继续教育中职业道德教育
    D. 获取会计从业资格中的职业道德教育

47. "有德无才学后用"体现了会计职业道德中(　　)的重要性。
    A. 坚持准则　　　B. 参与管理　　　C. 廉洁自律　　　D. 提高技能

48. 会计人员手中无权,"站得住的顶不住,顶得住的站不住",领导的话就是原则,领导怎么说就怎么做。这种观点违背了(　　)会计职业道德规范。
    A. 强化服务　　　B. 廉洁自律　　　C. 爱岗敬业　　　D. 坚持准则

49. 下列各项中,不属于注册会计师和单位会计师共同遵循的职业道德是(　　)。
    A. 诚实守信　　　B. 客观公正　　　C. 坚持准则　　　D. 超然独立

50. "言行一致,表里如一"、"光明正大,以信守身"是会计职业道德(　　)的要求。
    A. 坚持准则　　　B. 诚实守信　　　C. 廉洁自律　　　D. 客观公正

51. 会计职业道德评价的根本标准是(　　)。
    A. 是否有利于社会生产力发展
    B. 是否有利于国家会计法律法规和会计制度的落实
    C. 是否有利于保证各项会计业务工作的正常秩序和单位的发展

D. 是否有利于充分调动员工的积极性

52. 会计人员在工作中"懒、惰、拖"的不良习惯和作风,是会计人员违背会计职业道德规范中( )的具体体现。
　　A. 爱岗敬业　　B. 诚实守信　　C. 办事公道　　D. 客观公正

53. 会计法律制度是会计职业道德的( )。
　　A. 最高要求　　B. 较高要求　　C. 一般要求　　D. 最低要求

54. 对会计人员遵守职业道德情况进行考核和奖惩的主要依据是( )。
　　A. 会计法等法律、法规　　　　B. 会计职业道德准则和规范
　　C. 单位内部工作纪律　　　　　D. 会计行业组织有关规定

55. 会计职业道德与会计法律制度在实施上是( )。
　　A. 相互重叠、相互补充　　　　B. 相互渗透、相互重叠
　　C. 相互作用、相互促进　　　　D. 相互转化、相互吸收

56. 下列不属于我国会计职业道德行为规范的是( )。
　　A. 诚实守信　　B. 奉献社会　　C. 坚持准则　　D. 参与管理

57. 会计职业道德和会计法律制度的区别主要是( )。
　　A. 违反会计制度可能受到法律制裁,违反会计职业道德只会受到道德谴责
　　B. 会计法律制度有成文规定,会计职业道德无具体的表现形式
　　C. 会计法律制度调整会计人员的外在行为,会计职业道德只调整会计人员内在的精神世界
　　D. 会计法律制度具有很强的他律性,会计职业道德具有很强的自律性

58. 某股份有限公司各分公司2016年年底第一次上报财务报表时显示当年实际亏损100万元,董事长李某要求必须为完成2015年董事会下达的指标做好准备,报表退回去重新做。重新制作后的财务报表显示当年盈利5 000万元。针对这一案例,下列说法错误的是( )。
　　A. 重新制作后的财务报表属虚假会计信息
　　B. 重新制作财务报表的行为违反了《会计法》
　　C. 重新制作财务报表的行为违反了会计职业道德
　　D. 重新制作财务报表维护了公司利益,没有过错

二、多项选择题

59. 会计职业道德警示教育的目的和作用有( )。
　　A. 从典型案例中得到警示和启发　　B. 提高法律道德观念
　　C. 树立会计职业道德观念　　　　　D. 提高辨别是非的能力

60. 会计职业自律包括( )。
　　A. 会计人员自律　　B. 会计行业自律　　C. 财政部门监督　　D. 社会各界监督

61. 下列行为中,违反注册会计师职业道德规范的有关保密要求的有( )。
　　A. 注册会计师李某取得客户授权对外披露该客户的有关信息
　　B. 注册会计师王某在其所在事务所与甲客户的业务约定终止后,将其执行中获知的甲客户的信息告知他人
　　C. 注册会计师赵某向主管财政部门报告所发现的A公司的违法违规行为

D. 注册会计师程某在审计某上市公司期间获知该上市公司财务状况良好,股票有望升值,随即告知其妻大量买进该公司股票

62. 下列选项中,属于会计人员培训形式的有(   )。
   A. 单位自行组织的业务培训、岗位培训
   B. 参加上一级别的会计专业技术资格考试、注册会计师考试
   C. 财政部门直接组织培训
   D. 省级以上主管部门根据行业管理需要自行组织的培训

63. 下列关于会计职业道德和会计法律制度的关系的说法中,正确的有(   )。
   A. 两者在目标、调整对象和职责上具有统一性
   B. 两者在内容上相互渗透
   C. 两者在地位上相互转化
   D. 两者在实施过程中相互作用

64. 会计职业道德的功能包括(   )。
   A. 指导功能   B. 评价功能   C. 规范功能   D. 教化功能

65. 参与管理要求会计人员(   )
   A. 全面熟悉本单位经营活动和业务流程
   B. 主动提出合理化建议
   C. 代替领导决策
   D. 积极参与管理

66. 财政部门的组织推动会计职业道德建设可以采用的宣传形式有(   )。
   A. 演讲   B. 论坛   C. 竞赛   D. 有奖征文

67. 下列各项中,属于职业道德特征的有(   )。
   A. 职业性   B. 实践性   C. 继承性   D. 多样性

68. 下列关于会计职业道德的表述中,正确的有(   )。
   A. 会计职业道德具有相对稳定性和广泛的社会性
   B. 会计职业道德具有一定的强制和较多关注公众利益的特征
   C. 会计职业道德是调整会计职业活动中各种利益关系的手段
   D. 会计职业道德是指在会计职业活动中应当遵循的、体现会计职业特征的、调整会计职业关系的职业行为准则和规范

69. 下列各项中,属于会计职业道德主要作用的有(   )。
   A. 规范会计行为的基础   B. 实现会计目标的重要保证
   C. 对会计法律制度的重要补充   D. 提高企业经济效益的重要保障

70. 下列各项中,属于会计职业道德与会计法律制度的主要区别有(   )。
   A. 性质不同   B. 作用范围不同
   C. 表现形式不同   D. 实施保障机制不同

71. 下列各项中,属于会计职业道德规范主要内容的有(   )。
   A. 自尊自爱   B. 爱岗敬业   C. 诚实守信   D. 强化服务

72. 下列各项中,属于会计职业道德规范中爱岗敬业的基本要求有(   )。
   A. 安心工作,任劳任怨   B. 严肃认真,一丝不苟

C. 忠于职守,尽职尽责 D. 热爱会计工作,敬重会计职业

73. 下列各项中,属于会计职业道德规范中客观公正的基本要求有( )。
    A. 端正态度 B. 依法办事 C. 保持独立性 D. 实事求是
74. 下列各项中,属于会计职业道德教育形式的有( )。
    A. 接受教育 B. 自我教育 C. 参与教育 D. 提高强化
75. 下列各项中,属于会计职业道德教育内容的有( )。
    A. 会计职业道德观念教育 B. 会计职业道德规范教育
    C. 会计职业道德警示教育 D. 其他与会计职业道德相关的教育
76. 下列各项中,属于进行会计职业道德建设的主要措施有( )。
    A. 会计行业的自律 B. 财政部门的组织推动
    C. 企事业单位的内部监督 D. 社会各界的监督与配合
77. 下列各项中,属于各级财政部门对会计职业道德情况实施必要的行政监管主要措施的有( )。
    A. 执法检查与会计职业道德检查相结合
    B. 注册会计师考评与会计职业道德检查相结合
    C. 会计专业技术资格考评、聘用与会计职业道德检查相结合
    D. 会计从业资格证书注册登记和年检与会计职业道德检查相结合
78. 下列关于会计职业道德规范的主要内容,表述正确的是( )。
    A. 爱岗敬业 B. 诚实守信 C. 客观公正 D. 参与管理
79. 下列各项中,有关会计职业道德检查与奖惩机制的内容,表述正确的有( )。
    A. 财政部门的监督检查 B. 激励机制的建立
    C. 会计行业组织的自律管理 D. 政府部门的监督检查
80. 下列情形中,既违反会计法律制度,又违背会计职业道德规范的有( )。
    A. 会计机构负责人按照单位领导人授意,销毁在有效期内的会计档案
    B. 出纳员利用职务便利,用公款炒股
    C. 会计人员小李平时喜欢吃喝应酬,不精心钻研会计业务
    D. 会计人员小王工作拖沓敷衍
81. 下列关于会计职业道德的论述,正确的有( )。
    A. 会计职业道德是调整会计职业活动中的各种利益关系的手段
    B. 会计职业道德随着社会经济关系的不断变迁而变化
    C. 会计职业道德具有广泛的社会性
    D. 会计职业道德具有排他性
82. 下列关于会计职业道德与会计法律制度关系的论述中,正确的有( )。
    A. 在作用上相互补充、相互协调 B. 前者具有自律性,后者具有他律性
    C. 在内容上相互借鉴,相互吸收 D. 前者具有他律性,后者具有自律性
83. 开展会计职业道德检查与奖惩有着很重要的现实意义,包括( )。
    A. 能促使会计人员遵守职业道德规范
    B. 对会计人员具有深刻的教育作用
    C. 有利于形成抑恶扬善的社会环境

D. 有利于提高企业经济效益

84. 发现会计人员违法职业道德的行为,可以采取的道德制裁的措施有( )。
   A. 在会计行业范围内通报批评
   B. 责令其参加一定学时的继续教育课程
   C. 暂停从业资格
   D. 在行业内部的刊物上予以曝光

85. 会计职业道德教育是会计职业道德活动的一项重要内容,( )等都有教导和督促会计人员加强学习会计职业道德规范的责任。
   A. 高校   B. 会计工作管理部门
   C. 会计职业自律组织   D. 单位负责人

86. 下列关于会计职业道德规范中"廉洁自律"的表述中,正确的有( )。
   A. 自律的核心就是自觉地抵制自己的不良欲望
   B. 廉洁自律是会计职业道德的内在要求
   C. 只有自身廉洁自律,才能抵制他人的不法行为
   D. 不能做到廉洁自律,也就很难做到客观公正和坚持准则

87. 下列各项中,属于廉洁自律对会计人员的基本要求有( )。
   A. 树立正确的人生观和价值观   B. 公私分明,不贪不占
   C. 遵纪守法,一身正气   D. 坚持准则,不做假账

88. "客观公正"包含的对会计人员的基本要求有( )。
   A. 遵循准则   B. 依法办事
   C. 实事求是,不偏不倚   D. 保持应有的独立性

89. 下列各项中属于会计职业组织作用的有( )。
   A. 联系会员与政府的桥梁作用
   B. 充分发挥协会等会计职业组织的作用
   C. 改革和完善会计职业组织自律机制作用
   D. 有效发挥自律机制在会计职业道德建设中的促进作用

90. 下列各项中,能体现"提高技能"这一会计职业道德规范要求的有( )。
   A. 安心工作,任劳任怨
   B. 勤学苦练,刻苦钻研的精神
   C. 不断提高会计技能的意识和愿望
   D. 科学的学习方法

91. 下列各项中,属于会计职业道德规范中的"强化服务"对会计人员的要求的有( )。
   A. 强化服务意识   B. 提高服务质量
   C. 保持应有谨慎性   D. 尽量满足客户需要

92. 甲公司由于经营管理方面的原因,经营业绩下降,为了获得配股资格,甲公司主要负责人要求公司财务总监李四对年度财务数据进行调整,以保证公司的净资产收益率符合配股条件。李四组织公司会计人员以虚做销售收入、隐瞒成本费用等方法调整了公司财务数据。李四和公司财务人员的行为违反了会计职业道德要求中的( )。
   A. 参与管理   B. 诚实守信   C. 坚持准则   D. 客观公正

93. ABC 股份有限公司会计人员王某不仅熟悉会计电算化业务,而且对利用现代化信息技术手段加强经营管理颇有研究。"非典"疫情期间,王某向公司总经理建议开辟网上业务洽谈,并实行优惠的折扣政策。公司采纳了王某的建议,当期销售额克服了"非典"疫情的影响,保持了快速增长。王某的行为体现出的会计职业道德有(   )。
    A. 爱岗敬业　　　B. 坚持准则　　　C. 参与管理　　　D. 强化服务

94. 自动更新知识的能力,是指会计人员自己获取会计专业知识的能力,包括(   )的能力。
    A. 会计人员自觉地学习专业知识
    B. 学习时代发展的新知识
    C. 学习与会计相关的经济理论和法律知识
    D. 学习更新会计法律、制度知识

95. 下列各项中,属于会计职业道德教育的途径的有(   )。
    A. 会计专业学历教育
    B. 获取会计从业资格中的职业道德教育
    C. 自我教育
    D. 岗位职业道德继续教育

96. 下列各项中,属于会计职业道德观念教育的目的的有(   )。
    A. 树立会计职业道德观念
    B. 了解会计职业道德对社会经济秩序的影响
    C. 了解会计职业道德对会计信息质量的影响
    D. 了解违反会计职业道德将会受到的惩戒和处罚

97. 会计职业道德自我教育的内容包括(   )。
    A. 职业义务教育　　B. 职业荣誉教育　　C. 职业节操教育　　D. 法制教育

98. 下列各项中,属于会计职业道德修养的基本环节的有(   )。
    A. 道德认知　　　B. 道德情感　　　C. 道德信念　　　D. 道德行为

99. 会计职业道德修养的方法包括(   )。
    A. 慎独　　　　　B. 慎欲　　　　　C. 慎微　　　　　D. 慎省

100. 会计职业道德检查与奖惩机制建设,主要体现在(   )。
    A. 会计从业资格证书的注册登记管理
    B. 会计专业技术资格考评、聘用
    C. 会计执法检查
    D. 会计人员表彰奖励制度

101. 会计职业道德"提高技能"的基本要求有(   )。
    A. 提高服务质量
    B. 具有不断提高会计专业技能的意识和愿望
    C. 强化服务意识
    D. 具有勤学苦练的精神和科学的学习方法

102. 会计职业道德"坚持准则"的基本要求包括(   )。
    A. 遵循准则,提高会计人员执行准则能力

B. 熟悉准则,提高会计人员遵守准则能力

C. 宣传准则,提高会计人员推广准则能力

D. 敢于同违法行为作斗争

103. 会计职业道德的调整对象有( )。

A. 调整会计职业关系

B. 调整会计职业中的经济利益关系

C. 调整会计职业内部从业人员之间的关系

D. 调整与会计活动有关的所有关系

104. 某企业会计科长老王,从事会计工作近30年,工作上一丝不苟从未出现差错。当上科长后,以身作则、带头遵守规章制度,按规章办事。为了做好会计工作,他主动学习企业管理、市场营销等课程,积极争当领导的参谋。下列对会计老王行为的认定中正确的有( )。

A. 老王的行为体现了爱岗敬业的会计职业道德

B. 老王的行为体现了强化服务的会计职业道德

C. 老王的行为体现了坚持准则的会计职业道德

D. 老王的行为体现了提高技能的会计职业道德

105. 下列关于会计职业道德教育的表述,正确的有( )。

A. 从"不敢为"到"不屑为",是职业道德从他律走向自律的标志

B. 会计职业道德教育是有目的、有组织、有系统的道德教育活动

C. 只有提高会计职业道德水平,会计信息才有可能真实可靠

D. 会计职业道德教育是一种教育性道德影响活动,具有道德作用的他律性

106. 下列关于会计职业道德检查与奖惩的意义的说法,正确的有( )。

A. 有利于督促会计人员在行为上遵守职业道德规范

B. 有利于形成抑恶扬善的社会环境

C. 有利于会计人员形成良好的道德情感

D. 有利于发展、培养一批会计领军人才

107. 李某是代理记账公司专职从业人员,在其为客户提供的下列服务中,符合会计职业道德要求的有( )

A. 利用专业知识为委托单位进行税收代理服务,拒绝企业提出的以现金收入不入账的手段少缴企业所得税

B. 向委托单位提出改进内部会计控制的建议

C. 辅导委托单位会计进行正确的账务处理,帮助其树立依法理财的观念

D. 提出将委托单位的固定资产折旧和银行借款利息挂账处理,以改善其经营业绩

108. 某单位领导要求本单位出纳员石某将收到的下脚料销售款10 000元另行存放不入账。石某没有按照该领导的要求执行,而是按规定作为零星收入入账,致使该领导很不高兴。财务科长王某知道后对石某进行了批评,他提出作为会计人员应该服从领导安排,领导让干啥就干啥。请问财务科长王某的做法违背了会计职业道德规范中的( )。

A. 客观公正　　　B. 坚持准则　　　C. 爱岗敬业　　　D. 强化服务

109. 某公司会计甲某的哥哥是家私有企业总经理,甲某私自将自己所掌握的本公司产

品研发计划及相关会计资料复印件提供给了哥哥,甲某的上述行为违背了( )。

　　A. 客观公正　　B. 诚实守信　　C. 廉洁自律　　D. 爱岗敬业

110. 会计人员违反职业道德,可能会受到( )的处罚。

　　A. 所在单位　　B. 行业协会　　C. 财政部门　　D. 业务主管部门

111. 下列有关会计职业道德"客观公正"的表述中,正确的有( )。

　　A. 依法办事是会计工作保证客观公正的前提
　　B. 做到客观公正的重要条件是扎实的理论功底和较高的专业技能
　　C. 在会计工作中客观是公正的基础,公正是客观的反映
　　D. 会计活动的整个过程都离不开客观公正

112. 下列各项中,主要体现出会计法律制度与会计职业道德在实施过程中相互作用的有( )。

　　A. 会计职业道德是会计法律制度正常运行的社会和思想基础
　　B. 会计法律制度是促进会计职业道德规范形成和遵守的重要保障
　　C. 会计法律制度是会计职业道德的最低要求
　　D. 会计法律制度中含有会计职业道德规范的内容

113. 会计职业道德自我修养的方法是( )。

　　A. 不断地进行"内省"　　B. 要提倡"慎独"精神
　　C. 社会实践活动　　D. 虚心向先进人物学习

114. 会计职业道德规范的主要内容包括爱岗敬业、诚实守信、坚持准则、强化服务以及( )。

　　A. 廉洁自律　　B. 客观公正　　C. 提高技能　　D. 参与管理

115. 某公司是一家生产电子产品的大型国有控股公司。2007年12月,由于产品销售不畅,公司面临亏损。公司董事长责成财会部经理胡某对会计报表做技术处理,实现当年盈利目标,并承诺如果做得好,将推荐他作为公司总会计师人选。胡某知道本年度公司亏损已成定局,如果落实董事长的盈利目标,只能在会计报表上做假。于是,胡某通过虚拟交易、向子公司转移广告费支出等方法,将公司会计报表从亏损做成盈利。分析上述案例,下列对胡某行为的认定中正确的有( )。

　　A. 胡某的行为违背了参与管理的会计职业道德要求
　　B. 胡某的行为违背了坚持准则的会计职业道德要求
　　C. 胡某的行为违背了诚实守信的会计职业道德要求
　　D. 胡某的行为违背了客观公正的会计职业道德要求

116. 下列各项中,符合会计职业道德"提高技能"要求的有( )。

　　A. 出纳人员向银行工作人员请教辨别假钞的技术
　　B. 会计人员向专家学习会计电算化操作方法
　　C. 会计主管人员研究对人力资源价值的核算
　　D. 总会计师通过自学提高职业判断能力

117. 下列行为违反"诚实守信"会计职业道德的有( )。

　　A. 对会计工作没有兴趣,应付了事,打发日子
　　B. 说话、做事常常是领导面前一套,领导背后另一套

C. 除了记账算账工作之外，从不关心和参与企业的其他事情

D. 乘领导审核不严的空子，经常多开发票报账，获取个人私利

三、判断题

118. 职业道德是指在一定职业活动中应遵循的、体现一定职业特征的、调整一定职业关系的职业行为准则和规范。（　　）

119. 职业道德的作用主要是促进职业活动的健康进行,对社会道德风尚会产生积极的影响。（　　）

120. 会计作为经济活动中的一种职业,它所具有的特征与其他职业道德完全一致。（　　）

121. 会计职业道德与会计法律制度一样,都是以国家强制力作为其实施的保障。（　　）

122. 会计职业道德规范中的"坚持准则"就是要求会计人员在处理业务过程中,严格按照会计准则办事。（　　）

123. 会计职业道德规范中的"参与管理"就是直接参加管理活动,为管理者当参谋,为管理活动服务。（　　）

124. 会计职业道德规范中的"强化服务"就是要求会计人员具有文明的服务态度、强烈的服务意识和优良的服务质量。（　　）

125. 会计职业道德修养是指在社会实践中的自我锻炼。只有在社会实践中不断磨炼,才能不断提高会计职业道德修养。（　　）

126. 会计职业道德检查与奖惩机制是指财政部门的监督检查。（　　）

127. 建立健全会计人员行业自律管理制度,是政府对会计人员进行宏观管理的必要补充。（　　）

128. 廉洁自律是会计职业道德的前提,也是会计职业道德的内在要求。（　　）

129. 坚持准则是指按事物的本来面目去反映,不掺杂个人的主观意愿,也不为他人意见所左右。（　　）

130. 会计职业道德教育的形式中,接受教育指的是内在教育。（　　）

131. 加强会计职业道德建设,不仅是某一个单位、某一个部门的任务,也是各地区、各部门、各单位的共同责任。（　　）

132. 会计职业道德检查与奖惩具有促使会计人员遵守职业道德规范的作用。（　　）

133. 职业道德的本质是经济关系。（　　）

134. 职业道德不具有继承性,不同的社会经济环境有不同的职业道德要求。（　　）

135. 职业道德的作用就是调节从业人员内部的关系。（　　）

136. 会计职业道德具有相对的稳定性。（　　）

137. 会计职业道德允许个人和各经济主体获取合法的自身利益,但反对通过损害国家和社会公众利益而获取违法利益。（　　）

138. 会计职业道德不具有强制性。（　　）

139. 会计法律制度是会计职业道德的最低要求。（　　）

140. 会计职业道德具有较强的他律性。（　　）

141. 违反会计职业道德的行为,也一定违反了会计法律制度。（　　）

142. 会计职业道德的表现形式既有明确的成文规定,也有不成文的规范,存在于人们的意识和信念之中。(   )

143. 爱岗敬业是会计职业活动和职业道德的精髓。(   )

144. 实事求是是会计工作保持客观公正的前提。(   )

145. 会计职业道德的"坚持准则"中的"准则"仅指会计准则。(   )

146. 坚持准则是会计职业活动中做到客观公正的基础、参与管理的前提。(   )

147. 会计人员遵循参与管理的职业道德原则,就是要积极主动参与到企业管理工作当中,对企业经营活动作出决策。(   )

148. "敢于同违法行为作斗争"属于会计职业道德规范中的"客观公正"。(   )

149. 会计职业道德观念教育是会计职业道德教育的核心内容。(   )

150. 会计人员提倡"慎独"精神,是指反复不断地检点自己的言行,反省自己的缺点,不断修正错误。(   )

151. 会计职业组织在会计职业道德建设中具有不可替代的作用。(   )

152. 会计职业道德修养的最终目的是将职业实践中对职业道德的意识情感和信念上升为职业道德行为习惯。(   )

153. 会计职业道德情感的培养,主要取决于会计人员的学习能力。(   )

154. 会计职业道德修养方法中的"慎省"就是要求会计人员应时时处处严格要求自己,防止各种私心杂念和不道德行为的产生。(   )

155. 财政部门应组织和推动会计职业道德建设,依法行政。(   )

156. 社会舆论监督体现在会计人员当中,就是要在全社会会计人员中倡导诚信为荣、失信为耻的职业道德意识,积极引导其加强会计职业修养,自觉遵守会计职业道德规范。(   )

157. 会计职业道德属于会计人员行为规范的范畴,而会计法律制度则不属于会计人员行为规范的范畴。(   )

158. 较高层次的会计职业道德存在于人们的意识和信念之中,依靠社会舆论、道德教育、传统习俗和道德评价来实现。(   )

159. 不同行业的执业行为,因其特征和行业特点的差异,其职业道德要求也有差异。(   )

160. 通过对会计人员的会计行为、动机提出相应的会计职业道德要求,引导、规范、约束会计人员树立正确的职业观念,可以达到规范会计行为的目的。(   )

161. 会计职业道德和会计法律相比没有强制性,因此会计从业人员有时候可以不遵守会计职业道德。(   )

162. 会计职业道德与会计法律制度具有相同的调整对象,但目标和职责不同。(   )

163. 道德规范的非刚性特征决定了它的落实,需要国家强制力保证实施、部门行政监管、职业团体自律性监管和企事业单位内部控制制度共同作用。(   )

164. 廉洁自律是会计职业道德的内在要求和行为准则。(   )

165. 会计职业道德中提出强化服务的目的,就是服务群众。(   )

166. 职业道德的意识、行为和规范是一个整体中可任意分割的部分。(   )

167. 会计职业道德与会计法律制度一样,都有具体的表现形式。(   )

168. 不断提高自身的业务技能,是每一位会计从业人员应尽的义务。( )

169. 实事求是,不偏不倚体现了会计职业道德规范的"诚实守信"原则要求。( )

170. 会计道德认识、信念、意志、教育和行为习惯,是构成会计人员职业品德的五个基本要素。( )

171. 财政部门可以通过将会计从业资格证书查阅与会计职业道德检查相结合的途径来实现对会计职业道德的检查。( )

172. 会计职业道德与会计法律制度有着共同的目标,相同的调整对象,承担着同样的职责,但它们的作用和地位则是完全各自独立的。( )

173. 会计职业道德是依靠社会舆论、道德教育、传统习俗和道德评价来实现的。( )

174. 会计职业道德的"强化服务"就是要求会计人员树立服务意识,提高服务质量,努力维护和提升会计职业的良好社会形象。( )

175. 会计职业道德的评价方法包括政府监管、自我监督、行业自律和考核评比。( )

176. 会计职业道德是会计人员在长期的职业活动中形成和总结出来的,调整会计人员与相关单位之间、个人与集体之间的职业道德主观意识和客观行为的统一。( )

177. 会计职业道德重在确认会计人员的职业权利。( )

四、案例分析题

(一)某公司的会计科有3名工作人员:会计主管王晓、会计田丽和出纳秦虹。2016年,该会计科发生了以下事项:

(1)出纳秦虹因哥哥急需资金,趁会计田丽离开办公室时,填写了5万元的现金支票一张,并私自将田丽遗放在办公桌上的印鉴加盖在现金支票上,从银行提取现金。6天后,秦虹哥哥资金周转正常将5万元现金归还秦虹,秦虹又填写了现金缴款单,将资金存入单位银行账户。月末,田丽在对账时发现了此事。由于与秦虹私交甚好,所以田丽隐瞒了此事。

(2)公司规定每周一下午是业务理论学习时间,由于本年公司的业务量增加,账务处理工作增加,会计人员工作繁忙,会计主管王晓便向领导建议,会计部门的全体人员今后不再参加业务理论学习,以节约时间用于账务处理等会计实务工作。

178. 关于会计主管王晓的建议,下列说法正确的是( )。
   A. 王晓的建议是正确的,应该节约时间用于财务处理
   B. 王晓的建议违背了提高技能的职业道德规范
   C. 王晓的建议违背了参与管理的职业道德规范
   D. 王晓的建议违背了爱岗敬业的职业道德规范

179. 会计职业道德和会计法律制度的联系主要体现在( )。
   A. 作用上相互补充   B. 作用上相互协调
   C. 内容上相互借鉴   D. 内容上相互吸收

180. 出纳秦虹违背了会计工作人员( )的职业道德规范。
   A. 廉洁自律   B. 提高技能   C. 爱岗敬业   D. 参与管理

181. 关于出纳秦虹和会计田丽的做法,下列说法正确的是( )。
   A. 出纳秦虹的行为属于挪用公款,公私不分

B. 会计田丽没有妥善保管由自己负责保管的印鉴

C. 会计田丽不应隐瞒出纳秦虹的行为

D. 田丽的行为没有不妥之处

(二) A公司财务部在一次会务学习的讨论中,大家踊跃发言。

小徐在议论会计职业道德概念时说,"会计职业道德是规范从事会计职业的工作人员在社会交往和公共生活中,人与人、个人与社会、人与自然的行为"。

老王在谈到会计职业道德与会计法律制度关系时说,"会计职业道德与会计法律制度只是作用范围不同,但性质和实现形式是一样的"。

老邓在谈论会计职业道德教育途径时,认为"应通过会计学历教育进行"。

刘部长最后总结说,"对我们会计人员职业道德的监督只能依靠政府财政部门"。

182. 根据会计职业道德的相关内容,关于小徐会计职业道德的观点,下列表述正确的是( )。

A. 小徐的观点正确　　　　　　　　B. 小徐的观点不正确

C. 会计职业道德是职业行为准则和规范　D. 会计职业道德调整会计职业关系

183. 关于会计职业道德的含义,说法正确的是( )。

A. 会计职业活动中应遵循的

B. 体现会计职业特征

C. 调整会计职业关系的职业行为准则和规范

D. 会计职业道德是规范会计行为的基础

184. 下列正确的是( )。

A. 小徐的观点不正确。会计职业道德是指在会计职业活动中应遵循的、体现会计职业特征、调整会计职业关系的职业行为准则和规范

B. 老王的观点不正确。会计职业道德与会计法律制度的性质不同;作用范围不同;实现形式不同;实施保障机制不同

C. 老邓的观点不正确。会计职业道德教育途径包括:通过会计学历教育进行会计职业道德教育、通过会计继续教育进行会计职业道德教育、通过会计人员的自我教育与修养进行会计职业道德教育

D. 刘部长的观点不正确。对会计人员职业道德的监督不但依靠财务部门,还要依靠会计行业组织的行业自律机制和奖罚制度,社会各界各尽其职,相互配合,齐抓共管以及社会舆论的监督

185. 关于会计职业道德与会计法律制度的关系,下列表述正确的是( )。

A. 两者目标相同

B. 调整对象稍有区别

C. 法律制度承担的责任大于会计职业道德

D. 两者联系密切

186. 会计职业道德的功能包括( )。

A. 指导功能　　B. 教化功能　　C. 惩戒功能　　D. 评价功能

(三) A公司会计周丽因工作努力,钻研业务,积级提出合理化建议,多次被公司评为先进会计工作者。周丽的丈夫在一家私有电子企业任总经理,在其丈夫的多次请求下,周丽

将在工作中接触到的公司新产品研发计划及相关会计资料复印件提供给丈夫,给公司造成了一定的损失,但尚未构成犯罪。公司认为她不宜继续担任会计工作。

187. 对周丽违反会计职业道德行为的处罚依据是( )。
   A. 会计法 B. 会计从业资格管理办法
   C. 会计基础工作规范 D. 刑法

188. 周丽工作努力,钻研业务、积极提供合理化建议,体现了她具有( )的职业道德。
   A. 爱岗敬业 B. 客观公正 C. 提高技能 D. 参与管理

189. 对周丽违反会计职业道德的行为可由( )给予处罚。
   A. 财政部门 B. 会计职业团体 C. A公司 D. 公安机关

190. 周丽给丈夫提供资料复印件,违背了( )原则。
   A. 爱岗敬业 B. 诚实守信 C. 坚持准则 D. 提高技能

191. 如果不让周丽参与会计工作,那么周丽不能任职( )。
   A. 稽核 B. 工资核算
   C. 财产物资的收发、核算 D. 档案的保管

(四) A集团公司2016年发生如下业务:
(1) 在组织会计职业道德学习时,单位负责人认为坚持准则就是指只坚持会计准则。
(2) 会计人员认真向生产车间工人宣讲会计基础知识,推动了班组核算制度的顺利开展。
(3) 单位负责人要求张某做假账,张某坚决抵制。

根据上述情况,回答下列问题:

192. 坚持准则的基本要求有( )。
   A. 熟悉准则 B. 遵循准则
   C. 修改准则 D. 敢于同违法行为作斗争

193. 业务(2)中,符合( )。
   A. 会计职业道德强化服务要求 B. 会计职业道德参与管理要求
   C. 会计职业道德爱岗敬业要求 D. 会计职业道德坚持准则要求

194. 参与管理与强化服务的关系,正确的有( )。
   A. 不强化服务,难以保持参与管理的热情
   B. 参与管理是强化服务的一种表现形式
   C. 强化服务有利于参与管理
   D. 不参与管理,也完全可以提高服务水平和质量

195. 业务(1)中,坚持准则中的"准则"的含义有( )。
   A. 会计准则 B. 会计法律
   C. 国家统一的会计制度 D. 会计法规

196. 业务(3)中,符合会计职业道德要求的有( )。
   A. 会计职业道德强化服务要求 B. 会计职业道德坚持准则要求
   C. 会计职业道德客观公正要求 D. 会计职业道德诚实守信要求

第二部分 综合练习

综合练习(一)

一、单项选择题

1. 汇兑结算业务办理的委托人是(   )。
   A. 收款人银行　　　B. 收款人　　　C. 付款人　　　D. 付款人银行

2. 下列各项中,属于登记会计账簿的依据的是(   )。
   A. 自制的原始凭证　　　　　　　B. 经审核无误的会计凭证
   C. 外来原始凭证　　　　　　　　D. 取得的原始凭证

3. 下列对于会计工作政府监督的表述,正确的是(   )。
   A. 中国银行是会计工作政府监督的实施主体
   B. 会计工作的政府监督应当遵循全面性与重要性原则
   C. 核查会计师事务所出具的审计报告的内容属于会计工作政府监督的范畴
   D. 对单位是否依法设置会计账簿的检查不属于会计工作政府监督的范畴

4. 《支付结算办法》对商业汇票的最长付款期限有明确的规定。该期限是(   )。
   A. 1个月　　　B. 一年　　　C. 9个月　　　D. 6个月

5. 开户单位现金收入应于当日送存银行,当日送存确有困难的,另行确定送存时间的机构是(   )。
   A. 开户银行　　　B. 人民银行　　　C. 证监会　　　D. 银监会

6. 下列关于支付结算特征的说法,错误的是(   )。
   A. 支付结算的发生取决于受托人的意志
   B. 支付结算实行统一领导,分级管理
   C. 支付结算是一种要式行为
   D. 支付结算必须通过中国人民银行批准的金融机构进行

7. 国内信用证结算方式不能办理的事项是(   )。
   A. 10万元以上的款项结算　　　　B. 支取现金
   C. 转账结算　　　　　　　　　　D. 50万元以上的结算

8. 根据《个人所得税法》的规定,在中国境内无住所但取得所得的下列外籍个人中,属于居民纳税人的是(   )。
   A. 外国丁,2015年3月1日入境,2016年3月1日离境,其间临时离境100天
   B. 外国丙,2015年10月1日入境,2016年12月31日离境,其间临时离境28天
   C. M国甲,在华工作6个月
   D. 外国乙,2016年1月10日入境,2016年10月10日离境

9. 下列说法正确的是(　　)。
   A. 兼营非应税劳务是发生在一项销售行为中,混合销售行为不发生在同一项销售行为中
   B. 纳税人销售自产货物并同时提供建筑业劳务的混合销售行为,视同销售,应当缴纳增值税
   C. 混合销售行为是发生在一项销售行为中,兼营非应税劳务不发生在同一项销售行为中
   D. 纳税人销售自产货物并同时提供建筑业劳务的混合销售行为,应当分别核算货物的销售额和非增值税应税劳务的营业额,未分别核算的,由主管税务机关核定销售额一并征收增值税

10. 下列属于普通发票的是(　　)。
    A. 电报收据　　　　　　　　　　B. 保险凭证
    C. 增值税专用发票　　　　　　　D. 商业零售统一发票

11. 关于税收违法刑事处罚中的没收财产处罚方式的说法,不正确的是(　　)。
    A. 没收财产是将犯罪分子个人所有财产的一部分或全部强制无偿地收归国家所有的刑罚
    B. 没收财产是重于罚金的财产刑
    C. 没收财产适用于严重经济犯罪
    D. 没收财产是轻于罚金的财产刑

12. 下列各项中,负责审查和批准县级以上地方各级政府预算调整方案的是(　　)。
    A. 本级人民代表大会　　　　　　B. 本级人民政府
    C. 本级财政部门　　　　　　　　D. 本级人民代表大会常务委员会

13. 下列各项中,属于记录、核算、反映预算单位特殊专项支出活动的是(　　)。
    A. 财政部门零余额账户　　　　　B. 国库单一账户
    C. 预算单位特设专户　　　　　　D. 预算单位零余额账户

14. 下列关于财政授权支付的表述,不正确的是(　　)。
    A. 预算单位向中国人民银行签发支付指令
    B. 预算单位应该有财政部门的授权
    C. 预算单位向代理银行签发支付指令
    D. 预算单位授权支付不能超过一定的用款额度

15. 下列关于会计职业道德与会计法律制度的区别表述,正确的是(　　)。
    A. 目标不同　　B. 调整对象不同　　C. 职责不同　　D. 作用范围不同

16. 下列各项中,不属于会计人员形成良好会计职业道德品行的会计继续教育内容的有(　　)。
    A. 职业义务教育　　　　　　　　B. 职业权利教育
    C. 职业荣誉教育　　　　　　　　D. 职业道德信念教育

17. 下列关于会计职业道德要求表述,正确的做法是(　　)。
    A. 《会计法》已明确规定单位负责人应当保证财务会计报告真实、完整,会计人员在自己不贪不占的前提下,领导让干什么就干什么

B. 会计人员应该按照国家统一的会计制度记账、算账、报账,如实反映单位的经济业务活动情况

C. 会计人员应保守公司的商业秘密,在任何情况下,都不能向外界提供或者泄露单位的会计信息

D. 公司生产经营决策是领导的事,会计人员没有必要参与,也没有必要过问

18. 下列关于会计职业道德规范内容的表述,正确的是(　　)。
   A. 廉洁自律是会计职业道德的精髓
   B. 客观公正是会计职业道德所追求的理想目标
   C. 诚实守信是会计职业道德的前提
   D. 坚持准则是会计职业道德的基础

19. 下列不属于企业内部控制应当遵循的原则的是(　　)。
   A. 适应性原则　　B. 制衡性原则　　C. 独立性原则　　D. 全面性原则

20. 下列不适用于专项管理和使用,不通过专用存款账户结算的资金是(　　)。
   A. 基本建设资金　　　　　　　　B. 粮棉油收购资金
   C. 财政预算内资金　　　　　　　D. 更新改造资金

二、多项选择题

21. 下列属于对伪造、变造、私自印制开户登记证的存款人处罚的有(　　)。
   A. 经营性的存款人处以1万元以上3万元以下的罚款
   B. 非经营性的存款人处以1 000元罚款
   C. 经营性的存款人处以5 000元罚款
   D. 构成犯罪的,移交司法机关依法追究刑事责任

22. 某单位制定的内部会计人员管理制度中,符合会计职业道德要求的有(　　)。
   A. 会计人员在工作中应当树立良好的职业品质、严谨的工作作风,遵守工作纪律,努力提高工作效率和工作质量
   B. 会计人员应当熟悉财经法律、行政法规、规章和国家统一的会计制度,并结合会计工作进行广泛宣传
   C. 会计人员应当熟悉本单位的生产经营和业务管理流程情况,运用掌握的会计信息和会计方法,为改善单位内部管理、提高经济效益服务
   D. 除法律规定和单位领导人同意外,不能私自向外界提供或者泄露单位的会计信息。

23. 下列不属于会计工作的社会监督的特性的有(　　)。
   A. 适应性　　　B. 中介性　　　C. 重要性　　　D. 制衡性

24. 下列有关决算草案审批的说法,不正确的有(　　)。
   A. 乡级决算草案由乡政府提请本级人民代表大会审查和批准
   B. 省级决算草案由财政部门直接报本级人民代表大会审查和批准
   C. 县级决算草案由财政部门直接报本级人民代表大会审查和批准
   D. 中央决算草案由财政部直接报全国人民代表大会常务委员会审查和批准

25. 下列不属于支票基本当事人的有(　　)。
   A. 付款人　　　B. 背书人　　　C. 出票人　　　D. 承兑人

26. 下列属于税收程序法的有（　　）。
    A. 税收管理法　　　　　　　　B. 纳税程序法
    C. 发票管理法　　　　　　　　D. 税务争议处理法

27. 下列不属于出票行为的有（　　）。
    A. 出票人签发票据并将票据交付给付款人的行为
    B. 出票人承诺在汇票到期日支付汇票金额并签章的行为
    C. 出票人签发票据并将其交付给收款人的行为
    D. 汇票付款人承诺在汇票到期日支付汇票金额并签章的行为

28. 下列使用中文大写填写票据出票日期应在"日"前面加"零"的有（　　）。
    A. 玖日　　　　B. 贰拾壹日　　　　C. 叁拾日　　　　D. 壹拾日

29. 下列不属于地方本级政府预算组成的有（　　）。
    A. 本级各部门预算　　　　　　B. 所属下级政府预算
    C. 本级各直属单位预算　　　　D. 所属下级政府总预算

30. 下列关于现金结算的说法，正确的有（　　）。
    A. 现金属于支付结算的一种方式
    B. 经核定的库存现金限额，开户单位必须严格遵守
    C. 现金使用的限额由开户银行确定
    D. 现金结算起点的调整由各开户银行确定

31. 下列关于银行卡的处理方法，不正确的有（　　）。
    A. 个人卡可通过单位账户续存资金　　B. 个人卡可用工资性款项续存资金
    C. 个人卡可用持有的现金续存资金　　D. 单位卡可通过交存现金续存资金

32. 下列属于应当设置的会计账簿的有（　　）。
    A. 明细账　　　　　　　　　　B. 总账
    C. 其他辅助性账簿　　　　　　D. 日记账

33. 下列属于现金结算渠道的有（　　）。
    A. 付款人委托非银行金融机构将现金支付给收款人
    B. 付款人直接将现金支付给收款人
    C. 付款人委托银行将现金支付给收款人
    D. 付款人委托非金融机构向收款人转账

34. 按照法律级次划分，税法分为（　　）。
    A. 税收规范性文件　　　　　　B. 税收行政法规
    C. 税收法律　　　　　　　　　D. 税收规章

35. 下列有关会计职业道德建设途径的表述，正确的有（　　）。
    A. 宣传教育与检查惩戒相结合
    B. 自我修养与外部督促相结合
    C. 以道德规范会计职业与依法监管会计职业相结合
    D. 行业自律与舆论监督、政府监督相结合

36. 下列属于增值税税率的有（　　）。
    A. 基本税率　　　　B. 零税率　　　　C. 低税率　　　　D. 征收率

37. 下列属于纳税申报方式的有( )。
    A. 直接申报　　　　　　　　B. 邮寄申报
    C. 数据电文申报　　　　　　D. 电话申报
38. 税收的特征有( )。
    A. 有偿性　　B. 强制性　　C. 无偿性　　D. 固定性
39. 下列属于支付结算行为的是( )。
    A. 货币给付　　B. 商品采购　　C. 资金清算　　D. 商品销售
40. 下列属于集中汇缴的有( )。
    A. 由征收机关将应缴收入汇缴入预算外资金财政专户
    B. 由征收机关将应缴收入汇总缴入预算单位特设专户
    C. 由征收机关将应缴收入汇总缴入国库单一账户
    D. 由征收机关将应缴收入汇总缴入财政部门的零余额账户

三、判断题

41. 在支付结算中,银行遵循不垫付的原则。( )
42. 会计职业道德检查与奖惩有利于形成抑恶扬善的社会环境。( )
43. 会计职业组织主要通过他律形式实现对会员的职业道德约束。( )
44. 诚实守信是会计职业道德的前提,也是会计职业道德的内在要求。( )
45. 会计职业道德是调整会计职业活动中各种利益关系的手段。( )
46. 采购代理机构与行政机关不得存在隶属关系或者其他利益关系。( )
47. 预算外资金专户是用于记录、核算和反应预算单位的特殊专项支出活动,并用于国库单一账户清算。( )
48. 政府举办的基金会不属于政府机关,其日常经费的收支和存储活动可以不在国库单一账户体系内运行。( )
49. 贷记卡每卡每日在 ATM 机提款不得超过 2 万元人民币。( )
50. 委托收款方式下,结算款项的划回由收款人自由选择采用邮寄或电报方式。( )
51. 消费税是对特定的消费品和消费行为在生产、流通和消费等各个环节征收的一种流转税。( )
52. 行为税是以纳税人所拥有的特定财产为征税对象的一类税收。( )
53. 税法是调整税收关系的法律规范,是由国家最高权力机关和行政机关制定的用以调整国家与纳税人之间在税收征纳方面权力与义务关系的法律规范的总称。( )
54. 税收征管环节包括法律责任和道德责任。( )
55. 国家预算是政府的基本财政收支计划,是实现财政职能的基本手段。( )
56. 会计资料包括会计凭证、会计账簿、财务报表和劳动合同。( )
57. 行政处分是对国家工作人员故意或者过失侵犯行政相对人的合法权益所实施的法律制裁;行政处分的对象仅限于直接负责的国家工作人员。( )
58. 高级会计师资格的取得实行考试与评审相结合制度,符合报名条件的人员均可报考,其中,专业考试科目为高级会计实务。( )
59. 持有会计从业资格证书的人员会计从业资格被依法吊销的,会计从业资格管理机

构应当注销其会计从业资格（　　）

60. 各种劳保、福利费以及国家规定的对个人的其他支出,不管数额多大,均可使用现金支付,无需银行审核。（　　）

四、案例分析题

（一）临楠商贸公司于2016年3月2日办理了工商登记并领取了营业执照,会计张某于当月办理了税务登记并领取了税务登记证,随即向注册地银行开立了基本存款账户。

5月4日该公司出纳签发了一张支票,但未在支票上注明收款人姓名和金额。

6月公司聘用了一位退休老会计担任出纳,他持有外省领发的会计从业资格证。

11月该公司支付的一张现金支票背书转让给予丙公司,该支票转让时未超过提示付款期,但付款银行却拒绝办理付款。

请根据上述资料回答下列问题:

61. 下列表述符合法律规定的有（　　）。
   A. 该公司应将全部银行账号向税务机关报告
   B. 该公司只能在一家银行开立一个基本存款账户
   C. 该公司工资奖金等现金支取只能从基本账户中办理
   D. 退休老会计的外省市从业资格证有效,但应办理调转手续

62. 签发支票时可以由出票人授权补记的项目有（　　）。
   A. 出票人　　B. 付款人　　C. 收款人名称　　D. 金额

63. 丙公司认为背书转让的现金支票未超过提示付款期,银行不应该拒绝付款（　　）。
   A. 丙公司的观点正确　　　　　　B. 丙公司的观点不正确
   C. 用于支取现金的支票不能背书转让　　D. 用于支取现金的支票可以背书转让

64. 生产经营型纳税人应在领取营业执照（　　）天内办理税务登记。
   A. 15　　B. 30　　C. 60　　D. 90

65. 公司开立基本存款账户时应提交的证件有（　　）。
   A. 营业执照正本　　　　　　B. 税务登记证
   C. 组织机构统一代码认证书　　D. 发票领取簿

（二）甲行政单位执行国库集中收付制度,5月份代政府收取属于预算外资金的养路费100万元;购买单件物品8万元;收到政府拨付的救灾款50万元。

根据上述资料回答以下问题:

66. 养路费上缴的账户是（　　）。
   A. 国库单一账户　　　　　　B. 财政专户
   C. 特设专户　　　　　　　　D. 先存入单位银行账户,再上缴财政。

67. 关于购买单件物品8万元,下列说法正确的是（　　）。
   A. 财政直接支付　　　　　　B. 财政授权支付
   C. 通过财政零余额账户进行支付　　D. 通过单位零余额账户进行支付

68. 该单位收到政府拨付的救灾款50万元应存入的账户（　　）。
   A. 收到的救灾款可以先存入该行政单位的基本存款账户
   B. 特设专户
   C. 该账户是经批准为该行政单位在商业银行开设的特殊专户

D. 该账户是以财政的名义在商业银行开的账户
69. 下列属于财政授权支付方式包括的内容有( )。
   A. 工资
   B. 单件物品15万元
   C. 单项服务6万元
   D. 特别紧急支出
70. 以单位名义开的账户有( )。
   A. 财政零余额账户
   B. 单位零余额账户
   C. 财政专户
   D. 特设专户

综合练习(二)

一、单项选择题

1. 授意、指使、强令会计机构、会计人员及其他人员伪造、变造会计凭证、会计账簿,编制虚假财务会计报告或者隐匿、故意销毁依法应当保存的会计凭证、会计账簿、财务会计报告,尚不构成犯罪的,可以处以罚款金额是( )。
   A. 五十元以上五万元以下
   B. 五千元以上五万元以下
   C. 五元以上五万元以下
   D. 五百元以上五万元以下

2. 依照规定,会计机构负责人(会计主管人员)是指在一个单位内部具体负责会计的( )。
   A. 高层领导人员
   B. 中层领导人员
   C. 基层领导人员
   D. 普通员工

3. 高级会计师资格的取得实行考试与评审相结合制度,符合报名条件的人员,均可报考,参加考试并达到国家合格标准由全国会计专业技术资格考试办公室核发高级会计师资格考试合格证,该证书的使用范围是( )。
   A. 所属省级区划
   B. 所属县级行政区划
   C. 所属市级行政区划
   D. 全国

4. 下列属于自制原始凭证的是( )。
   A. 火车票
   B. 购货取得发票
   C. 收款凭证
   D. 领料单

5. 发卡银行为控制风险规定,同一账户的月透支余额单位卡不得超过发卡银行对该单位综合授信额度的比例是( )。
   A. 3%
   B. 4%
   C. 5%
   D. 8%

6. 银行汇票提示付款期为( )。
   A. 自到期日10日内
   B. 自出票日起一个月内
   C. 自出票之日起两个月内
   D. 自出票之日起10日内

7. 下列关于保证当事人的表述,不正确的是( )。
   A. 保证的当事人分为保证人与被保证人
   B. 商业汇票的债务可以由保证人承担保证责任
   C. 已成为票据债务人的,不得再充当票据上的保证人

D. 商业汇票的债务人与被保证人无关联

8. 下列对银行结算账户的表述,不正确的是( )。
   A. 银行结算账户是存款人只能办理现金收付结算的账户
   B. 银行结算账户是活期存款账户
   C. 存款人可以是在中国境内开立银行结算账户的单位
   D. 存款人可以是在中国境内开立银行结算账户的个体工商户和自然人

9. 纳税人申报的计税依据明显偏低,又无正当理由的纳税人,适合的税款征收方式是( )。
   A. 核定征收　　　B. 委托征收　　　C. 查定征收　　　D. 双定征收

10. 关于个人所得税稿酬所得,不能合并为一次计算所得税的是( )。
    A. 同一作品再版取得的所得
    B. 同一作品在报刊上连载取得收入的
    C. 同一作品在出版和发表时,以预付稿酬或分次支付稿酬等形式取得的稿酬收入
    D. 同一作品出版、发表后,因添加印数而追加稿酬的

11. 按征收管理的分工体系分类,以从事工业、商业和服务业的单位和个人为纳税人的各种税,总称( )。
    A. 流转税类　　　B. 所得税类　　　C. 工商税类　　　D. 财产税类

12. 适用于某一经营项目的发票是( )。
    A. 增值税专用发票　　　　　　B. 行业发票
    C. 专用发票　　　　　　　　　D. 专业发票

13. 招标后没有供应商投标或者没有合格标的或者重新招标未能成立的情况下,适用( )采购方式。
    A. 询价　　　　　　　　　　　B. 竞争性谈判
    C. 单一来源采购　　　　　　　D. 邀请招标

14. 乡级政府编制的决算草案,由( )审批。
    A. 本级人大常委会　　　　　　B. 县级以上人民政府
    C. 本级人大　　　　　　　　　D. 县级人大

15. 政府采购中的集中采购的范围由( )公布的集中采购目录确定。
    A. 省级以上人民政府　　　　　B. 县级人民政府
    C. 财政部　　　　　　　　　　D. 镇级以上人民政府

16. 下列不属于我国政府采购的功能的是( )。
    A. 推进反腐倡廉　　　　　　　B. 强化宏观调控
    C. 保护民族产业　　　　　　　D. 提高财政收入

17. 会计人员存在违反会计法律法规的行为,不属于会计职业道德惩处形式的是( )。
    A. 吊销会计从业资格
    B. 行业范围内通报批评
    C. 在行业内部公共刊物上曝光
    D. 指令其参加一定学时的继续教育课程

18. 下列不属于爱岗敬业的基本要求的是（　　）。
    A. 安心工作，任劳任怨　　　　　B. 严肃认真，一丝不苟
    C. 忠于职守，尽职尽责　　　　　D. 依法办事，实事求是

19. 会计人员的下列行为，属于违反会计法律制度的有（　　）。
    A. 会计人员小王上班经常迟到早退
    B. 会计人员李某沉溺于赌博，不爱钻研业务
    C. 会计人员张某挪用公款炒股
    D. 会计机构负责人赵某满足于记账算账，不利用大量而丰富的会计信息参与本单位经营管理

20. （　　）对会计的行为动机提出了相应的要求。
    A. 财政部门　　　　　　　　　　B. 单位内部审计
    C. 会计职业道德　　　　　　　　D. 注册会计师审计

二、多项选择题

21. 下列关于法律责任的说法，正确的有（　　）。
    A. 行政责任是指犯有一般违法行为的单位或个人，依照法律、法规的规定应承担的法律责任
    B. 刑事责任是指犯罪行为应当承担的法律责任
    C. 罚款是指由人民法院强制被判了刑的人在一定的期限内交纳一定数量的金钱，是一种刑罚
    D. 罚金是指行政机关强制违法者缴纳一定数量的钱，是一种行政处罚

22. 下列属于持有会计从业资格证书的人员做出的不符合规定的行为有（　　）。
    A. 展示　　　B. 涂改　　　C. 出借　　　D. 折叠

23. 王某在2016年因伪造、变造会计凭证、会计账簿等会计资料、提供虚假财务会计报告犯有刑事责任，5年后王某想重新进行会计从业资格考试。据此下列说法正确的有（　　）。
    A. 王某可以重新取得会计从业资格证
    B. 王某不可以重新取得会计从业资格证
    C. 被追究刑事责任的会计人员5年后可以重新取得会计从业资格证
    D. 被追究刑事责任的会计人员不得重新取得会计从业资格证

24. 下列符合内部牵制要求的有（　　）。
    A. 出纳人员不是完全不能记账，只要所记的账不是收入、支出、费用、债权债务等直接与单位资金收支增减往来有关的账目，是可以承担一部分记账工作的
    B. 凡是涉及款项和财务收付、结算及凭证的任何一项工作，必须由两人或两人以上分工办理
    C. 出纳不得兼管稽核、会计档案保管和收入、费用、债权债务账目的登记工作
    D. 出纳以外的人员不得经管现金、有价证券、票据

25. 下列不可采用托收承付结算的款项有（　　）。
    A. 赊销的商品款
    B. 商品交易以及由商品交易产生的劳务供应款项

C. 寄销的货款

D. 代销的货款

26. 汇兑结算的适用范围有( )。

    A. 国有企业   B. 个人
    C. 私营企业   D. 非独立核算的部门

27. 下列不属于支票提示付款期限的有( )。

    A. 自出票日起 10 天   B. 自出票次日起 10 天
    C. 自出票日起 15 天   D. 自出票次日起 15 天

28. 下列关于商业汇票的出票的说法,正确的有( )。

    A. 出票后,收款人就票据金额享有付款请求权
    B. 收款人在付款请求权不能满足时,即享有追索权
    C. 收款人有依法转让票据的权力
    D. 付款人无论是否承兑,均可成为汇票上的债务人

29. 税务机关对从事生产经营的纳税人以前纳税期的纳税情况依法进行税务检查时,发现纳税人有逃避纳税义务行为,并有明显的转移、隐匿其应纳税的商品、货物以及其他财产或者应纳税收入迹象的,税务机关处理的方式有( )。

    A. 责令纳税人限期缴纳应纳税款   B. 责成纳税人提供纳税担保
    C. 依法采纳税收保全措施   D. 依法采取强制执行措施

30. 纳税人采取邮寄方式申报纳税的,应当( )。

    A. 使用统一的纳税申报特快专递专用信封
    B. 以邮政部门收据作为申报凭据
    C. 以寄出的邮戳日期为实际申报日期
    D. 以税务机关收到邮件的日期为实际申报日期

31. 对既销售金银首饰,又销售非金银首饰的生产、经营单位,关于征收消费税费的说法正确的有( )。

    A. 应将两类商品划分清楚,分别核算销售额
    B. 凡划分不清楚或不能分别核算的,在生产环节销售的,一律从高适用税率征收消费税
    C. 凡划分不清楚或不能分别核算的,在零售环节销售的,一律不征收消费税
    D. 金银首饰与其他产品组成成套消费品销售的,应按销售额全额征收消费税

32. 下列不属于地方税的有( )。

    A. 增值税   B. 消费税
    C. 个人所得税   D. 城镇土地使用税

33. 下列采购活动不属于政府采购的有( )。

    A. 甲国家机关使用预算资金采购设备
    B. 乙国有企业采购原材料
    C. 丙团体组织使用自有资金采购办公用品
    D. 丁事业单位使用财政资金采购某项服务

34. 关于预算调整原因的叙述,正确的有( )。
    A. 原批准的预算在执行中因特殊情况需要增加支出
    B. 原批准的预算中举借债务的数额变更的部分
    C. 原批准的预算在执行中因特殊情况需要减少收入
    D. 原批准的收支平衡的预算的总支出超过总收入

35. 根据我国《预算法》的规定,不属于全国人民代表大会预算职权的是( )。
    A. 批准中央预算和中央预算执行情况的报告
    B. 审查和批准中央预算的调整方案
    C. 监督中央和地方预算的执行
    D. 改变或者撤销全国人民代表大会常务委员会关于预算、决算的不适当的决议

36. 关于我国的预算法律制度,下列说法正确的有( )。
    A. 预算法律制度由《预算法》及《预算法实施条例》构成
    B. 预算法律制度在财政法的体系中处于核心地位
    C. 现行的预算法为1994年3月22日第八届全国人民代表大会第二次会议通过
    D. 我国的《预算法实施条例》自1995年11月2日起实施

37. 下列关于会计职业道德教育的表述,正确的有( )。
    A. 会计职业道德教育应贯穿整个会计人员继续教育的始终
    B. 会计职业道德教育的形式包括接受教育和自我修养
    C. 会计职业道德教育的内容包括会计职业道德观念教育、会计职业道德规范教育、会计职业道德警示教育和其他教育
    D. 会计专业学历教育中的职业道德教育属于岗前职业道德教育的途径

38. 下列关于职业道德特征的表述,正确的有( )。
    A. 职业道德是道德在职业实践活动中的具体体现
    B. 职业道德规范具有较强的针对性、实践性,容易形成条文
    C. 职业道德是社会意识形态的一种特殊形式
    D. 有多少种职业就有多少种职业道德

39. 下列关于会计职业道德的"廉洁自律"的表述,正确的有( )。
    A. 是会计职业道德的基础   B. 是会计职业道德的前提
    C. 是会计职业道德的内在要求   D. 是会计职业道德的理想目标

40. 会计职业道德与会计法律制度既有区别又有联系,下列关于两者关系中表述错误的有( )。
    A. 会计法律制度中包含会计职业道德规范的内容,同时,会计职业道德规范中也包含会计法律制度的某些条款
    B. 会计职业道德是会计法律制度的最低要求
    C. 会计职业道德不要求调整会计人员的外在行为,而侧重于调整会计人员的内在精神世界
    D. 会计法律制度既有成文的规定,也有不成文的规范

三、判断题

41. 会计人员在办理会计工作交接进行移交点收时,有价证券的数量要与会计账簿记

录一致,有价证券面额与发行价不一致时,按照会计账簿余额交接。(   )

42. 档案管理部门对正式移交之后的会计档案进行保管的会计档案管理岗位,也属于会计岗位。(   )

43. 社会监督的主体是注册会计师及其所在的会计事务所。(   )

44. 内部审计是单位内部的一种独立客观的监督和评价活动。(   )

45. 票据的非基本当事人是否存在,取决于相应票据行为是否发生。(   )

46. 一般存款账户用于办理存款人借款转存、借款归还和其他结算的资金收付,是存款人的主办账户。(   )

47. 专用存款账户用于办理各项专用资金的收付,存款人只能申请开立一个专用存款账户。(   )

48. 由出票银行签发的,委托付款人在指定日期无条件支付确定金额给收款人或者持票人的票据称为商业汇票。(   )

49. 查账征收是指税务机关依法核定纳税人在一定经营时期内的应纳税经营额及应纳税额,分期征收税款的一种征收方式。(   )

50. 税务登记是税收征收管理的首要环节,是征纳双方法律关系成立的依据和证明。(   )

51. 消费税纳税人的纳税期限有多种,纳税人的具体纳税期限,由主管税务机关根据纳税人应纳税额的大小分别核定。(   )

52. 金银首饰连同包装物一起销售的,如包装物可以单独计价,则包装物部分不计算消费税额。(   )

53. 中央预算由全国人民代表大会常务委员会审查和批准;地方各级政府预算由本级人民代表大会常务委员会审查和批准。(   )

54. 财政部门开设的国库存款账户(简称国库单一账户)是财政部门在中国人民银行开设的,用于记录、核算和反映纳入预算管理的财政收入和支出,并与财政部门零余额账户进行清算,实现支付。(   )

55. 政府采购方式中,竞争性谈判是指采购人或其委托的政府采购机构通过与多家供应商(不少于3家)进行谈判,经分析比较后从中确定中标供应商的采购方式。(   )

56. 政府采购中,对于纳入集中采购目录属于本单位有特殊要求的项目,经省级以上人民政府批准,可以自行采购。(   )

57. 会计人员只有在社会实践中不断磨炼,才能不断提高会计职业道德修养。(   )

58. 会计职业道德规范中的"廉洁自律"的基本要求是树立正确的人生观和价值观、保密守信,不为利益所诱惑。(   )

59. 单位内部控制制度和惩罚制度不仅是单位经济管理制度的重要内容,也是影响会计人员职业道德观念的重要因素。(   )

60. 单位负责人应支持并监督会计人员遵守会计职业道德,依法开展会计工作。(   )

四、案例分析题

(一) 甲公司与乙公司之间存在经济往来,未支付货款,甲公司5月1日给乙公司签发一张出票后三个月付款,金额为500万元的商业汇票,甲公司的开户银行A银行按期对该汇票进行了承兑,汇票收款人为乙公司,后乙公司背书给丙公司,背书时丁公司对该汇票提供了保证。

根据上述材料,回答下列问题:

61. 下列属于票据行为的有(　　)。
    A. 甲出票给乙   B. A银行进行承兑
    C. 乙背书给丙   D. 丁公司提供保证

62. 根据上述资料,下列表述正确的有(　　)。
    A. 此商业汇票为商业承兑汇票   B. 此商业汇票为银行承兑汇票
    C. 付款人为A银行   D. 丁公司为票据的基本当事人

63. 根据上述资料,下列表述正确的有(　　)。
    A. A银行属于票据的基本当事人
    B. 乙公司属于汇票的收款人,同时也是背书人
    C. 丙公司为该汇票上记载的收款人
    D. 商业汇票的付款期限最长为6个月

64. 关于此商业汇票的付款的表述,正确的有(　　)。
    A. 自出票日起1个月内向付款人提示付款
    B. 自到期日起10日内向承兑人提示付款
    C. 可以是8月4日提示付款
    D. 可以是8月20日提示付款

65. 只有企业可以使用的结算方式包括(　　)。
    A. 银行本票   B. 银行承兑汇票
    C. 支票   D. 银行汇票

(二) 某厂2016年有关基本情况如下:

(1) 王某是会计机构内的档案保管员,准备参加今年的会计从业资格考试。

(2) 该厂实行代理记账,赵经理说因为是代理记账,所以企业对会计资料的完整性和真实性不用负责。

(3) 李某担任总会计师,李某2013年取得助理会计师职称,至目前主管单位财务工作已3年。

(4) 2016年发生亏损,厂长指使会计人员吴某调整账表,以达到盈利的账面效果,吴某坚持准则没有做假账,厂长则将吴某调至车间工作。

(5) 该厂会计人员孙某1月份离职,办理工作交接时未发现任何异常,至6月份,接替人员钱某方发现其中有部分会计资料不真实,孙某和钱某互相推卸责任,此事目前仍未解决。

根据上述资料回答下列问题:

66. 根据资料(1),下列说法正确的有(　　)。
    A. 王某可以在会计机构内担任会计档案保管工作
    B. 王某不可以在会计机构内担任会计档案保管工作
    C. 会计机构内的档案保管员属于会计工作岗位
    D. 会计机构内的档案保管员不属于会计工作岗位

67. 针对资料(2),下列说法正确的有(   )。
    A. 该厂不能实行代理记账
    B. 代理记账机构应对企业的会计资料全权负责
    C. 该厂仍应对企业的会计资料的真实完整负责
    D. 该厂可以代理记账
68. 根据资料(3),以下说法正确的有(   )。
    A. 全民所有制大、中型企业应当设置总会计师
    B. 李某不具备担任总会计师的条件
    C. 担任总会计师必须主管一个单位或者单位内部一个重要方面的财务工作不少于5年
    D. 在单位行政领导成员中,不得设置与总会计师职权重叠的副职
69. 根据资料(4),下列说法正确的有(   )。
    A. 厂长有权调离会计吴某工作岗位,属于公司正常行使人事权
    B. 构成对吴某的打击报复
    C. 对坚持原则的财务人员受到打击报复的,应当恢复其名誉和原有职务、级别
    D. 对吴某应当给予经济上的补偿
70. 根据资料(5),对交接时未发现的不真实会计资料,(   )应当承担相应的责任。
    A. 厂长   B. 总会计师李某
    C. 移交人员孙某   D. 接替人员钱某

综合练习(三)

一、单项选择题

1. 单位负责人对依法履行职责、抵制违反会计法规定行为的会计人员以降级、撤职、调离工作岗位、解聘或开除等报复行为,构成犯罪,依法追究刑事责任;尚不构成犯罪的,由其所在单位或有关单位处理的是(   )。
    A. 依法追究民事责任   B. 依法给予行政处罚
    C. 依法给予行政处分   D. 依法追究刑事责任
2. A公司设有以下岗位,其中不属于会计岗位的是(   )。
    A. 稽核岗位   B. 出纳岗位
    C. 财产物资收发岗位   D. 总账岗位
3. 下列属于初级会计专业职务的是(   )。
    A. 助理会计师   B. 会计师   C. 注册会计师   D. 会计从业资格
4. 下列不属于企业内部控制应当遵循的原则是(   )。
    A. 全面性原则   B. 可比性原则   C. 重要性原则   D. 制衡性原则

5. 根据支付结算办法的规定,发卡银行对贷记卡持卡人未偿还最低还款额的行为,应当按最低款额未还部分的一定比例收取滞纳金,该比例为( )。
   A. 最低还款额未还部分的3%   B. 最低还款额未还部分的1%
   C. 最低还款额未还部分的10%   D. 最低还款额未还部分的5%

6. 汇款人将款项交存当地出票银行,由出票银行签发的,由其在见票时按照实际结算金额无条件支付给收款人或者持票人的票据是( )。
   A. 银行汇票   B. 银行本票   C. 商业承兑汇票   D. 银行承兑汇票

7. 根据票据法律制度的规定,商业汇票的持票人没有在规定期限内提示付款的,其法律后果是( )。
   A. 持票人丧失全部票据权利
   B. 持票人在作出说明后,承兑人仍然承担票据责任
   C. 持票人在作出说明后,背书人仍然承担票据责任
   D. 持票人在作出说明后,可以行使全部票据权利

8. 除特殊情况外,签发支票可使用( )填写。
   A. 碳素笔   B. 圆珠笔   C. 铅笔   D. 蜡笔

9. 在我国境内销售进口货物或者提供加工、修理、修配劳务,以及应纳税服务的单位和个人,为( )的纳税人。
   A. 资源税   B. 消费税   C. 土地增值税   D. 增值税

10. 能够进行停业、复业登记的纳税人的税款征收方式是( )。
    A. 查账征收   B. 核定征收   C. 定期定额征收   D. 查验征收

11. 纳税人在停业期间发生纳税义务的,应当( )。
    A. 按规定申报缴纳税款   B. 免予征收税款
    C. 减半征收税款   D. 在停业期满后统一征收税款

12. 我国个人所得税的工资、薪金所得适用的税率为( )。
    A. 20%   B. 25%   C. 3%~45%   D. 5%~35%

13. 根据《预算法》的规定,下列各项中,负责批准各级预算和预算执行情况的报告的是( )。
    A. 本级人民代表大会   B. 本级人民代表大会常务委员会
    C. 本级政府财政部门   D. 本级政府审计部门

14. 根据《预算法》的规定,我国国家预算级次总数是( )。
    A. 五级   B. 四级   C. 六级   D. 三级

15. 财政支出支付方式中,由财政部开具支付令,通过国库单一账户体系将资金直接支付到收款人或用款单位账户的方式称为( )。
    A. 财政直接支付   B. 财政授权支付   C. 财政委托支付   D. 财政集中支付

16. 下列各项国库单一账户体系的账户中能够提取现金的是( )。
    A. 国库单一账户   B. 财政部门零余额账户
    C. 预算单位零余额账户   D. 预算外资金财政专户

17. 会计人员违反职业道德,情节严重的,由( )吊销其会计从业资格证书。
    A. 工商行政管理部门   B. 人事管理部门

C. 财政部门　　　　　　　　　　　D. 会计行业组织

18. 以下部门中,对会计职业道德建设进行组织推动的部门是( )。
   A. 财政部门　　　　　　　　　　B. 工商管理部门
   C. 审计部门　　　　　　　　　　D. 会计自律行业组织

19. 下列属于注册会计师行业自律组织的是( )。
   A. 财政部会计司　　　　　　　　B. 审计署指导司
   C. 中国注册会计师协会　　　　　D. 中国会计学会

20. 在我国,组织和推动会计职业道德建设,并对相关工作依法行政的机构是( )。
   A. 工商行政管理部门　　　　　　B. 财政部门
   C. 会计行业组织　　　　　　　　D. 其他机构

二、多项选择题

21. 下列各项中,属于会计档案管理的内容包括( )。
   A. 立卷　　　B. 归档　　　C. 查阅　　　D. 销毁

22. 下列各项中,一般情况下属于会计岗位的有( )。
   A. 药房收费员　　　　　　　　　B. 会计机构负责人
   C. 出纳岗位　　　　　　　　　　D. 财产物资增减核算

23. 某公司由于经营不善,亏损已成定局。为了实现公司提出的当年实现利润100万元的目标,公司负责人钟某指使财务部会计人员余某在会计账簿上做一些"技术处理",余某请示财务经理张某后遵照办理。该公司行为尚未构成犯罪,则财政部门对该公司及相关人员的处罚正确的有( )。
   A. 对公司负责人钟某处以4万元的罚款
   B. 吊销余某的会计从业资格证书
   C. 对财务部经理处以2 500元的罚款
   D. 对该公司予以通报的同时,并处8万元的罚款

24. 下列属于《会计法》规定的行政责任的形式有( )。
   A. 责令限期改正　　　　　　　　B. 通报
   C. 罚款　　　　　　　　　　　　D. 行政处分

25. 下列属于办理支付结算主体的有( )。
   A. 城市信用合作社　　　　　　　B. 个人
   C. 单位　　　　　　　　　　　　D. 个体工商户

26. 现金的使用范围包括( )。
   A. 个人劳务报酬　　　　　　　　B. 向个人收购农副产品
   C. 出差人员必须随身携带的差旅费　D. 结算起点1 000元以下的零星支出

27. 银行本票的重要特征包括( )。
   A. 银行本票的出票人资格有限制
   B. 银行以外的法人单位可以签发银行本票
   C. 银行本票仅限于见票即付
   D. 银行本票是一种信用证券

28. 依据《票据法》的规定,下列有关票据保证的说法中,正确的有( )。
    A. 未记载被保证人名称的,已经承兑的票据,承兑人为被保证人
    B. 保证不得附条件,附有条件的,不影响对票据的保证责任
    C. 保证人在票据或者粘单上未记载保证日期的,出票日期为保证日期
    D. 保证人清偿票据债务后,可以行使持票人对被保证人及其前手的追索权

29. 下列不属于地方税的有( )。
    A. 房产税　　　　B. 企业所得税　　　C. 消费税　　　　D. 车船使用税

30. 属于中央地方共享税的有( )。
    A. 增值税　　　　　　　　　　　　B. 消费税
    C. 城市维护建设税　　　　　　　　D. 关税

31. 流转税类包括( )。
    A. 消费税　　　　B. 增值税　　　　C. 关税　　　　　D. 车辆购置税

32. 纳税人税务登记内容发生了根本性变化,需终止履行纳税义务时向税务机关申报办理的税务登记手续不应是( )。
    A. 开业登记　　　B. 变更登记　　　C. 注销登记　　　D. 停业登记

33. 下列关于实行国库集中收付制度作用的表述,正确的有( )。
    A. 有利于提高财政资金的拨付效率和规范化运作程度
    B. 有利于加强对收入缴库和支出拨付过程的监管
    C. 有利于预算单位用款及时和便利
    D. 有利于增强财政资金收付过程的透明度

34. 下列关于实行国库集中收付制度作用的表述,正确的有( )。
    A. 有利于提高财政资金的拨付效率和规范化运作程度
    B. 有利于加强对收入缴库和支出拨付过程的监管
    C. 有利于预算单位用款及时和便利
    D. 有利于增强财政资金收付过程的透明度

35. 财政收入收缴方式包括( )。
    A. 财政支付　　　B. 直接缴库　　　C. 集中汇缴　　　D. 自收汇缴

36. 下列可以对政府采购进行监督的有( )。
    A. 财政部门　　　B. 审计部门　　　C. 监察部门　　　D. 相关主管部门

37. 对于会计职业组织实施的职业道德惩戒,可采取下列( )方式进行。
    A. 通报批评　　　　　　　　　　　B. 罚款
    C. 取消其会员资格　　　　　　　　D. 支付费用

38. 会计职业道德检查与奖惩的意义是( )。
    A. 具有促使会计人员遵守职业道德规范的作用
    B. 可以对各种会计行为进行裁决
    C. 有利于形成抑恶扬善的社会环境
    D. 对会计人员具有深刻的教育作用

39.《会计基础工作规范》规定："（　　）应当定期检查会计人员遵守职业道德的情况，并作为会计人员晋升、晋级、聘任专业职务，表彰奖励的重要考核依据。"

    A. 财政部门　　　　　　　　　　B. 业务主管部门

    C. 各单位　　　　　　　　　　　D. 各级政府

40. 财政部门的组织推动会计职业道德建设可以采用的宣传形式有（　　）。

    A. 演讲　　　　B. 论坛　　　　C. 竞赛　　　　D. 有奖征文

三、判断题

41.《总会计师条例》和《企业财务会计报告条例》均属于会计行业行政法规。（　　）

42. 填制的所有记账凭证都必须附有原始凭证并注明原始凭证的张数。（　　）

43. 单位会计主管人员对财务报表的真实性、完整性负责。（　　）

44. 会计人员临时离职或因病不能工作，会计机构负责人（会计主管人员）或单位负责人必须指定有关人员接替或者代理，并办理会计工作交接手续。（　　）

45. 出票人签发商业汇票之后，则付款责任由承兑人承担。（　　）

46. 商业汇票的提示承兑期限一律为自出票日起1个月内。（　　）

47. 银行承兑汇票都是由银行承兑的。（　　）

48. 签发支票必须使用碳素墨水笔书写。（　　）

49. 税法按照法律级次划分，可分为税收法律和税收行政法规。（　　）

50. 增值税专用发票的记账联作为购买方报送主管税务机关认证和留存备查的凭证。（　　）

51. 可不办理税务登记的扣缴义务人发生扣缴义务，向机构所在地的主管税务机关申报办理扣缴税款登记，由于没有税务登记，因此不予核发扣缴税款登记证件。（　　）

52. 扣缴义务人向个人支付应纳税所得额时，只有对于属于本单位的员工才予以代扣代缴，不属于本单位的员工由个人自行申报缴纳。（　　）

53. 预算草案是各级政府、各部门、各单位编制的，具有法律效力的国家预算。（　　）

54. 部门预算既包括行政单位预算，又包括其下属的事业单位预算。（　　）

55. 预算，是指中央预算，是国家对会计年度内的收入和支出的预先结算。（　　）

56. 各部门的职权，是指与财政部门直接发生预算缴款、拨款关系的企业和事业等各单位的职权。（　　）

57. 法律惩罚和道德惩罚两者是并行不悖、不可替代的，应同时并举。（　　）

58. 财政部门只能通过将执法检查与会计职业道德检查相结合的途径来实现对会计职业道德的检查。（　　）

59. 会计行业的自律机制是由财政部门组织建立的。（　　）

60. 加强会计职业道德建设，既是提高广大会计人员素质的一项基础性工作，又是一项复杂的社会系统工程；不仅是某一个单位、某一个部门的任务，也是各地区、各部门、各单位的共同责任。（　　）

四、案例分析题

（一）某公司2016年工作中存在以下情况：

（1）会计人员甲将工作中知悉的商业秘密告诉了自己的好朋友，导致公司损失100万元。

(2) 会计人员乙努力学习理论知识,抓住公司经营管理中的薄弱环节,以强化成本核算和管理为突破口,将成本逐层分解至各部门实行过程控制,大大降低成本,提高了经济效益。

(3) 公司要向银行贷款,要求会计人员丙作假账,丙遵照办理。

(4) 公司处理一批报废汽车收入2万元,公司领导要求不在公司收入账上反映,指定会计人员丁另行保管,以便应酬所用,遭到丁的拒绝。公司将丁解雇。

(5) 公司为加强对会计人员的职业道德建设,组织了一次座谈会。

根据上述情况,回答下列问题:

61. 会计人员甲违反的会计职业道德的要求包括( )。
 A. 爱岗敬业 B. 诚实守信 C. 坚持准则 D. 客观公正

62. 会计人员乙坚持的会计职业道德的要求有( )。
 A. 诚实守信 B. 参与管理 C. 坚持准则 D. 强化服务

63. 会计人员丙违反的会计职业道德要求有( )。
 A. 爱岗敬业 B. 诚实守信 C. 坚持准则 D. 客观公正

64. 关于公司解聘会计人员丁的说法正确的有( )。
 A. 属于公司正常行使人事权
 B. 构成对丁的打击报复
 C. 对丁应当给予经济上的补偿
 D. 对丁应当恢复其名誉和原有职务、级别

65. 下列关于公司座谈会上的观点正确的包括( )。
 A. 会计人员与其他单位财务人员交流隐瞒业务收入的做法属于提高技能
 B. 公司生产经营决策是领导的事,与会计人员无关,所以没有必要参与,也没有必要过问
 C. "理万金分文不沾"、"常在河边走,就是不湿鞋",这两句话体现了会计职业道德强化服务的要求
 D. 出纳人员向银行工作人员请教辨别假钞的技术符合会计职业道德提高技能的要求

(二) 税务机关在税务检查时,发现个体工商户李伟涉嫌少缴税款6 000元,经查其中3 000元是因为李伟自己故意少报造成的,另3 000元是由于税务机关错算造成的。税务机关立即扣押了李伟妻子上下班用的价值2 000元的电动车,要求李伟在10日内到税务机关补缴税款和滞纳金。但3天后发现李伟有转移、隐匿其应纳税商品的行为,于是又查封了李伟价值7 000元的商品。

根据上述资料,回答下列问题。

66. 发现李伟涉嫌不缴税款时( )。
 A. 税务机关采取扣押电动车的措施是不正确的
 B. 可以要求李伟限期缴纳少缴的税款
 C. 因税务机关错算造成的3 000元不应当要求李伟缴纳
 D. 可以要求李伟提供担保

67. 发现李伟有转移、隐匿其应纳税商品的行为时( )。
 A. 税务机关可以拍卖扣押的电动车

B. 可以要求李伟提供担保

C. 李伟拒不提供但保,税务人员可当场采取查封措施

D. 李伟拒不提供担保,经税务局局长批准可以查封 7 000 元的商品

68. 李伟拒不按期缴纳少缴税款(　　)。

A. 税务机关可以采取强制保全措施

B. 税务机关可以拍卖扣押的电动车

C. 税务机关不可以拍卖扣押的电动车

D. 经税务局局长批准可以拍卖价值 6 000 元的商品

69. 税务机关对于李伟的少缴税款的行为(　　)。

A. 可以处以罚金

B. 对 6 000 元少缴税款加收滞纳金

C. 对李伟造成的 3 000 元可以加收滞纳金

D. 对税务机关造成的 3 000 元不可以加收滞纳金

70. 下列关于追征期的表述,正确的是(　　)。

A. 对 6 000 元少缴款,如果发生在 3 年前,则不再征收

B. 对于税务机关造成的 3 000 元,如果发生在 3 年前,则不再征收

C. 对于李伟造成的 3 000 元,如果发生在 3 年前,则不再征收

D. 对于李伟造成的 3 000 元,无论发生在几年前都可以要求其补缴

综合练习(四)

一、单项选择题

1. (　　)是调整经济关系中各种会计关系的法律规范。

A. 会计法　　　B. 会计行政法规　　C. 会计法律制度　　D. 会计规章

2. 授意、指使、强令会计机构和会计人员及其他人员伪造、变造会计凭证、会计账簿,编制虚假财务会计报告,尚未构成犯罪的,应当根据《会计法》的有关规定,由县级以上人民政府财政部门对违法行为人处以(　　)的罚款。

A. 3 000 元以上 5 万元以下　　　　B. 5 000 元以上 5 万元以下

C. 3 000 元以上 10 万元以下　　　　D. 5 000 元以上 10 万元以下

3. 根据《中华人民共和国会计法》的规定,任用会计人员不符合《会计法》规定的单位,县级以上人民政府财政部门责令限期改正,并可以处(　　)。

A. 2 000 元以上 5 万元以下的罚款　　B. 2 000 元以上 2 万元以下的罚款

C. 3 000 元以上 5 万元以下的罚款　　D. 4 000 元以上 5 万元以下的罚款

4. 报名参加会计专业技术中级资格考试的人员,如果取得大学本科学历的,那么从事会计工作应满(　　)年。

A. 4　　　　　　B. 5　　　　　　C. 3　　　　　　D. 2

5. 下列关于背书的说法中正确的是( )。
   A. 背书是指汇票付款人承诺在汇票到期日支付汇票金额并签章的行为
   B. 背书指的就是非转让背书
   C. 非转让背书是将一定的票据权利授予他人行使
   D. 非转让背书指的就是质押背书

6. 票据可以充当支付工具代替现金使用,体现票据的( )功能。
   A. 支付功能　　　B. 汇兑功能　　　C. 信用功能　　　D. 结算功能

7. 银行在银行结算账户的使用中,超过期限或未向中国人民银行报送账户开立、变更、撤销等资料,应处以( )的罚款。
   A. 5 000元以上3万元以下　　　　B. 5 000元以上5万元以下
   C. 3 000元以上3万元以下　　　　D. 3 000元以上5万元以下

8. 下列各项中,属于中国人民银行对银行结算账户管理内容的是( )。
   A. 加强对预留银行签章的管理
   B. 加强对开户许可证的管理
   C. 应妥善保管其密码
   D. 负责基本存款账户、临时存款账户和预算单位专用存款账户开户许可证的管理

9. 某公司进口一批电脑,海关审定的关税完税价格为600万元,关税30万元,则下列说法中正确的是( )。
   A. 该公司应缴纳的进口增值税为102万元
   B. 该公司取得的进口增值税专用缴款书不能作为国内销售商品的进项税额抵扣凭证
   C. 该公司的纳税义务发生时间为货物到港的当天
   D. 该公司的纳税地点为报关地海关

10. 根据我国增值税法律制度的规定,某会计师事务所2016年取得的含税收入为350万元,则应纳增值税为( )万元。
    A. 21　　　　B. 19.81　　　　C. 10.19　　　　D. 10.5

11. 某演员参加商业演出,一次性获得表演收入50 000元,该演员应缴纳个人所得税的税额为( )元。
    A. 6 000　　　　B. 8 000　　　　C. 10 000　　　　D. 13 000

12. 根据《个人所得税法》的规定,下列各项中,不适用代扣代缴方式纳税的是( )。
    A. 稿酬所得　　　　　　　　B. 工资薪金所得
    C. 个体工商户生产经营所得　　D. 劳务报酬所得

13. 根据国库集中收付制度的规定,国库单一账户在( )中使用。
    A. 国库会计　　　　　　　　B. 财政总预算会计
    C. 行政单位会计　　　　　　D. 事业单位会计

14. 竞争性谈判方式,是指要求采购人就有关采购事项,与不少于( )家供应商进行谈判。
    A. 2　　　　B. 3　　　　C. 4　　　　D. 5

15. 采购人或其委托的政府采购代理机构通过与多家供应商就采购事宜进行谈判,经分析比较后从中确定中标供应商的采购方式属于( )。

   A. 公开招标　　　B. 竞争性谈判　　　C. 邀请招标　　　D. 单一来源

16. 根据《政府采购法》的规定,A市人民政府需要采购一批货物,这批货物具有特殊性,只能从有限范围的供应商处采购,那么A市人民政府适用的政府采购方式是( )。

   A. 公开招标方式　　　　　　　　B. 邀请招标方式
   C. 竞争性谈判方式　　　　　　　D. 单一来源方式

17. 下列各项中,属于注册会计师行业自律组织的是( )。

   A. 财政部会计司　　　　　　　　B. 审计署指导司
   C. 中国注册会计师协会　　　　　D. 中国会计学会

18. ( )是把外在的职业道德的要求,逐步转变为会计人员内在的职业道德情感、职业道德意志和职业道德信念。

   A. 慎独慎欲　　　B. 自我修养　　　C. 慎省慎微　　　D. 自警自励

19. 会计职业道德教育的主要内容包括( )。

   A. 会计职业道德观念教育、会计职业道德警示教育、会计职业道德规范教育
   B. 会计职业道德信念教育、会计职业道德权利教育、会计职业道德荣誉教育
   C. 会计职业道德警示教育、会计职业道德义务教育、会计职业道德荣誉教育
   D. 会计职业道德信念教育、会计职业道德义务教育、会计职业道德法制观念教育

20. 爱岗敬业、诚实守信、廉洁自律、客观公正、坚持准则、提高技能、参与管理和强化服务等,这些均是( )的主要内容。

   A. 会计职业道德观念教育　　　　B. 会计职业道德规范教育
   C. 会计继续教育　　　　　　　　D. 会计职业道德警示教育

二、多项选择题

21. 隐匿或者故意销毁依法应当保存的会计凭证、会计账簿、财务会计报告,尚不构成犯罪的,由县级以上人民政府财政部门予以通报,可以依法对单位并处罚款。下列关于此种情形下处以罚款数额的表述,不正确的有( )。

   A. 500元以上10万元以下　　　　B. 5 000元以上10万元以下
   C. 5万元以上10万元以下　　　　D. 5 000元以上5万元以下

22. 《会计法》规定,对单位处5 000元以上10万元以下罚款的行为有( )。

   A. 伪造、变造会计凭证、会计账簿,编制虚假财务会计报告
   B. 隐匿应当保存的财务会计报告
   C. 故意销毁应当保存的会计凭证
   D. 不依法设置会计账簿

23. 根据《会计法》的规定,伪造、变造、隐匿或故意销毁会计资料的行政责任包括( )。

   A. 通报
   B. 责令限期改正
   C. 罚款和行政处分
   D. 对相关会计人员吊销会计从业资格证

24. 我国会计专业人才评价包括(　　)。
    A. 初级、中级、高级会计人才机制
    B. 会计行业领军人才的培养评价
    C. 财政部和地方财政部门对先进会计工作者的表彰奖励
    D. 会计人员整体素质的培养评价

25. 下列关于票据的特征表述正确的有(　　)。
    A. 票据作为依《票据法》发行的、以无条件支付一定金额为目的的一种有价证券，具有自己独特的性质
    B. 持票人可以就票据上所载的金额向特定票据债务人行使其请求权，其性质是债权，所以票据是债权凭证
    C. 就债权的标的而言，持票人享有的权利就是请求债务人给付一定的金钱。所以，票据是一种金钱凭证
    D. 票据是一种设权证券，票据上所表示的权利，是由出票这种票据行为而创设的，没有票据，就没有票据上的权利

26. 银行在银行结算账户的使用中，为储蓄账户办理转账结算，应给予的处罚包括(　　)。
    A. 给予警告，并处以5 000元以上3万元以下的罚款
    B. 对该银行直接负责的高级管理人员、其他直接负责的主管人员、直接责任人员按规定给予纪律处分
    C. 情节严重的，中国人民银行有权停止对其开立基本存款账户的核准
    D. 构成犯罪的，移交司法机关依法追究刑事责任

27. 存款人的(　　)的变更事项未在规定期限内通知银行的，给予警告并处以1 000元的罚款。
    A. 法定代表人地址   B. 主要负责人地址
    C. 存款人地址   D. 其他开户资料

28. 对于非经营性的存款人，给予警告并处以1 000元罚款；对于经营性的存款人，给予警告并处以5 000元以上3万元以下的罚款的情形包括(　　)。
    A. 从基本存款账户之外的银行结算账户转账存入、或现金存入单位信用卡账户
    B. 将销货收入存入单位信用卡账户
    C. 将现金存入单位信用卡账户
    D. 出租银行结算账户

29. 下列各项中，对当期企业所得税应纳税所得额的计算有影响的项目包括(　　)。
    A. 本期已经收到的但不属于本期的收入
    B. 本期尚未收到的属于本期的收入
    C. 政府性基金收入
    D. 企业所得税税款

30. 我国的居民企业包括(　　)。
    A. 国有企业   B. 私营企业   C. 联营企业   D. 外商投资企业

31. 甲企业委托乙企业加工应税消费品,可以向( )解缴消费税税款。
   A. 甲企业机构所在地 B. 甲企业居住地
   C. 乙企业机构所在地 D. 乙企业居住地

32. 下列各项中,关于从价定率计征的消费税额的计算,正确的有( )。
   A. 应纳税额 = 不含增值税的销售额 × 比例税率
   B. 应纳税额 = 含增值税的销售额 × 比例税率
   C. 应纳税额 = 含增值税的销售额/(1 + 增值税税率或者征收率) × 比例税率
   D. 应纳税额 = 不含增值税的销售额/(1 + 增值税税率或者征收率) × 比例税率

33. 采购代理机构分为( )。
   A. 一般采购代理机构 B. 特殊采购代理机构
   C. 集中采购代理机构 D. 分散采购代理机构

34. 下列各项中,( )属于政府采购供应商应承担的义务。
   A. 遵守政府采购的各项法律、法规和规章制度
   B. 按规定接受供应商资格审查,并在资格审查中客观真实地反映自身情况
   C. 在政府采购活动中,满足采购人或采购代理机构的正当要求
   D. 投标中标后,按规定程序签订政府采购合同并严格履行合同义务

35. 政府采购中公平竞争原则的作用体现在( )。
   A. 推进我国政府采购市场向竞争更为充分、运行更为规范、交易更为公平的方向发展
   B. 能够增强公众对采购过程的信任
   C. 使采购人获得价格低廉、质量有保证的货物、工程和服务
   D. 有利于提高企业的竞争能力

36. 下列关于决算的审批程序,表述错误的有( )。
   A. 由国务院财政部门编制的中央决算草案,经国务院审定后,由国务院提请全国人大批准
   B. 由国务院财政部门编制的中央决算草案,报国务院审定后,由国务院提请全国人大常委会审批
   C. 由县级以上地方各级政府财政部门编制的本级决算草案,经本级政府审定后,由本级人大常委会审批
   D. 由镇政府编制的本级决算草案,由本级财政部门审批

37. 会计职业道德中"强化服务"要求会计人员( )。
   A. 正确处理各部门之间及上下级之间的关系
   B. 坚持原则及准则的基础上满足服务主体的需求
   C. 端正服务态度
   D. 努力维护和提升会计职业的良好社会形象

38. 张某系某代理记账公司提供专业服务的会计人员,为了遵循会计职业道德强化服务的要求,张某为客户提供的下列服务中,正确的有( )。
   A. 利用专业知识向委托单位提出偷税的建议
   B. 向委托单位提出改进内部控制的建议和意见

C. 在委托单位举办财会知识培训班宣讲会计法律制度,帮助树立依法理财观念
D. 为帮助委托单位负责人完成业绩考核任务,提出将银行借款利息挂账处理的建议

39. 参与管理要求会计人员(　　)。
　　A. 为管理者当参谋　　　　　　　B. 主动提出合理化建议
　　C. 代替领导决策　　　　　　　　D. 积极参与管理

40. "提高技能"既是会计职业道德规范的基本要求,也是会计人员胜任本职工作的重要条件。下列各项中,属于会计技能的内容有(　　)。
　　A. 提供会计信息的能力　　　　　B. 会计实务能力
　　C. 职业判断能力　　　　　　　　D. 沟通职业经验

三、判断题

41. "小金库"属于私设会计账簿的行为。(　　)
42. 任用会计人员不符合《会计法》规定的行为,只是指单位任用无会计从业资格证书的人员从事会计工作的行为。(　　)
43. 取得大学专科学历的人员报名参加会计专业技术中级资格考试的,还应当满足从事会计工作满4年的条件。(　　)
44. 初级会计资格考试分初级会计实务、经济法基础两个科目,参加初级会计资格考试的人员在两个考试年度内通过全部科目的考试。(　　)
45. 保证是指票据债务人为担保特定债务人履行票据债务而在票据上记载有关事项并签章的行为。(　　)
46. 银行在银行结算账户的开立中,明知或应知是单位资金,而允许以自然人名称开立账户存储的,应给予警告,并处以5 000元以上3万元以下的罚款。(　　)
47. 个人持申请人为单位的银行汇票和银行本票向开户银行提示付款,将款项转入其个人银行结算账户的,应出具符合规定的有关收款依据。(　　)
48. 根据《账户管理办法》的有关规定,存款人申请开立个人存款账户时,应填制开户申请书,提供规定的证明文件。(　　)
49. 某大学老师给某企业做一次演讲取得的收入,应按照偶然所得计算个人所得税。(　　)
50. 税务登记是整个税收征收管理的起点。(　　)
51. 纳税人因住所、经营地点变动,不涉及改变税务登记机关的,应办理注销税务登记。(　　)
52. 纳税人发生年度亏损的,可以用下一纳税年度的所得弥补;下一纳税年度的所得不足以弥补的,可以用接下来实现盈利的5年利润税前弥补。(　　)
53. 所有财政性资金的收入、支付、存储及资金清算活动均在国库单一账户体系运行。(　　)
54. 国库单一账户体系是指以国库存款账户为核心的各类财政性资金账户的集合。(　　)
55. 政府采购方式中,询价是指只考虑价格因素,要求采购人向3家以上潜在的供应商发出询价单,对一次性报出的价格进行比较,最后按照符合采购需求、质量和服务相等且报

价最低的原则,确定成交供应商的方式。( )

56. 对于审计机关依法对政府采购进行的审计,有关单位和个人应积极配合,不得拒绝,否则应承担相应的法律责任。( )

57. 会计学历教育是强化会计职业道德教育的有效形式。( )

58. 会计职业道德教育的接受教育即外在教育,是以会计人员职业责任、职业义务为核心内容的正面灌输,以规范其职业行为,维护国家和社会公众利益的教育。( )

59. 如果说爱岗敬业是职业道德的出发点,那么,强化服务、奉献社会就是职业道德的归宿点。( )

60. 强化服务、奉献社会是职业道德的归宿点。( )

四、案例分析题

(一)甲公司为 A 公司开了一张人民币 20 万元的汇票,上面记载有如下内容:

金额 20 万元,收款人为 A 公司,付款人为交通银行某支行,出票日期为 2016 年 10 月 10 日,没有记载付款日期。

A 公司背书转让给乙公司。

乙公司为支付合同款,背书转让给 B 公司,并记载"不得转让"字样。

B 公司又背书转让给 C 公司,C 公司怕有问题,要求 B 公司找两个保证人,B 公司的搭档公司 D 公司和 E 公司没有在票据上签保证字样,而是另行签订保证合同,并写明一旦银行拒付,各自承担 10 万元的赔偿款责任。

2016 年 10 月 30 日持票人 C 公司到付款人处要求付款。

根据上述材料,回答下列问题:

61. C 公司受让票据时,该票据的主债务人是( )。
   A. 甲公司   B. 交通银行某支行
   C. A 公司   D. B 公司

62. 关于此汇票的说法中正确的有( )。
   A. 需要持票人在 2016 年 11 月 10 日前到交通银行某支行提示承兑
   B. 需要持票人在 2016 年 11 月 10 日前到交通银行某支行提示付款
   C. 此汇票未记载付款日期、属于无效票据
   D. 此汇票属于见票即付的商业汇票

63. 一旦付款人拒绝付款,C 公司可以要求( )支付 20 万元。
   A. 甲公司   B. 乙公司   C. A 公司   D. B 公司

64. 下列说法正确的有( )。
   A. B 公司将记载"不得转让"字样的票据背书转让给 C 公司,该背书转让有效
   B. C 公司不享有票据权利
   C. 乙公司对 C 公司不承担票据责任
   D. B 公司将记载"不得转让"字样的票据背书转让给 C 公司,该背书转让无效

65. 关于该票据的保证人的说法正确的有( )。
   A. D 公司和 E 公司承担票据保证责任
   B. D 公司和 E 公司不承担票据保证责任
   C. 票据保证人可以由债务人自己担任

D. 票据保证人由债务人以外的第三人担任

（二）某市罐头厂为增值税一般纳税人,2016 年 5 月份的购销情况如下：

（1）填开增值税专用发票销售应税货物,不含税销售额达到 850 000 元；

（2）填开普通发票销售应税货物,销售收入 42 120 元；

（3）购进生产用原料的免税农业产品,农产品收购发票注明买价 580 000 元；

（4）购进辅助材料 128 000 元,增值税专用发票注明税额 21 760 元,支付运输货物的不含税运费 1 000 元,并取得运输企业开具的增值税专用发票；

（5）该罐头厂用价值 20 000 元(不含增值税)的罐头换进某糖精厂一批糖精,换进糖精的价值是 18 000 元(不含增值税),双方均开具了增值税专用发票。

上述专用发票都通过了相关认证。

根据上述资料,回答下列问题：

66. 该罐头厂 2016 年 5 月增值税的销项税额是(　　)元。
    A. 144 500　　　　B. 6 120　　　　C. 154 020　　　　D. 150 620

67. 该罐头厂 2016 年 5 月增值税的进项税额是(　　)元。
    A. 75 400　　　　B. 100 330　　　　C. 3 060　　　　D. 21 760

68. 该罐头厂 2016 年 5 月应纳增值税额是(　　)元。
    A. 53 690　　　　B. 3 060　　　　C. 155 550　　　　D. 91 550

69. 按照外购固定资产处理方式的不同,可将增值税划分为(　　)。
    A. 生产型增值税　　B. 收入型增值税　　C. 服务型增值税　　D. 消费型增值税

70. 增值税的纳税期限为(　　)。
    A. 1 日　　　　B. 1 个月　　　　C. 1 个季度　　　　D. 1 年

综合练习（五）

一、单项选择题

1. 下列各项中,不符合内部牵制的要求的是(　　)。
    A. 出纳人员管票据　　　　　　B. 出纳人员管有价证券
    C. 出纳人员管现金　　　　　　D. 出纳人员兼会计档案保管

2. 下列各项中,属于持有会计从业资格证书的人员参加继续教育采取的管理制度是(　　)。
    A. 末尾淘汰　　　　B. 学分制　　　　C. 六十分及格　　　　D. 学习时间固定

3. 有不依法设置会计账簿行为的,由法定机关责令限期改正,可以对单位,直接负责的主管人员和其他直接责任人员处以罚款,这里的法定机关是(　　)。
    A. 县级以上人民政府财政部门　　　　B. 国家财政部
    C. 省级以上人民政府财政部门　　　　D. 市级以上人民政府财政部门

4. 下列各项中,不属于会计资料的是( )。
   A. 财务报表   B. 会计账簿   C. 招聘计划   D. 会计凭证
5. 下列关于当年形成的会计档案,在会计年度终了之后,可暂由会计机构保管的时间是( )。
   A. 6个月   B. 3年   C. 2年   D. 1年
6. 下列有关票据承兑的各项表述中,不正确的是( )
   A. 出票后定期付款的汇票,持票人应当在汇票到期日向付款人提示承兑
   B. 见票后定期付款的汇票,持票人应当自出票日起1个月内向付款人提示承兑
   C. 定日付款的商业承兑汇票,持票人应当在汇票到期日前向付款人提示承兑
   D. 见票即付的汇票无需提示承兑
7. 现金结算的特点是( )
   A. 安全性高   B. 直接便利
   C. 易于宏观控制和管理   D. 费用较低
8. 银行结算账户的监督管理部门是( )。
   A. 开户银行   B. 财政部门   C. 银监会   D. 中国人民银行
9. 填写票据大写金额时,人民币15 308.09元正确的书写是( )
   A. 人民币壹万伍仟叁佰零捌元零玖分整
   B. 人民币壹万伍仟叁佰零捌元玖分
   C. 人民币壹万伍仟叁佰零捌元零玖分
   D. 一万伍仟叁佰零捌元零玖分
10. 下列选项中,不属于税收特征的是( )
    A. 固定性   B. 无偿性   C. 自愿性   D. 强制性
11. 税收按征税对象分,消费税是( )类型。
    A. 工商税   B. 行为税   C. 流转税   D. 中央税
12. 下列选项中,不属于增值税的类型是( )。
    A. 收入型增值税   B. 消耗性增值税   C. 消费型增值税   D. 生产性增值税
13. 发生纳税义务,未按照规定的期限办理纳税申报,经税务机关责令限期申报,逾期不申报的纳税人,适用的税款征收方式是( )
    A. 核定征收   B. 查定征收   C. 双定征收   D. 委托代征
14. 下列关于参加政府采购活动的供应商在经济活动中不能有重大违法记录,说法正确的是( )。
    A. 参加政府采购活动前3年里不能有重大违法记录
    B. 参加政府采购活动前4年里不能有重大违法记录
    C. 参加政府采购活动前2年里不能有重大违法记录
    D. 参加政府采购活动前1年里不能有重大违法记录
15. 某政府部门拟组织社会科研力量对一项政策进行立项研究,全国范围内有3家大学的管理学院有能力承担此项目,该任务的要求是非常明确的,在此种状况下,该项目可以采用的采购方式是( )
    A. 单一来源   B. 竞争性谈判   C. 邀请招标   D. 询价

16. 下列各项中,代表政府设置国库单一账户体系的是( )
    A. 中国人民银行　　B. 国有商业银行　　C. 政府机关　　D. 财政部门
17. 下列关于会计职业道德表述中,正确的是( )
    A. 会计职业道德由国家强制力保障实施
    B. 会计职业道德反映统治者的意志和愿望
    C. 会计职业道德不要求调整会计人员的外在行为
    D. 会计职业道德具有相对稳定性和广泛的社会性
18. 下列各项中,属于"理万金分文不沾"体现的会计职业道德是( )。
    A. 提高技能　　B. 强化服务　　C. 廉洁自律　　D. 参与管理
19. 强化服务意识、提高服务质量这一要求体现的会计职业道德是( )。
    A. 廉洁自律　　B. 提高技能　　C. 参与管理　　D. 强化服务
20. 下列关于会计职业道德建设组织与实施的表述中,不正确的是( )。
    A. 财政部门的组织推动　　　　B. 社会各界的监督与配合
    C. 企业的行业自律　　　　　　D. 企业事业单位的奖励

二、多项选择题

21. 授意、指使、强令会计机构、会计人员及其他人员伪造、变造会计凭证、会计账簿,编制虚假财务会计报告或者隐匿、故意销毁依法应当保存的会计凭证、会计账簿、财务会计报告,尚不构成犯罪的,除依法可处以规定数额的罚款外,对于国家工作人员的,还应当由其所在单位或者有关单位依法给予的行政处分有( )。
    A. 警告　　B. 开除　　C. 降级　　D. 撤职
22. 下列各项中,属于我国会计法律制度的有( )。
    A. 会计部门规章　　　　B. 会计行政法规
    C. 会计法律　　　　　　D. 地方性法规
23. 下列各项中,属于会计工作管理体制的内容有( )。
    A. 会计工作的自律管理　　B. 会计工作的行政管理
    C. 审计工作的行政管理　　D. 单位内部的会计工作管理
24. 下列各项中,属于单位内部的会计工作管理的内容有( )
    A. 单位负责人的职责　　　　B. 会计机构设置
    C. 会计人员的回避制度　　　D. 会计人员的选拔与任用
25. 下列各项中,属于会计报表的有( )。
    A. 利润表　　　　　　B. 年度生产计划表
    C. 资产负债表　　　　D. 销售汇总表
26. 下列各项中,属于注册会计师及其所在的会计师事务所法定业务范围的有( )。
    A. 检查企业执行会计法规情况　　B. 承办验资业务
    C. 检查企业会计工作情况　　　　D. 依法承办审计业务
27. 商业汇票的出票人依据《票据法》的规定完成出票行为之后,即产生票据上的效力,属于出票对收款人的效力有( )。
    A. 享有获取票据金额3%规定金额的赔偿权
    B. 享有依法转让票据权

C. 就票据金额享有付款请求权
D. 在付款请求权不能满足时,即享有追索权

28. 下列各项经济事项中,属于可以使用现金结算的有( )。
    A. 发给个人的科学技术、文化艺术、体育等各种奖金
    B. 出差人员随身携带的差旅费
    C. 对个人的各种劳保和福利费支出
    D. 个人劳务报酬

29. 根据存款人的不同,银行结算账户分为( )。
    A. 单位银行结算账户   B. 本地银行结算账户
    C. 基本存款账户   D. 个人银行结算账户

30. 以下属于银行卡按照发行主体进行分类的有( )。
    A. 境外卡   B. 借记卡   C. 贷记卡   D. 境内卡

31. 下列不可采用托收承付结算的款项有( )。
    A. 赊销的商品款
    B. 代销的货款
    C. 寄销的货款
    D. 商品交易以及由商品交易产生的劳务供应款项

32. 个人所得税的税率形式有( )。
    A. 比例税率   B. 超额累进税率
    C. 定额税率   D. 超率累进税率

33. 下列选项中,属于税收程序法的有( )。
    A. 税收管理法   B. 纳税程序法
    C. 发票管理法   D. 税务争议处理法

34. 下列各项中,构成税法三个最基本要素的有( )。
    A. 征税对象   B. 纳税义务人   C. 税率   D. 征税人

35. 下列各项中,属于国家预算支出中经济建设支出的有( )。
    A. 企业的挖潜改造支出   B. 公益性的基本建设支出
    C. 公益性的设备购置支出   D. 拨付的生产性贷款贴息支出

36. 下列各项中,对财政授权支付说法正确的有( )。
    A. 预算单位应该由财政部门授权
    B. 预算单位向代理银行签发支付指令
    C. 预算单位授权支付不能超过一定的用款额度
    D. 预算单位向中国人民银行签发支付指令

37. 下列各项中,属于会计职业道德的主要作用的有( )。
    A. 规范会计行为的基础   B. 对会计法律制度的重要补充
    C. 实现会计目标的重要保证   D. 促进企业活动的正常进行

38. 下列各项中,属于会计职业道德教育形式的有( )。
    A. 接受教育   B. 自我修养
    C. 单位培训   D. 岗位轮换

39. 下列各项中,属于财政部门为加强会计职业道德建设,可以采取的措施有( )。
   A. 将会计职业道德的内容全部予以法律化
   B. 采取多种形式组织开展会计职业道德宣传教育
   C. 将会计职业道德建设与会计从业人员管理相结合
   D. 组织开展《会计法》执法检查

40. 下列关于会计职业道德教育表述中,不正确的有( )。
   A. 会计职业道德教育的内容不包括形势教育、品德教育和法制教育
   B. 自我修养是指会计人员通过学校或培训单位的学习教育
   C. 岗前会计职业道德教育是指将要从事会计职业的人员进行的道德教育
   D. 会计职业道德教育应贯穿整个会计人员继续教育的始终

三、判断题

41. 我国《会计法》规定的法律责任主要有行政责任和刑事责任两种责任形式。( )

42. 会计关系是指会计机构和会计人员在办理会计事务过程中以及国家在管理会计工作过程中发生的各种经济关系。( )

43. 单位内部会计监督的主体是会计机构与会计人员。( )

44. 《票据法》和《票据管理实施办法》属于支付结算的法律依据。( )

45. 单位银行结算账户中单位的法定代表人发生变更时,应当于5个工作日内书面通知开户银行并提供有关证明,银行接到存款人的变更通知后,应及时变更手续,并于3个工作日内向中国人民银行报告。( )

46. 付款人委托银行、非银行金融机构或者非金融机构将现金支付给收款人不属于现金结算的渠道。( )

47. 国内信用证结算方式下,开证申请人应首先委托其开户银行办理开证业务。( )

48. 按照主权国家行使税收管辖权的不同,税法可分为国内税法、国际税法、外国税法、区域税法等。( )

49. 销售货物是指有偿转让货物的所有权。( )

50. 纳税人办理税务登记可由税务代理人代理。( )

51. 拘役是税收违法的一种刑事处罚方式。( )

52. 我国国家预算年度自公历4月1日起至3月31日止。( )

53. 南京市政府每年向江苏省政府定期报告预算执行情况的次数不少于3次。( )

54. 政府采购中的公正原则要求给予供应商在竞争过程中机会均等和待遇均等。( )

55. 预算外资金专户用于记录、核算和反映预算单位的特殊专项支出活动,并用于与国库单一账户清算。( )

56. 岗前职业道德教育包括会计专业学历教育及获取会计从业资格中的职业道德教育。( )

57. 会计职业道德检查的目的是为了清除腐败。( )

58. 对于那些自觉遵守会计职业道德规范的优秀会计工作者应进行表彰。( )

59. 会计行业组织应对不遵守会计职业道德的会计人员(会员)进行惩戒,其他部门和单位不宜处理。(　　)

60. 会计职业道德的评价方法包括政府监管、自我监督、行业自律和考核评比。(　　)

四、案例分析题

(一) 2016年3月10日,公民A在P商业银行申办了一张在银行核定的信用额度内先消费、后还款的信用卡。当月,A在特约单位B商场用该信用卡消费1万元。

根据上述资料,分析回答下列问题:

61. 下列关于发卡银行对卡内存款计付利息的说法中正确的有(　　)。
    A. 贷记卡账户内的存款计付利息　　　　B. 准贷记卡账户内的存款不计付利息
    C. 借记卡账户内的存款不计付利息　　　　D. 贷记卡账户内的存款不计付利息

62. 下列情形中,A可以办理销户的有(　　)。
    A. 4月12日,A要求注销自用的信用卡
    B. 3月11日,A的信用卡丢失并于当日挂失,4月12日要求注销该挂失的信用卡
    C. 至2017年6月7日,A的信用卡未发生过任何交易
    D. 至2018年8月30日,A信用卡未发生过任何交易

63. 如果公民A选择首月最低还款额,下列说法中正确的有(　　)。
    A. 首月最低还款额不得低于1 000元　　B. 首月最低还款额不得低于500元
    C. A不再享受免息还款期待遇　　　　　D. A仍可享受免息还款期待遇

64. 关于信用卡的使用,下列说法中正确的有(　　)。
    A. P商业银行应按规定向A收取结算手续费
    B. P商业银行应按规定向B收取结算手续费
    C. P商业银行应按规定向A、B收取结算手续费
    D. P商业银行只有在A未按期履行还款义务时才向B收取结算手续费

65. 关于公民A申办的这张信用卡的种类,下列说法中正确的有(　　)。
    A. 借记卡　　　B. 个人卡　　　C. 贷记卡　　　D. 准贷记卡

(二) 甲单位是实行国库集中支付的事业单位。2016年6月,甲单位通过询价的方式采购一台办公仪器乙设备。甲单位对两家供应商进行了询价,其中供应商丙企业进行了两次报价。

根据以上资料,请回答如下问题:

66. 下列关于甲单位采购乙设备的说法中正确的有(　　)。
    A. 采用询价方式采购时,应向三家以上供应商发出询价单
    B. 采用询价方式采购时,可以向两家供应商发出询价单
    C. 采用询价方式采购时,可以向一家供应商发出询价单
    D. 采用询价方式采购时,允许一家供应商两次报价

67. 下列各项中,属于政府采购可以采用的采购方式有(　　)。
    A. 公开招标　　　B. 询价采购　　　C. 邀请招标　　　D. 单一来源采购

68. 下列关于政府采购方式,适用询价采购方式的有(　　)。
    A. 货物规格、标准单一、现货货源充足而且价格变动幅度比较小的政府采购项目
    B. 只能从唯一供应商处采购的

C. 不能事先计算出价格总额的
D. 具有特殊性,只能从有限范围的供应商处采购的

69. 下列关于政府采购,说法正确的有(　　)。
    A. 政府采购当事人包括采购人,供应商和采购代理机构
    B. 政府采购的主体包括国有企业
    C. 政府采购的资金来源是财政性资金
    D. 政府采购的对象是货物、工程和服务

70. 下列关于政府采购原则,说法正确的是(　　)。
    A. 公开透明原则　　B. 公平竞争原则　　C. 公正原则　　D. 诚实信用原则

各部分参考答案与解析

第一部分　教材配套练习

第一章　会计法律制度

一、单选题

1.【正确答案】B
【答案解析】根据《会计法》第21条规定,单位负责人应当保证财务会计报告真实、完整。

2.【正确答案】A
【答案解析】会计法律是指由全国人民代表大会及其常务委员会经过一定立法程序制定的有关会计工作的法律,属于会计法律制度中层次最高的法律规范,是制定其他会计法规的依据,也是指导会计工作的最高准则。如《会计法》《注册会计师法》。

3.【正确答案】D
【答案解析】会计工作的政府监督主要是指财政部门代表国家对单位和单位中相关人员的会计行为实施的监督检查,以及对发现的违法会计行为实施的行政处罚。

4.【正确答案】C
【答案解析】担任单位会计机构负责人(会计主管人员)的,除取得会计从业资格证书外,还应当具备会计师以上专业技术职务资格或者具有从事会计工作3年以上经历。

5.【正确答案】A
【答案解析】会计机构负责人(会计主管人员)办理交接手续时,由单位负责人监交,必要时,主管单位可以派人会同监交。

6.【正确答案】B
【答案解析】伪造、变造会计凭证、会计账簿,编制虚假财务会计报告,构成犯罪的,依法追究刑事责任。不构成犯罪的,由县级以上人民政府财政部门予以通报,可以对单位并处五千元以上十万元以下的罚款;对其直接负责的主管人员和其他直接责任人员,可以处三千元以上五万元以下的罚款;属于国家工作人员的,还应由其所在单位或者有关单位依法给予撤职直至开除的行政处分;会计人员,由县级以上人民政府财政部门吊销会计从业资格证书。

7.【正确答案】D
【答案解析】从事会计工作的人员必须取得会计从业资格证书,才能上岗工作;未取得会计从业资格证书的人员,不得从事会计工作。

8.【正确答案】C
【答案解析】企业提供的会计信息应当具有可比性,不同时期发生的相同或者相似的交易或者事项,只有采用一致的会计政策,才能保证同一企业的可比性。

9.【正确答案】D
【答案解析】根据规定,原始凭证金额有错误的,不得在原始凭证上更正,应当由出具单位重开。

10.【正确答案】A
【答案解析】根据规定,原始凭证不得外借,其他单位如因特殊原因需要使用原始凭证时,经本单位会计机构负责人、会计主管人员批准,可以复制。

11.【正确答案】B

【答案解析】根据规定,更正错误的记账凭证可以不附原始凭证。不同内容类别的原始凭证不得汇总在一张记账凭证上。一张原始凭证所列支出需要几个单位共同负担的,应当将其他单位负担的部分,开给对方原始凭证分割单进行结算,而不应用复印件代替。如果在填制记账凭证时发生错误,应当重新填制。

12.【正确答案】C

【答案解析】根据《会计档案管理办法》的规定,库存现金和银行存款日记账的保管期限为25年。

13.【正确答案】C

【答案解析】行政事业单位建立与实施内部控制应当遵循的原则有全面性原则、重要性原则、制衡性原则、适应性原则,成本效益原则是企业内部控制应遵循的原则之一。

14.【正确答案】B

【答案解析】明确各岗位办理业务和事项的权限范围、审批程序和相关责任,建立重大事项集体决策和会签制度,这是内部授权审批控制方法。

15.【正确答案】A

【答案解析】根据我国相关会计法律制度的规定,县级以上人民政府财政部门是本行政区域内各单位会计工作的监督检查部门,对各单位会计工作行使监督权,并依法对违法会计行为实施行政处罚。而审计、税务、人民银行等部门虽然也可以对相关单位的会计资料实施监督检查,但监督检查的范围和权限不能超越相关法律的规定。

16.【正确答案】D

【答案解析】会计主管人员,是指在一个单位内负责组织管理会计事务、行使会计机构负责人职权的负责人,它不同于通常所说的"会计主管"、"主管会计"和"主办会计"等。对于在有关机构中设置会计人员的单位,其指定的负责人就是会计主管人员。

17.【正确答案】B

【答案解析】对于伪造学历、会计从业资格证书和资历证明,或者在考试期间有违纪行为的,由会计考试管理机构吊销其会计专业技术资格,由发证机关收回其会计专业技术资格证书,2年内不得再参加会计专业技术资格考试。

18.【正确答案】B

【答案解析】会计行政法规,是指由国务院制定并发布,或者由国务院有关部门拟订并经国务院批准发布,调整经济生活中某些方面会计关系的法律规范。《会计从业资格管理办法》和《企业会计准则——基本准则》由财政部制定,属于会计部门规章;《注册会计师法》由全国人大制定,属于会计法律。

19.【正确答案】C

【答案解析】会计部门规章,是指国家主管会计工作的行政部门即财政部以及其他相关部委根据法律和国务院的行政法规、决定、命令,在本部门的权限范围内制定的、调整会计工作中某些方面内容的国家统一的会计制度和规范性文件,包括国家统一的会计核算制度、会计监督制度、会计机构和会计人员制度及会计工作管理制度等。

20.【正确答案】B

【答案解析】单位负责人是指单位法定代表人或者法律、行政法规规定代表单位行使职权的主要负责人。国有企业的党组织负责人负责企业党组织工作,不属于单位负责人。

21.【正确答案】C

【答案解析】单位负责人负责单位内部的会计工作管理,应当保证会计机构、会计人员依法履行职责,不得授意、指使、强令会计机构和会计人员违法办理会计事项。

22.【正确答案】D

【答案解析】除总会计师职务之外,会计人员取得相关资格或符合有关任职条件后,能否具体从事相关工作,一般由所在单位自行决定。

23.【正确答案】C

【答案解析】《会计基础工作规范》规定：国家机关、国有企业、事业单位任用会计人员应当实行回避制度。会计机构负责人、会计主管人员的直系亲属不得在本单位会计机构中担任出纳工作。

24.【正确答案】B

【答案解析】变造会计凭证，是指用涂改、挖补等手段来改变会计凭证的真实内容，歪曲事实真相的行为，即篡改事实。朱某将收据上的金额300元改为800元，显然属于变造会计凭证行为。

25.【正确答案】A

【答案解析】根据《会计法》的规定，对账要做到账实、账证、账账、账表相符。对账工作每年至少进行一次。

26.【正确答案】D

【答案解析】账表相符，是指会计账簿记录与会计报表有关内容核对相符。

27.【正确答案】B

【答案解析】财务报表应当包括下列组成部分：资产负债表；利润表；现金流量表；所有者权益（或股东权益）变动表；附注。

28.【正确答案】B

【答案解析】根据我国《财务会计报告条例》的规定，单位负责人是财务会计报告的责任主体。

29.【正确答案】D

【答案解析】出纳人员不得兼管会计档案。

30.【正确答案】A

【答案解析】各单位保存的会计档案不得借出。如有特殊需要，经本单位负责人批准后，可以提供查阅或者复制，并办理登记手续。

31.【正确答案】D

【答案解析】定期保管期限分为3年、5年、10年、15年和25年五类，保管期限从会计年度终了后第一天算起。

32.【正确答案】B

【答案解析】企业和其他组织的年度财务报告（决算）（包括文字分析）、会计档案保管清册和会计档案销毁清册等应永久保存。

33.【正确答案】C

【答案解析】国家机关销毁会计档案时，应当由同级财政部门、审计部门派员参加监销。

34.【正确答案】B

【答案解析】企业内部控制的目的是合理保证企业经营管理合法合规、资产安全、财务报告及相关信息真实完整，提高经营效率和效果，促进企业实现发展战略。

35.【正确答案】A

【答案解析】内部环境是企业实施内部控制的基础。

36.【正确答案】D

【答案解析】内部牵制主要包括：（1）内部牵制制度的原则，即机构分离、职务分离、钱账分离、物账分离等；（2）对出纳等岗位的职责和限制性规定；（3）有关部门或领导对限制性岗位的定期检查办法。

37.【正确答案】B

【答案解析】根据《会计基础工作规范》的规定，财产物资收发、增减核算及总账岗位均属于会计岗位，会计档案管理岗位在会计档案正式移交之前也属于会计岗位，而内部审计岗位则不属于会计岗位。

38.【正确答案】B

【答案解析】现金要根据会计账簿记录余额进行当面点交，不得短缺。接管人员发现不一致或者"白条顶库"现象时，移交人员在规定期限内负责查清处理。

39. 【正确答案】B

【答案解析】一般会计人员办理交接手续时,由单位的会计机构负责人、会计主管人员负责监交。

40. 【正确答案】D

【答案解析】移交人员对移交的会计凭证、会计账簿、会计报表和其他有关资料的合法性、真实性承担法律责任。

41. 【正确答案】D

【答案解析】会计从业资格证书实行6年定期换证制度。

42. 【正确答案】A

【答案解析】持证人员应当在会计从业资格证书到期前6个月内,填写定期换证登记表,持有效身份证件原件和会计从业资格证书,到所属会计从业资格管理机构办理换证手续。

43. 【正确答案】B

【答案解析】行政处罚的类别主要有:(1)罚款;(2)责令限期改正;(3)吊销会计从业资格证书等。记过属于行政处分。

44. 【正确答案】C

【答案解析】主刑分为管制、拘役、有期徒刑、无期徒刑和死刑。

45. 【正确答案】A

【答案解析】县级以上人民政府财政部门对违法行为视情节轻重,在予以通报的同时,可以对单位并处5 000元以上10万元以下的罚款。

46. 【正确答案】D

【答案解析】有伪造、变造会计凭证、会计账簿或者编制虚假财务会计报告行为的会计人员,由县级以上人民政府财政部门吊销会计从业资格证书。

47. 【正确答案】B

【答案解析】本题考察考生对会计工作自律管理知识点的掌握情况。会计行业自律管理制度应发挥的作用有:(1)督促会计人员依法开展会计工作;(2)促进行业的发展;(3)树立良好的行业风气。B项不属于会计行业自律管理制度应发挥的作用,故此题答案选B。

48. 【正确答案】C

【答案解析】本题考察考生对会计法律责任知识点的掌握情况。违反会计制度规定行为的行政责任包括:行政处罚和行政处分两种方式。行政处罚主要有:警告(责令限期改正)、罚款、没收违法所得、没收非法财物、责令停产停业、暂扣或者吊销许可证、暂扣或者吊销执照、行政拘留。此外,还有法律、行政法规规定的其他行政处罚等;行政处分包括:警告;记过;记大过;降级;撤职;开除等。故该题答案选C

49. 【正确答案】A

【答案解析】本题考察考生对会计凭证知识点的掌握情况。根据会计基础工作规范有关规定,为保证会计核算工作的正常进行和当期会计资料的真实、完整,经办人员应及时将原始凭证送交会计机构,原则上最迟不应超过一个会计结算期。故本题答案选A

50. 【正确答案】B

【答案解析】本题考察考生对会计法规知识点的掌握情况。

51. 【正确答案】B

【答案解析】本题考察考生对总会计师知识点的掌握情况。总会计师是在单位负责人领导下,主管经济核算和财务会计工作的负责人。

52. 【正确答案】D

【答案解析】本题考察考生对设置会计机构知识点的掌握情况。

53. 【正确答案】D

【答案解析】本题考察考生对会计交接知识点的掌握情况。

54. 【正确答案】D

【答案解析】本题考察考生对伪造会计凭证知识点的掌握情况。以虚假的经济业务为前提编造不真实的会计凭证、会计账簿和其他会计资料,属于伪造会计凭证和会计账簿。

55. 【正确答案】C

【答案解析】本题考察考生对会计岗位知识点的掌握情况。

56. 【正确答案】C

【答案解析】本题考察考生对会计工作岗位设置知识点的掌握情况。会计工作岗位可以一人一岗、一人多岗或一岗多人。故选项C表述错误,答案选择C。

57. 【正确答案】D

【答案解析】本题考察考生对会计行政法规知识点的掌握情况。会计行政法规包括《总会计师条例》和《企业财务会计报告条例》。

58. 【正确答案】D

【答案解析】本题考察考生对会计法律知识点的掌握情况。违反刑事法律规范所应当承担的法律责任是刑事责任,包括主刑(管制、拘役、有期徒刑、无期徒刑和死刑)和附加刑(罚金、剥夺政治权利、没收财产)。故此题答案选择D。

59. 【正确答案】B

【答案解析】本题考察考生对违反会计法需承担的法律责任知识点的掌握情况。根据中华人民共和国会计法有关规定,伪造、变造会计凭证、会计账簿,编制虚假财务会计报告,构成犯罪的,依法追究刑事责任。有前款行为,尚不构成犯罪的,由县级以上人民政府财政部门予以通报,可以对单位并处五千元以上十万元以下的罚款;对其直接负责的主管人员和其他直接责任人员,可以处三千元以上五万元以下的罚款。属于国家工作人员的,还应当由其所在单位或者有关单位依法给予撤职直至开除的行政处分;其中的会计人员,并由县级以上人民政府财政部门吊销会计从业资格证书。故本题答案选B

60. 【正确答案】C

【答案解析】中国总会计师协会是总会计师行业的全国性自律组织。

二、多项选择题

61. 【正确答案】ACD

【答案解析】本题考核会计核算内容。选项A、C、D都是会计核算的内容,选项B不需要办理会计核算,只有执行经济合同过程中发生的资金增减变动情况才需要核算。

62. 【正确答案】ABC

【答案解析】根据《会计工作基础规范》的规定,会计主管人员、稽核岗位、工资核算岗位都属于会计岗位。

63. 【正确答案】ABC

【答案解析】本题考核会计监督。会计监督是会计的基本职能之一,是指会计人员在进行会计核算的同时,对特定主体的真实性、合法性和合理性进行审查。

64. 【正确答案】AC

【答案解析】本题考核会计记录文字的使用。根据《会计法》的规定,会计记录的文字应当使用中文。在民族自治地方,会计记录可以同时使用当地通用的一种民族文字。在中华人民共和国境内的外商投资企业、外国企业和其他外国组织的会计记录可以同时使用一种外国文字。

65. 【正确答案】ABCD

【答案解析】本题考核注册会计师审计与内部审计的关系。内部审计作为内部控制的重要组成部分,单位内组织必须接受内部审计人员的监督。注册会计师以独立的第三方对被审计单位进行审计,委托人可自由选择会计师事务所。

66.【正确答案】ABCD

【答案解析】本题考核财产清查。《会计基础工作规范》规定各单位应当建立财产清查制度。主要内容包括：财产清查的范围；财产清查的组织；财产清查的期限和方法；对财产清查中发现问题的处理办法；对财产管理人员的责任和奖惩办法。

67.【正确答案】ABC

【答案解析】本题考核代理记账。

68.【正确答案】ABD

【答案解析】本题考核会计工作管理体制。单位负责人，是指单位法定代表人或者法律、行政法规规定代表单位行使职权的主要负责人。这是对单位负责人含义的界定。单位负责人主要包括两类人员：一是单位的法定代表人（也称法人代表），即是指依法代表法人单位行使职权的负责人，如国有工业企业的厂长（经理）、公司制企业的董事长、国家机关的最高行政官员等；二是按照法律、行政法规规定代表单位行使职权的负责人，如代表合伙企业执行合伙企业事务的合伙人、个人独资企业的投资人等。根据《会计法》的规定，单位负责人并不是指具体负责经营管理事务的负责人，如公司制企业的总经理等。

69.【正确答案】AC

【答案解析】《会计从业资格管理办法》《企业会计准则——基本准则》属于会计部门规章。

70.【正确答案】ABCD

【答案解析】会计工作的行政管理主要包括：（1）制定国家统一的会计准则制度；（2）会计市场管理；（3）会计专业人才评价；（4）会计监督检查。

71.【正确答案】ABCD

【答案解析】无。

72.【正确答案】ABC

【答案解析】总账、明细账、日记账及辅助账簿保管15年。

73.【正确答案】ABC

【答案解析】总账、明细账、日记账及辅助账簿保管15年。

74.【正确答案】ABCD

【答案解析】无。

75.【正确答案】ABCD

【答案解析】无。

76.【正确答案】ABCD

【答案解析】会计工作岗位设置要求包括：按需设岗；符合内部牵制的要求；建立岗位责任制；建立轮岗制度。

77.【正确答案】ABCD

【答案解析】以上四项均属于出纳不得同时兼任的岗位。

78.【正确答案】AC

【答案解析】单位内部的会计工作管理主要包括：单位负责人的职责；会计机构的设置；会计人员的选拔任用；会计人员回避制度。

79.【正确答案】ABCD

【答案解析】会计档案是指会计凭证、会计账簿和财务报告等会计核算专业材料，是记录和反映单位经济业务的重要史料和证据。具体包括：会计凭证类、会计账簿类、财务报表类、其他类。

80.【正确答案】ACD

【答案解析】我国境内所有单位的会计档案不得携带出境。

81.【正确答案】ABCD

【答案解析】我国会计法律制度主要包括会计法律、会计行政法规、会计部门规章和地方性会计法规。

82.【正确答案】ABCD

【答案解析】我国财政部门对会计市场的管理主要包括会计市场的准入管理、过程监督和退出管理。对会计出版市场、培训市场、境外"洋资格"的管理等也属于会计市场的管理范畴。

83.【正确答案】ABCD

【答案解析】根据新的企业会计基本准则的规定,会计计量属性主要包括历史成本、重置成本、可变现净值、现值、公允价值。故选ABCD。

84.【正确答案】ACD

【答案解析】根据规定,国家机关、国有企业、事业单位任用会计人员应当实行回避制度。

85.【正确答案】ACD

【答案解析】购货发票属于原始凭证,根据规定,其他单位如因特殊原因需要使用原始凭证时,经本单位会计机构负责人、会计主管人员批准,可以复制。向外单位提供的原始凭证复印件,应当在专设的登记簿上登记,并由提供人员和收取人员共同签名或者盖章。

86.【正确答案】AB

【答案解析】我国《会计基础工作规范》规定,各单位的会计机构、会计人员对本单位的经济活动进行监督,因此,单位内部会计监督的主体是会计机构和会计人员。

87.【正确答案】ABCD

【答案解析】企业建立与实施有效的内部控制要素主要有内部环境、风险评估、控制活动、信息与沟通和内部监督。

88.【正确答案】ACD

【答案解析】内部审计主要包括:财务审计、经营审计、经济责任审计、管理审计和风险管理等,不包括单位的行政责任审计。

89.【正确答案】CD

【答案解析】根据《财政部门实施会计监督办法》的规定,是否存在账外设账,属于财政部门对单位依法设置账簿检查的内容;对实际发生的经纪业务事项是否及时办理会计手续,进行会计核算,属于财政部门对单位会计资料真实性、完整性检查的内容。

90.【正确答案】ABCD

【答案解析】我国注册会计师不仅可以承办审计业务,还可以承办会计咨询和会计服务业务。出具审计报告、出具验资报告是承办审计业务中的重要内容,而担任会计顾问、代理纳税申报则是承办会计咨询和会计服务业务中的内容。

91.【正确答案】ABCD

【答案解析】选项A、B、C、D所列的情形均属于《会计法》第四十二条规定的,"被依法吊销会计从业资格证书的人员,自吊销之日起5年内(含5年)不得参加会计从业资格考试,不得重新取得会计从业资格证书"的情形。

92.【正确答案】ABCD

【答案解析】会计从业资格管理机构应当严格落实会计人员"持证上岗",并对持证人员下列情况实施监督检查:(1)从事会计工作的人员持有会计从业资格证书的情况;(2)持证人员换发、调转、变更登记会计从业资格证书情况;(3)持证人员从事会计工作和执行国家统一的会计制度情况;(4)持证人员遵守会计职业道德情况;(5)持证人员接受继续教育情况。

93.【正确答案】BCD

【答案解析】根据我国相关会计法律制度的规定,单位发生的各种经济业务事项应当在依法设置的会计账簿中统一登记核算,不得私设账簿登记核算。该企业将废料的变价收入作为单位管理人员的福利另设会计账簿核算,属于账外设账、私设"小金库"的行为。按规定应由县级以上财政部门责令其限期改正,对单位并处三千元以上五万元以下的罚款,对其直接负责的主管人员和其他负责人员处二千元以上二万元以下的罚款；情节严重的，属于会计人员的吊销其会计从业资格证书；构成犯罪的，依法追究刑事责任。

94.【正确答案】AC

【答案解析】根据《会计法》的规定，受打击报复的会计人员的名誉受到损害的，其所在单位或者其上级单位及有关部门应当要求打击报复者向遭受打击报复的会计人员赔礼道歉，并澄清事实，消除影响，恢复名誉。会计人员受到打击报复，被撤职的，应当恢复其原有职务；被降级的，应当恢复其原有级别。

95.【正确答案】ABCD

【答案解析】《会计法》是调整我国经济生活中会计关系的总规范，是会计法律制度中层次最高的法律规范，是指导和规范会计工作的最高准则，也是制定其他会计法规的依据。

96.【正确答案】ABC

【答案解析】会计工作管理体制主要包括会计工作的行政管理、会计工作的自律管理和单位内部的会计工作管理。

97.【正确答案】AC

【答案解析】移交人员对其所移交的会计资料的真实性、完整性承担法律责任。

98.【正确答案】AB

【答案解析】会计市场退出管理，是指财政部门对在执业过程中有违反《会计法》《注册会计师法》行为的机构和个人进行处罚，情节严重的，吊销其执业资格，强制其退出会计市场。

99.【正确答案】BCD

【答案解析】目前，我国基本形成了一个阶梯式的会计专业人才评价机制，包括初级、中级、高级会计人才评价机制和会计行业领军人才的培养、评价等。此外，财政部和地方财政部门对先进会计工作者的表彰奖励也属于会计人才评价的范畴。

100.【正确答案】BD

【答案解析】《会计基础工作规范》规定："国家机关、国有企业、事业单位任用会计人员应当实行回避制度。单位领导人的直系亲属不得担任本单位的会计机构负责人、会计主管人员。

101.【正确答案】ABCD

【答案解析】需要回避的亲属关系主要有：夫妻关系、直系血亲关系、三代以内旁系血亲关系以及近姻亲关系。

102.【正确答案】ABD

【答案解析】会计机构、会计人员必须按照国家统一的会计制度的规定对原始凭证进行审核，对不真实、不合法的原始凭证有权不予接受，并向单位负责人报告。

103.【正确答案】ABCD

【答案解析】会计账簿登记必须以经过审核的会计凭证为依据，并符合有关法律、行政法规和国家统一的会计制度的规定。会计账簿登记时，应当按照连续编号的顺序进行，不得跳行、隔页。会计账簿记录发生错误或者隔页、缺号、跳行的，应按照规定的方法更正，并由会计人员和会计机构负责人（会计主管人员）在更正处盖章。

104.【正确答案】ABCD

【答案解析】账目核对的目的就是保证账实相符、账证相符、账账相符和账表相符。

105.【正确答案】ABD

【答案解析】根据《会计基础工作规范》的规定，库存现金日记账和银行存款日记账必须采用订本式账簿，不能采用活页式账簿。登记账簿时应当按经济业务发生和完成时间的顺序，逐日逐笔连续登记，不得跳行、隔页，并且必须每天结出余额。

106.【正确答案】ABC

【答案解析】根据《会计档案管理办法》的规定，未结清的债权债务原始凭证不得销毁，应抽出单独装订，待未了事项结清后才能销毁。销毁会计档案应当由单位负责人签署意见，副厂长不是单位负责人，因此无权签署意见。对于一般企业、事业单位和组织,销毁会计档案时,应当由单位档案机构和会计机构双方共同派员监销,而不是仅仅由档案管理机构一方进行销毁;销毁后,应当在会计档案销毁清册上签名盖章,并及时将监销情况向本单位负责人报告。

107.【正确答案】ABC

【答案解析】目前我国已形成了三位一体的会计监督体系,包括单位内部会计监督、以政府财政部门为主体的政府监督和以注册会计师为主体的社会监督。

108.【正确答案】ABCD

【答案解析】企业建立与实施内部控制,应当遵循的原则包括全面性原则、重要性原则、制衡性原则、适应性原则和成本效益原则。

109.【正确答案】BCD

【答案解析】后三者属于业务层面风险评估的内容,A项属于单位层面的风险评估内容。

110.【正确答案】ABCD

【答案解析】行政事业单位内部控制的控制方法一般包括不相容岗位相互分离、内部授权审批控制、归口管理、预算控制、财产保护控制、会计控制、单据控制和信息内部公开。

111.【正确答案】ABC

【答案解析】除财政部门外,我国审计、税务、人民银行、证券监管、保险监管等部门依照有关法律、行政法规规定的职责和权限,也可以对有关单位的会计资料实施监督检查。

112.【正确答案】ABCD

【答案解析】对单位依法设置会计账簿的检查具体包括:依照法律、行政法规和国家统一的会计制度的规定,应当设置会计账簿的单位是否设置会计账簿;设置会计账簿的单位,其设置会计账簿情况是否符合法律、行政法规和国家统一的会计制度的要求;各单位是否存在账外设账以及伪造、变造会计账簿等违法行为。

113.【正确答案】ABC

【答案解析】注册会计师审计与内部审计之间的联系主要是:注册会计师审计与内部审计都是现代审计体系的重要组成部分;都关注内部控制的健全性和有效性;注册会计师审计可能涉及对内部审计成果的利用等。

114.【正确答案】ABC

【答案解析】注册会计师审计与内部审计的区别主要在于:审计独立性不同,审计方式不同,审计的职责和作用不同,接受审计的自愿程度不同。

115.【正确答案】ABC

【答案解析】注册会计师依据《注册会计师法》承办的审计业务具体包括:(1)审查企业财务会计报告,出具审计报告;(2)验证企业资本,出具验资报告;(3)办理企业合并、分立、清算事宜中的审计业务,出具有关的报告;(4)法律、行政法规规定的其他审计业务。

116.【正确答案】ABCD

【答案解析】会计人员工作调动、离职或因病暂时不能工作,应与接管人员办理交接手续。

117.【正确答案】ABCD

【答案解析】以上均为会计交接时要逐项移交点收的内容。

118.【正确答案】BC

【答案解析】会计机构负责人(会计主管人员)办理交接手续,由单位负责人监交,必要时主管单位可以派人会同监交。会计人员工作调动、离职或因病暂时不能工作,应办理交接手续。

119.【正确答案】ABD

【答案解析】从事下列会计工作的人员应当取得会计从业资格:(1)出纳;(2)稽核;(3)资本、基金核算;(4)收入、支出、债权债务核算;(5)职工薪酬、成本费用、财务成果核算;(6)财产物资的收发、增减核算;(7)总账;(8)财务会计报告编制;(9)会计机构内会计档案管理;(10)其他会计工作。

120.【正确答案】ABC

【答案解析】申请参加会计从业资格考试的人员,应当符合下列基本条件:(1)遵守会计和其他财经法律、法规;(2)具备良好的道德品质;(3)具备会计专业基本知识和技能。

三、判断题

121.【正确答案】错

【答案解析】本题考核客观公正的基本要求。真实性,即以客观事实为依据,真实地记录和反映实际经济业务事项。可靠性,即会计核算要准确,记录要可靠,凭证要合法。

122.【正确答案】对

【答案解析】本题考核内部审计与注册会计师的关系。

123.【正确答案】对

【答案解析】本题考核内部会计监督。

124.【正确答案】错

【答案解析】应当是"财政部门"有权对各单位的从事会计工作的人员是否具备从业资格实施监督。

125.【正确答案】错

【答案解析】本题考核会计行政法规的调整对象。会计行政法规是调整经济生活中某些方面会计关系的法律规范。会计法律是指由全国人民代表大会及其常委会通过一定立法程序制定的有关会计工作的法律,是调整我国经济生活中会计关系的法律总规范。

126.【正确答案】对

【答案解析】本题考核单位负责人对会计人员打击报复的法律责任。

127.【正确答案】错

【答案解析】本题考核会计专业技术资格。会计专业技术资格考试是一种通过考试确认担任会计专业职务任职资格的制度。

128.【正确答案】错

【答案解析】本题考核会计核算的一般要求。企业采用的会计处理方法前后期应当保持一致,不得随意变更。

129.【正确答案】错

【答案解析】本题考核会计账簿的登记。会计账簿登记,必须以经过审核的会计凭证为依据,并符合有关法律、行政法规和国家统一的会计制度的规定。

130.【正确答案】对

【答案解析】本题考核会计人员工作交接。

131.【正确答案】对

【答案解析】本题考核对伪造会计账簿行为的处罚。

132.【正确答案】对

【答案解析】本题考核会计法律制度的定义。

133.【正确答案】错

【答案解析】我国会计工作行政管理体制实行统一领导、分级管理的原则。

134.【正确答案】对

【答案解析】无。

135.【正确答案】对

【答案解析】无。

136.【正确答案】对

【答案解析】本题的表述是正确的。

137.【正确答案】错

【答案解析】会计岗位可以一人一岗、一人多岗或者一岗多人。

138.【正确答案】对

【答案解析】《会计法》规定,国有的和国有资产占控股地位或者主导地位的大中型企业必须设置总会计师。而《企业内部控制基本规范》则规定了只要是大中型企业就应当设置总会计师。凡设置总会计师的单位,在行政领导成员中,不再设与总会计师职权重叠的副职。

139.【正确答案】错

【答案解析】我国《会计基础工作规范》规定,国家机关、国有企业、事业单位任用会计人员应当实行回避制度。需要回避的主要有以下四种亲属关系:夫妻关系、直系血亲关系、三代以内旁系血亲以及近姻亲关系。

140.【正确答案】错

【答案解析】持证人员继续教育是指取得会计从业资格的人员持续接受一定形式的、有组织的理论知识、专业技能和职业道德的教育和培训活动,优化知识结构,不断提高和保持其专业胜任能力和职业道德水平。持证人员应当接受继续教育,提高业务素质和会计职业道德水平。

141.【正确答案】对

【答案解析】本题考核的是法律责任的概述。

142.【正确答案】错

【答案解析】地方性会计法规是指由省、自治区、直辖市人民代表大会或常务委员会在同宪法、会计法律、行政法规和国家统一的会计准则制度不相抵触的前提下,根据本地区情况制定发布的关于会计核算、会计监督、会计机构和会计人员以及会计工作管理的规范性文件。如《山东省实施〈中华人民共和国会计法〉办法》等。

143.【正确答案】对

【答案解析】会计凭证是指记录经济业务发生或者完成情况的书面证明,是登记账簿的依据。

144.【正确答案】错

【答案解析】财务报表至少应当包括下列组成部分:资产负债表、利润表、现金流量表、所有者权益(或股东权益)变动表、附注。

145.【正确答案】错

【答案解析】根据我国《会计法》的规定,单位负责人是单位会计工作管理的责任主体,负责单位内部的会计工作管理,并对本单位的会计工作和会计资料的真实性和完整性负责。单位负责人是指单位法定代表人或者法律、行政法规规定代表单位行使职权的主要负责人。会计机构负责人不是单位负责人,没有负责本单位内部会计工作管理的职权。

146.【正确答案】错

【答案解析】按照会计人员回避制度的规定,会计人员回避制度要求单位负责人的直系亲属不得担任本单位的会计机构负责人、会计主管人员,会计机构负责人、会计主管人员的直系亲属不得在本单位会计机构中担任出纳工作。

147.【正确答案】对

【答案解析】注册会计师审计作为一种外部审计,可能涉及对内部审计成果的利用等。

148.【正确答案】错

【答案解析】内部稽核岗位和内部审计岗位是两种性质不同的岗位。内部稽核是在会计机构内部进行的自我检查与审核,稽核人员是会计人员,内部稽核制度是会计机构内部的一种工作制度。而内部审计则是由审计人员对本单位的会计活动进行的监督,内部审计机构及其工作人员是对本单位的行政领导人或者监督机构负责的,内部审计制度是会计机构外部的一种监督制度,两者不能混为一谈。

149.【正确答案】错

【答案解析】根据《会计法》的规定,各单位应当根据会计业务的需要,设置会计机构,或者在有关机构中配置专职会计人员,并指定会计主管人员。

150.【正确答案】错

【答案解析】根据会计法的规定,一般会计人员办理交接手续时,应当由单位的会计机构负责人、会计主管人员负责监交,主办会计不是会计机构负责人,也不是会计主管人员,因此不能负责监交。

151.【正确答案】错

【答案解析】会计虽然是单位内部的一项经济管理活动,但在处理具体经济业务时,其所涉及的经济利益关系已超出了本单位的范围,还涉及国家、其他经济组织、非经济组织和个人,直接或间接地影响到这些方面的经济利益,所以要受到国家相关法律法规的约束。

152.【正确答案】对

【答案解析】从法律效力来看,其效力从大到小依次是宪法、法律、行政法规、部门规章。

153.【正确答案】错

【答案解析】根据规定,实行计划单列市、经济特区的人民代表大会及其常务委员会在宪法、法律、行政法规允许范围内制定的会计规范性文件,也属于地方性会计法规。

154.【正确答案】错

【答案解析】财政部门是会计行业和注册会计师行业的主管部门,履行相应的会计市场管理职责。

155.【正确答案】错

【答案解析】会计市场管理还包括对会计出版市场、培训市场、境外"洋资格"的管理,其重点主要是对会计培训的师资、场所、教材、内容、要求及培训质量进行监督和检查,确保培训市场规范有序。

156.【正确答案】错

【答案解析】财政部和地方财政部门对先进会计工作者的表彰奖励也属于会计人才评价的范畴。

157.【正确答案】对

【答案解析】我国财政部门实施的会计监督检查包括会计信息质量检查和会计师事务所执业质量检查,对会计信息质量检查主要是综合治理会计信息失真问题,提高会计信息质量;对会计师事务所执业质量检查主要是确保注册会计师客观公正地发挥审计鉴证作用。

158.【正确答案】对

【答案解析】我国财政部门对会计工作的管理是一种社会管理,属于外部管理活动,而单位作为法人独立进行的会计工作则属于单位内部的管理活动。

159.【正确答案】错

【答案解析】担任单位会计机构负责人(会计主管人员)的,除取得会计从业资格证书外,还应当具备会计师以上专业技术职务资格或者从事会计工作3年以上经历。

160.【正确答案】错

【答案解析】根据《会计法》第四条的规定,单位负责人对本单位的会计工作和会计资料的真实性、完整性负责。

161.【正确答案】错

【答案解析】并非所有实际发生的经济业务事项都需要进行会计记录和会计核算。

162.【正确答案】对

【答案解析】会计机构、会计人员必须按照国家统一的会计制度的规定对原始凭证进行审核,对不真实、不合法的原始凭证有权不予接受,并向单位负责人报告。

163.【正确答案】对

【答案解析】原始凭证金额有错误的,不得在原始凭证上更正,应当由出具单位重开。因为原始凭证上的金额,是反映经济业务事项情况的最重要数据,如果允许随意更改,容易产生舞弊,不利于保证原始凭证的质量。

164.【正确答案】对

【答案解析】原始凭证所记载的各项内容不得涂改,随意涂改的原始凭证即为无效凭证,不能作为填制记账凭证或登记会计账簿的依据。

165.【正确答案】对

【答案解析】除结账和更正错误的记账凭证可以不附原始凭证外,其他记账凭证必须附有原始凭证。

166.【正确答案】错

【答案解析】原始凭证记载内容有错误的,应当由开具单位重开或更正,更正工作必须由原始凭证出具单位进行,并在更正处加盖出具单位印章。

167.【正确答案】错

【答案解析】如果会计科目没有错误,只是金额错误,也可以将正确数字与错误数字之间的差额,另编一张调整的记账凭证,调增金额用蓝字,调减金额用红字。

168.【正确答案】错

【答案解析】登记会计账簿时发现数字错误,应当划去整个数字,重新填写正确数字,并由会计人员和会计机构负责人在更正处盖章。

169.【正确答案】错

【答案解析】月度财务会计报告应当于月份终了后 6 天内对外提供;季度财务会计报告应当于季度终了后 15 天内对外提供。

170.【正确答案】错

【答案解析】有关法律、行政法规规定财务会计报告须经注册会计师审计的,企业应当将注册会计师及其会计师事务所出具的审计报告随同财务会计报告一并对外提供。

171.【正确答案】错

【答案解析】《会计法》规定,各单位采用的会计处理方法,前后各期应当一致,不得随意变更,应当按照国家统一的会计制度规定变更,并将变更的原因、情况及影响在财务会计报告中说明。

172.【正确答案】对

【答案解析】会计机构、会计人员依法开展会计核算和会计监督,对违反《会计法》和国家统一的会计制度规定的会计事项,有权拒绝办理或者按照职权予以纠正。

173.【正确答案】错

【答案解析】会计机构、会计人员发现会计账簿与实物、款项及有关资料不相符的,按照国家统一的会计制度的规定有权自行处理的,应当及时处理;无权自行处理的,应当立即向单位负责人报告,请求查明原因,作出处理。

174.【正确答案】对

【答案解析】上述规定符合单位内部会计监督制度的要求。

175.【正确答案】对

【答案解析】内部监督是企业对内部控制建立与实施情况进行监督检查,评价内部控制的有效性,发现内部控制缺陷,应当及时加以改进。

176.【正确答案】错

【答案解析】行政事业单位的风险评估主要包括单位层面的风险评估和经济活动业务层面的风险评估。

177.【正确答案】错

【答案解析】结账日期应该是公历年度每年、每半年、每季、每月的最后一天,不得提前或推后。

178.【正确答案】对

【答案解析】单位和个人检举会计违法行为,也属于会计工作的社会监督的范畴。

179.【正确答案】错

【答案解析】会计岗位可以一人一岗、一人多岗或者一岗多人。一般而言,小型企业大都"一人一岗"和"一人多岗",而大、中型企业"一岗多人"的情况则比较普遍。

180.【正确答案】错
【答案解析】出纳不得兼管稽核、会计档案保管和收入、费用、债权债务账目的登记工作;出纳以外的人员不得经管现金、有价证券、票据。这是会计机构内部牵制制度最基本的要求。

四、案例分析题

(一) 181.【正确答案】D
【答案解析】根据《会计基础工作规范》第51条的规定,一张原始凭证所列支出需要几个单位共同负担的,应当将其他单位负担的部分,开给对方原始凭证分割单,进行结算。因此,会计人员A的做法不符合规定,应该开具原始凭证分割单,而不是提供原始凭证的复印件。

182.【正确答案】AD
【答案解析】甲企业将有关原始凭证复制给业务单位丙企业的做法符合规定。根据《会计基础工作规范》第55条的规定,原始凭证不得外借,其他单位如因特殊原因需要使用原始凭证时,经本单位会计机构负责人、会计主管人员批准,可以复制。向外单位提供的原始凭证复制件,应当在专设的登记簿上登记,并由提供人员和收取人员共同签名或者盖章。

183.【正确答案】AC
【答案解析】B不能担任甲企业的会计机构负责人。国家机关、国有企业、事业单位任用会计人员应当实行回避制度。单位领导人的直系亲属不得担任本单位的会计机构负责人、会计主管人员。直系亲属包括夫妻关系、直系血亲关系、三代以内旁系血亲以及配偶亲关系。因此,B不能担任甲企业的会计机构负责人。原会计机构负责人与B办理会计工作交接手续,由人事科长进行监交的做法不符合规定。根据规定,会计机构负责人、会计主管人员办理交接手续时,由单位领导人负责监交,必要时可由上级主管部门派人会同监交。

184.【正确答案】B
【答案解析】张某撤销总会计师C的职务,并决定该厂今后不再设置总会计师职位的做法不符合规定。企业的总会计师由本单位主要行政领导人提名,政府主管部门任命或者聘任;免职或者解聘程序与任命或者聘任程序相同。张某只有提名撤销的权力,无权直接撤销总会计师C的职务。国有的和国有资产占控股地位或者主导地位的大中型企业必须设置总会计师。因此,张某决定该厂今后不再设置总会计师的职位的做法不符合规定。

185.【正确答案】B
【答案解析】销毁两张未结清债权债务的原始凭证与由总会计师C在会计档案销毁清册上签署意见的做法不符合规定。对于保管期满但未结清的债权债务原始凭证和涉及其他未了事项的原始凭证,不得销毁,应当单独抽出立卷,保管到未了事项完结时为止。正在项目建设期间的建设单位,其保管期满的会计档案不得销毁。单位负责人对需要销毁的会计档案进行复核后在会计档案销毁清册上签署意见。

(二) 186.【正确答案】BC
【答案解析】从事会计工作的人员应持有会计从业资格证书;会计机构中对正式移交之前的会计档案进行保管的工作岗位属于会计岗位,但档案管理部门中对正式移交之后的会计档案进行保管的会计档案管理岗位,不再属于会计岗位。因此,卞某是可以保管移交之后的会计档案的,不需要取得会计从业资格证。

187.【正确答案】BC
【答案解析】企业应当设置会计机构。不具备设置会计机构条件的,应当在有关机构中配置专职会计人员,并指定会计主管人员。没有设置会计机构且未配置会计人员的单位,应当根据《代理记账管理暂行办法》委托会计师事务所或者持有代理记账许可证书的其他代理记账机构进行代理记账。

188.【正确答案】BCD

【答案解析】单位负责人是指单位法定代表人或者法律、行政法规规定代表单位行使职权的主要负责人。单位负责人对本单位的会计工作和会计资料的真实性、完整性负责,保证会计机构、会计人员依法履行职责,不得授意、指使、强令会计机构和会计人员违法办理会计事项。

189.【正确答案】BD

【答案解析】《会计法》规定的法律责任主要有行政责任和刑事责任两种责任形式。编制虚假的财务会计报告,构成犯罪的,依法追究刑事责任。不构成犯罪的,由县级以上人民政府财政部门通报批评,可对违法行为人处五千元以上五万元以下的罚款。即对该代理记账机构可以处五千元以上 5 万元以下的罚款。

190.【正确答案】B

【答案解析】单位内部审计、社会审计和政府审计等工作相关的岗位不属于会计岗位。稽核属于会计岗位。

(三)191.【正确答案】ABCD

【答案解析】违反国家统一会计制度可能承担的法律责任:(1)《会计法》规定,违反国家统一的会计制度行为的,由县级以上人民政府财政部门责令限期改正,可以对单位并处三千元以上五万元以下的罚款;(2)构成犯罪的,依法追究刑事责任,对情节严重的会计人员,由县级以上人民政府财政部门吊销会计从业资格证书;(3)对其直接负责的主管人员和其他责任人员,可以处两千元以上两万元以下的罚款;(4)属于国家工作人员的,还应当由其所在单位或者有关单位依法给予行政处分。因此本题选择 ABCD 选项。

192.【正确答案】ABCD

【答案解析】四个选项均违反了规定。

193.【正确答案】ABC

【答案解析】该案例中没有涉及"参与管理"这一项内容。

194.【正确答案】D

【答案解析】《会计法》规定,单位负责人作为本单位会计行为的责任主体,要对会计工作和会计资料的真实性、完整性负责。另外,《会计法》规定,会计人员被动地受单位领导指使弄虚作假,没有造成严重后果,且本人认罪态度较好,有悔改行为的。由县级以上人民政府财政部门吊销会计从业资格证书,5 年内不得重新取得会计从业资格证书。因此,本题的两种说法都是错误的。

195.【正确答案】ABCD

【答案解析】违反会计法律制度应当承担的法律责任有:(1)授意、指使、强令会计机构、会计人员及其他人员伪造、变造会计凭证、会计账簿,编制虚假财务会计报告或者隐匿、故意销毁依法应当保存的会计凭证、会计账簿、财务会计报告,构成犯罪的,依法追求其刑事责任;(2)授意、指使人尚不构成犯罪的,可以处五千元以上五万元以下的罚款;(3)会计人员参与技术处理财务会计报告构成犯罪的,依法追究刑事责任;(4)会计人员参与技术处理财务会计报告尚不构成犯罪的,由县级以上人民政府财政部门予以通报,可以对单位并处五千元以上十万元以下的罚款;对其直接负责的主管人员和其他直接责任人员,可以处三千元以上五万元以下的罚款。因此本题选择 ABCD 选项。

(四)196.【正确答案】AC

【答案解析】对会计师事务所和张凯行政处罚应当由所在地的省级财政部门进行行政处罚。

197.【正确答案】B

【答案解析】国家机关、国有企业、事业单位聘任会计人员应当实行回避制度。单位负责人的直系亲属不得担任本单位的会计机构负责人、会计主管人员。会计机构负责人、会计主管人员的直系亲属不得在本单位会计机构中担任出纳工作。

198.【正确答案】AD

【答案解析】县级以上地方各级人民政府财政部门管理本行政区域内的会计工作,不是"各级人民政府"。中国人民解放军总后勤部负责制定军队会计制度的具体办法,报国务院财政部门备案,不是报"国务院财政部门"批准。

199.【正确答案】ABD

【答案解析】担任单位会计机构负责人(会计主管人员)的,除取得会计从业资格证书外,还应当具备会计师以上专业技术职务资格或者从事会计工作3年以上经历。因此,唐小亮不符合任职要求。担任总会计师应当在取得会计师任职资格后主管一个单位或者单位内一个重要方面的财务会计工作不少于3年。因此,赵军不符合任职要求。从事会计工作的必须取得会计从业资格证书。因此,王小娟不符合任职要求。

200.【正确答案】A

【答案解析】单位负责人是指单位法定代表人或者法律、行政法规规定代表单位行使职权的主要负责人。单位负责人对公司的会计工作和会计资料的真实性、完整性负责,保证会计机构、会计人员依法履行职责。

第二章 结算法律制度

一、单项选择题

1.【正确答案】A

【答案解析】票据的基本当事人包括出票人、付款人和收款人。

2.【正确答案】D

【答案解析】票据的非基本当事人包括承兑人、背书人、被背书人、保证人等。

3.【正确答案】C

【答案解析】签发商业汇票必须记载下列事项,欠缺记载下列事项之一的,商业汇票无效:(1)表明商业承兑汇票或银行承兑汇票的字样;(2)无条件支付的委托;(3)确定的金额;(4)付款人名称;(5)收款人名称;(6)出票日期;(7)出票人签章。

4.【正确答案】C

【答案解析】商业汇票相对记载事项的内容主要包括:(1)汇票上未记载付款日期的,视为见票即付;(2)汇票上未记载付款地的,付款人的营业场所、住所或者经常居住地为付款地;(3)汇票上未记载出票地的,出票人的营业场所、住所或者经常居住地为出票地。此外,汇票上可以记载非法定记载事项,但这些事项不具有汇票上的效力。

5.【正确答案】D

【答案解析】本题考核的是托收承付概念。托收承付是指根据购销合同由收款人发货后委托银行向异地付款人收取款项,由付款人向银行承付的结算方式。

6.【正确答案】B

【答案解析】支票的持票人应当自出票日起10日内提示付款;异地使用的支票,其提示付款的期限由中国人民银行另行规定。超过提示付款期限提示付款的,付款人不予付款;但是付款人不予付款的,出票人仍应当对持票人承担票据责任。

7.【正确答案】D

【答案解析】承兑仅适用于商业汇票;商业汇票是由出票人签发的,委托付款人在指定日期无条件支付确定金额给收款人或者持票人的票据。

8.【正确答案】A

【答案解析】商业汇票持票人应当按照下列法定期限提示付款:(1)见票即付的汇票,自出票日起1个月内向付款人提示付款;(2)定日付款、出票后定期付款或者见票后定期付款的汇票,自到期日起10日内向承兑人提示付款。持票人未按照上述规定期限提示付款的,在作出说明后,承兑人或者付款人仍应当继续对持票人承担付款责任。

9.【正确答案】D

【答案解析】银行汇票的提示付款期限自出票日起一个月内。持票人超过付款期限提示付款的,代理付款人(银行)不予受理。

10.【正确答案】B

【答案解析】银行本票的提示付款期限自出票日起最长不得超过 2 个月。持票人超过付款期限提示付款的,代理付款人不予受理。

11.【正确答案】B

【答案解析】银行结算账户管理的基本原则是:一个基本账户原则、自主选择原则、守法合规原则、存款信息保密原则。

12.【正确答案】D

【答案解析】2007 年 7 月 8 日,中国人民银行宣布,支票可以实现全国范围内互通使用。

13.【正确答案】C

【答案解析】支票的基本当事人包括出票人、付款人和收款人。

14.【正确答案】D

【答案解析】现金支票只能用于支取现金;转账支票只能用于转账;普通支票可以用于支取现金,也可用于转账;在普通支票左上角划两条平行线的,为划线支票,划线支票只能用于转账,不能支取现金。

15.【正确答案】B

【答案解析】基本存款账户的使用范围包括:存款人日常经营活动的资金收付以及存款人的工资、奖金和现金的支取。

16.【正确答案】D

【答案解析】支票的金额、收款人名称可以由出票人授权补记,未补记前不得背书转让和提示付款。

17.【正确答案】C

【答案解析】现金使用限额由开户银行核定,需要增加或减少也由开户银行确定;边远地区和交通不便地区库存现金最高不得超过 15 天的零星支出。

18.【正确答案】D

【答案解析】一个基本账户原则是对开户的要求,不是支付结算原则。

19.【正确答案】C

【答案解析】票据上的收款日期属于可以更改事项。

20.【正确答案】B

【答案解析】为防止变造票据的出票日期,在填写月、日时,月为壹、贰和壹拾的,日为壹至玖和壹拾、贰拾、叁拾的,应在其前加"零";日为拾壹至拾玖的,应在其前加"壹"。

21.【正确答案】A

【答案解析】根据《支付结算办法》的规定,票据的出票日期必须用中文大写填写。

22.【正确答案】C

【答案解析】大写日期未按要求规范填写的,银行可以受理,但由此造成损失的,由出票人自行承担。

23.【正确答案】A

【答案解析】基本存款账户是存款人的主办账户。存款人日常经营活动的资金收付及其工资、奖金和现金的支取,应通过该账户办理。

24.【正确答案】D

【答案解析】独立核算的附属机构方可开立基本存款账户。

25.【正确答案】B

【答案解析】专用存款账户用于办理各项专用资金的收付。适用于基本建设资金,更新改造资金,财政预算外资金,粮、棉、油收购资金,证券交易结算资金,期货交易保证金,信托基金,金融机构存放同业资金,政策性房地产开发资金,单位银行卡备用金,住房基金,社会保障基金,收入汇缴资金,业务支出资金,党、团、工会设在单位的组织机构经费等专项管理和使用的资金。

26.【正确答案】D

【答案解析】临时存款账户是指存款人因临时需要并在规定期限内使用而开立银行结算账户。

27.【正确答案】B

【答案解析】存款人因投资、消费、结算等需要而凭个人身份证件以自然人名称开立的账户称为个人银行结算账户。

28.【正确答案】C

【答案解析】符合开立一般存款账户、其他专用存款账户和个人银行结算账户条件的,银行应办理开户手续,并于开户之日起五个工作日内向中国人民银行当地分支行备案。

29.【正确答案】C

【答案解析】经营性的存款人违反规定将单位款项转入个人银行结算账户的,给予警告并处以5 000元以上3万元以下的罚款。

30.【正确答案】C

【答案解析】对于银行违反规定为存款人多头开立银行结算账户,明知或应知是单位资金而允许以自然人名称开立账户存储等行为,给予警告,并处以5万元以上30万元以下的罚款。

31.【正确答案】D

【答案解析】本题考核的是票据的相关知识。

32.【正确答案】B

【答案解析】选项A属于出票行为;选项C属于承兑行为;选项D属于保证行为,这三项都属于票据行为。选项B属于票据的丧失及补救措施,不是票据行为。

33.【正确答案】B

【答案解析】背书人未记载被背书人名称即将票据交付他人的,持票人在票据背书人栏内记载自己的名称与背书人记载具有同等法律效力。

34.【正确答案】A

【答案解析】付款请求权,是指持票人向汇票的承兑人、本票的出票人、支票的付款人出示票据要求付款的权利,是第一顺序权利。

35.【正确答案】C

【答案解析】票据债务人不得以自己与出票人或者与持票人的前手之间的抗辩事由,对抗持票人,故选项A不对;持票人未按照规定期限提示付款的,在作出相关说明后,付款人仍应当承担付款责任,而不能因此解除付款责任,故选项B也不对;付款银行付款,应按照规定审查背书是否连续,背书不连续,持票人不享有票据权利,因此不应予以付款,因此选项D错误。

36.【正确答案】D

【答案解析】单位和个人的各种款项结算,均可以使用支票。2007年7月8日,中国人民银行宣布,支票可以实现全国范围内互通使用。

37.【正确答案】C

【答案解析】支票上未印有"现金"或"转账"字样的为普通支票,普通支票可以用于支取现金,也可以用于转账。

38.【正确答案】D

【答案解析】签发支票必须记载下列事项:(1)表明"支票"的字样;(2)无条件支付的委托;(3)确定的金额;(4)付款人名称;(5)出票日期;(6)出票人签章。

39.【正确答案】A
【答案解析】支票的提示付款期限自出票日起10日。

40.【正确答案】B
【答案解析】付款日期是相对记载事项。

41.【正确答案】A
【答案解析】收款人取得出票人发出的汇票后,即取得票据权利,一方面就票据金额享有付款请求权;另一方面,在该请求权不能满足时,即享有追索权。同时,收款人享有依法转让票据的权利。

42.【正确答案】C
【答案解析】汇票上未记载付款日期的,视为见票即付。

43.【正确答案】B
【答案解析】根据规定,出票银行受理银行汇票申请书,收妥款项后签发银行汇票,并用压数机压印出票金额,将银行汇票和解讫通知一并交给申请人。

44.【正确答案】A
【答案解析】持票人向银行提示付款时,必须同时提交银行汇票和解讫通知,缺少任何一联,银行不予受理。

45.【正确答案】B
【答案解析】出票银行为银行汇票的付款人。

46.【正确答案】C
【答案解析】银行汇票是出票银行签发的,由其在见票时按照实际结算金额无条件支付给收款人或者持票人的票据。

47.【正确答案】D
【答案解析】未填明实际结算金额和多余金额或实际结算金额超过出票金额的,银行不予受理。银行汇票的实际结算金额不得更改,更改实际结算金额的银行汇票无效。

48.【正确答案】A
【答案解析】银行本票见票即付。银行本票的提示付款期限自出票日起最长不得超过2个月。即本票并未严格限定到期日。

49.【正确答案】C
【答案解析】按是否具有透支功能分为信用卡和借记卡,前者可以透支,后者不具备透支功能。

50.【正确答案】A
【答案解析】贷记卡是指发卡银行给予持卡人一定的信用额度,持卡人可在信用额度内先消费、后还款的信用卡。

51.【正确答案】A
【答案解析】准贷记卡的透支期限最长为60天。

52.【正确答案】D
【答案解析】贷记卡的首月最低还款额不得低于其当月透支余额的10%。

53.【正确答案】D
【答案解析】贷记卡持卡人非现金交易的免息还款期最长为60天。

54.【正确答案】A
【答案解析】单位卡在使用过程中,需要向其账户续存资金的,一律从其基本存款账户转账存入,不得交存现金,不得将销货收入存入单位卡账户。

55.【正确答案】B
【答案解析】托收承付结算每笔的金额起点为1万元。新华书店系统每笔的金额起点为1 000元。

56.【正确答案】C

【答案解析】收款人对同一付款人发货托收累计3次收不回货款的,收款人开户银行应暂停收款人向该付款人办理托收。

57. 【正确答案】C

【答案解析】信用证结算方式只适用于国内企业之间商品交易产生的货款结算,并且只能用于转账结算,不得支取现金。开证行在决定受理时,应向申请人收取不低于开证金额20%的保证金,并可根据申请人资信情况要求其提供抵押、质押或由其他金融机构出具保函。申请人交存的保证金和其存款账户余额不足支付的,开证行仍应在规定的付款时间内进行付款。对不足支付的部分作逾期贷款处理。

58. 【正确答案】A

【答案解析】本题考察考生对一般存款账户知识点的掌握情况。根据《人民币银行结算账户管理办法》第三十四条规定,一般存款账户用于办理存款人借款转存、借款归还和其他结算的资金收付。该账户可以办理现金缴存,但不得办理现金支取。故此题答案选择A。

59. 【正确答案】B

【答案解析】本题考察考生对转账支票知识点的掌握情况。

60. 【正确答案】C

【答案解析】本题考察考生对专用存款账户知识点的掌握情况。根据账户管理办法有关规定,存款人申请开立专用存款账户,应向银行出具其开立基本存款账户规定的证明文件、基本存款账户开户登记证等证明文件;同一个证明文件,只能开立一个专用存款账户。故本题答案选C。

二、多项选择题

61. 【正确答案】ABCD

【答案解析】现金结算具有直接便利、不安全性、不易宏观控制和管理、费用较高等特点。

62. 【正确答案】ABCD

【答案解析】现金结算的渠道有:(1)付款人直接将现金支付给收款人;(2)付款人委托银行、非银行金融机构或者非金融机构将现金支付给收款人。

63. 【正确答案】ABCD

【答案解析】开户单位可以在下列范围内使用现金:(1)职工工资、津贴;(2)个人劳务报酬;(3)根据国家规定颁发给个人的科学技术、文化艺术、体育等各种奖金;(4)各种劳保、福利费用以及国家规定的对个人的其他支出;(5)向个人收购农副产品和其他物资的价款;(6)出差人员必须随身携带的差旅费;(7)结算起点以下的零星支出;(8)中国人民银行确定需要支付现金的其他支出。

64. 【正确答案】ABCD

【答案解析】支付结算的特征主要有:(1)支付结算必须通过中国人民银行批准的金融机构进行;(2)支付结算的发生取决于委托人的意志;(3)实行统一领导,分级管理;(4)支付结算是一种要式行为;(5)支付结算必须依法进行。

65. 【正确答案】BCD

【答案解析】支付结算的基本原则有:(1)恪守信用,履约付款;(2)谁的钱进谁的账,由谁支配;(3)银行不垫款。

66. 【正确答案】ABCD

【答案解析】办理支付结算的基本要求:(1)办理支付结算必须使用中国人民银行统一规定的票据和结算凭证,未使用中国人民银行统一规定的票据,票据无效;未使用中国人民银行统一规定的结算凭证,银行不予受理。(2)办理支付结算必须按统一的规定开立和使用账户。(3)填写票据和结算凭证应当全面规范,做到数字正确,要素齐全,不错不漏,字迹清楚,防止涂改。票据和结算凭证金额以中文大写和阿拉伯数字同时记载,两者必须一致,否则,银行不予受理。(4)票据和结算凭证上的签章和记载事项必须真实,不得变造伪造。

67. 【正确答案】AC

【答案解析】一般存款账户是指存款人因借款或其他结算需要,在基本存款账户开户银行以外的银行营业机构开立的银行结算账户。临时存款账户是指存款人因临时需要并在规定期限内使用而开立的银行结算账户。

68.【正确答案】ABCD

【答案解析】银行结算账户管理的基本原则是:(1)一个基本账户原则;(2)自主选择原则;(3)守法合规原则;(4)存款信息保密原则。

69.【正确答案】ABCD

【答案解析】存款人有以下情形之一的,应向开户银行提出撤销银行结算账户的申请:(1)被撤并、解散、宣告破产或关闭的;(2)注销、被吊销营业执照的;(3)因迁址,需要变更开户银行的;(4)其他原因需要撤销银行结算账户的。存款人有本条第(1)、(2)项情形的,应于5个工作日内向开户银行提出撤销银行结算账户的申请。

70.【正确答案】ABCD

【答案解析】无。

71.【正确答案】ABCD

【答案解析】票据的功能包括:(1)支付功能;(2)汇兑功能;(3)信用功能;(4)结算功能;(5)融资功能。

72.【正确答案】ABCD

【答案解析】票据行为是指票据当事人以发生票据债务为目的的、以在票据上签名或盖章为权利与义务成立要件的法律行为,包括出票、背书、承兑和保证四种。

73.【正确答案】AC

【答案解析】票据权利是指票据持票人向票据债务人请求支付票据金额的权利,包括付款请求权和追索权。

74.【正确答案】ABCD

【答案解析】以上四项表述均正确。

75.【正确答案】ABC

【答案解析】支票分为现金支票、转账支票和普通支票。现金支票只能用于支取现金;转账支票只能用于转账;普通支票可以用于支取现金,也可用于转账。

76.【正确答案】ABCD

【答案解析】支票的绝对记载事项有:(1)表明"支票"的字样;(2)无条件支付的委托;(3)确定的金额;(4)付款人名称;(5)出票日期;(6)出票人签章。其中支票的金额、收款人名称可以由出票人授权补记,未补记前不得背书转让和提示付款。

77.【正确答案】AB

【答案解析】支票的相对记载事项有:(1)付款地。支票上未记载付款地的,付款人的营业场所为付款地;(2)出票地。支票上未记载出票地的,出票人的营业场所、住所或者经常居住地为出票地。

78.【正确答案】BCD

【答案解析】本题考核的是付款人付款责任的相关知识。

79.【正确答案】ACD

【答案解析】签发支票的要求:(1)签发支票应当使用碳素墨水或墨汁填写,中国人民银行另有规定的除外。(2)签发现金支票和用于支取现金的普通支票,必须符合国家现金管理的规定。(3)支票的出票人签发支票的金额不得超过付款时在付款人处实有的存款金额。禁止签发空头支票。(4)支票的出票人预留银行签章是银行审核支票付款的依据;银行也可以与出票人约定使用支付密码,作为银行审核支付支票金额的条件。(5)出票人不得签发与其预留银行签章不符的支票;使用支付密码的,出票人不得签发支付密码错误的支票。(6)出票人签发空头支票、签章与预留银行签章不符的支票,使用支付密码的地区,支付密码错误的支票,银行应予以退票,并按票面金额处以5‰。不低于1 000元的罚款;持票人有权要求出票人赔偿支票金额2%的赔偿金。对屡次签发的,银行应停止其签发支票。

80.【正确答案】ABCD

【答案解析】兑付支票的要求:(1)持票人可以委托开户银行收款或直接向付款人提示付款。用于支取现金的支票仅限于收款人向付款人提示付款。(2)持票人委托开户银行收款时,应作委托收款背书,在支票背面背书人签章栏签章,记载"委托收款"字样、背书日期,在被背书人栏记载开户银行名称,并将支票和填制的进账单送交开户银行。(3)持票人持用于转账的支票向付款人提示付款时,应在支票背面背书人签章栏签章,并将支票和填制的进账单交送出票人开户银行。(4)收款人持用于支取现金的支票向付款人提示付款时,应在支票背面"收款人签章"处签章,持票人为个人的,还需交验本人身份证件,并在支票背面注明证件名称、号码及发证机关。

81.【正确答案】BCD

【答案解析】商业汇票的出票人,为在银行开立存款账户的法人以及其他组织,与付款人具有真实的委托付款关系,具有支付汇票金额的可靠资金来源。

82.【正确答案】ABCD

【答案解析】相对记载事项的内容主要包括:(1)汇票上未记载付款日期的,视为见票即付;(2)汇票上未记载付款地的,付款人的营业场所、住所或者经常居住地为付款地;(3)汇票上未记载出票地的,出票人的营业场所、住所或者经常居住地为出票地。

83.【正确答案】ABC

【答案解析】出票人依照《票据法》的规定完成出票行为之后,即产生票据上的效力。包括:(1)对收款人的效力。收款人取得汇票后,即取得票据权利。(2)对付款人的效力。付款人在对汇票承兑后,即成为汇票上的主债务人。(3)对出票人的效力。出票人签发汇票后,即承担保证该汇票承兑和付款的责任。

84.【正确答案】ABCD

【答案解析】本题考核的是商业汇票的相关知识。

85.【正确答案】ABC

【答案解析】定日付款或者出票后定期付款的汇票,持票人应当在汇票到期日前向付款人提示承兑;见票后定期付款的汇票,持票人应当自出票日起1个月内向付款人提示承兑;汇票未按规定期限提示承兑的,持票人丧失对其前手的追索权;汇票上未记载付款日期的,视为见票即付,见票即付的汇票无需提示承兑。

86.【正确答案】ABCD

【答案解析】商业汇票承兑的效力:(1)承兑人于汇票到期日必须向持票人无条件地支付汇票上的金额,否则其必须承担迟延付款责任;(2)承兑人必须对汇票上的一切权利人承担责任,权利人包括付款请求权人和追索权人;(3)承兑人不得以其与出票人之间的资金关系来对抗持票人,拒绝支付汇票金额;(4)承兑人的票据责任不因持票人未在法定期限提示付款而解除。

87.【正确答案】ABCD

【答案解析】本小题考核的是商业汇票的保证。

88.【正确答案】ABCD

【答案解析】银行汇票的记载事项有:(1)表明"银行汇票"的字样。(2)无条件支付的承诺;(3)确定的金额;(4)付款人名称;(5)收款人名称;(6)出票日期;(7)出票人签章。汇票上未记载上述事项之一的,汇票无效。

89.【正确答案】ABCD

【答案解析】银行本票必须记载下列事项:表明"银行本票"的字样;无条件支付的承诺;确定的金额;收款人名称;出票日期;出票人签章。

90.【正确答案】ABD

【答案解析】贷记卡的首月最低还款额不得低于其当月透支余额的10%。

91.【正确答案】ABCD

【答案解析】存款人有下列情形之一的,应向开户银行提出撤销银行结算账户的申请:被撤并、解散、宣告破产或关闭的;注销、被吊销营业执照的;因迁址需要变更开户银行的;其他原因需要撤销银行结算账户的。

92.【正确答案】ABD

【答案解析】支付结算的基本原则有:恪守信用,履约付款;谁的钱进谁的账,由谁支配;银行不垫款。

93.【正确答案】ABC

【答案解析】票据的金额、出票或签发日期、收款人名称不得更改,更改的票据无效。

94.【正确答案】ABCD

【答案解析】银行结算账户的类别有:基本存款账户;一般存款账户;专用存款账户;临时存款账户;个人银行结算账户;异地银行结算账户。

95.【正确答案】ACD

【答案解析】边远地区和交通不便地区的开户单位的库存现金限额,可以多于5天,但不得超过15天。

96.【正确答案】ABCD

【答案解析】票据、银行卡、汇兑、托收承付、委托收款、信用证等均属于支付结算方式。

97.【正确答案】ABCD

【答案解析】银行(含城乡信用合作社)以及单位(含个体工商户)和个人是办理支付结算的主体。

98.【正确答案】ACD

【答案解析】支付结算的发生取决于委托人的意志,而不是受托人的意志。

99.【正确答案】ABCD

【答案解析】银行汇票各联次的用途。

100.【正确答案】ACD

【答案解析】中文大写金额数字到"元"为止的,在"元"之后应写"整"(或"正")字;到"角"为止的,在"角"之后可以不写"整"(或"正")字。大写金额数字有"分"的,"分"后面不写"整"(或"正")字。

101.【正确答案】CD

【答案解析】票据的出票日期必须使用中文大写。大写日期未按要求规范填写的,银行可予受理,但由此造成损失的,由出票人自行承担。

102.【正确答案】ABCD

【答案解析】下列存款人,可以申请开立基本存款账户:企业法人、非法人企业、机关、事业单位、团级(含)以上军队、武警部队及分散执勤的支(分)队、社会团体、民办非企业组织、异地常设机构、外国驻华机构、个体工商户、居民委员会、村民委员会、社区委员会、单位设立的独立核算的附属机构、其他组织。

103.【正确答案】ABC

【答案解析】一般存款账户用于办理存款人借款转存、借款归还和其他结算的资金收付。该账户可以办理现金缴存,但不得办理现金支取。

104.【正确答案】ABCD

【答案解析】专用存款账户用于办理各项专用资金的收付。适用于基本建设资金,更新改造资金,财政预算外资金,粮、棉、油收购资金,证券交易结算资金,期货交易保证金,信托基金,金融机构存放同业资金,政策性房地产开发资金,单位银行卡备用金,住房基金,社会保障基金,收入汇缴资金,业务支出资金,党、团、工会设在单位的组织机构经费等专项管理和使用的资金。

105.【正确答案】ABC

【答案解析】存款人有设立临时机构、异地临时经营活动、注册验资情况的,可以申请开立临时存款账户。

106.【正确答案】AB

【答案解析】有下列情况的,可以申请开立个人银行结算账户:① 使用支票、信用卡等信用支付工具的;② 办理汇兑、定期借记、定期贷记、借记卡等结算业务的。

107.【正确答案】BCD

【答案解析】伪造、变造证明文件欺骗银行开立银行结算账户属于存款人的违法行为。

108.【正确答案】ABD

【答案解析】伪造、变造、私自印制开户许可证的存款人,属非经营性的处以 1 000 元罚款;属经营性的处以 1 万元以上 3 万元以下的罚款,故选项 C 错误。

109.【正确答案】CD

【答案解析】我国《票据法》中规定的"票据",仅包括银行汇票、商业汇票、银行本票和支票。

110.【正确答案】ABCD

【答案解析】票据的特征有:(1)票据是债券凭证和金钱凭证;(2)票据是设权证券;(3)票据是文义证券。

111.【正确答案】ABD

【答案解析】票据可以用于提供担保,但这不属于票据的固有功能。

112.【正确答案】ABCD

【答案解析】银行汇票的绝对记载事项有:(1)表明"银行汇票"的字样。(2)无条件支付的承诺;(3)确定的金额;(4)付款人名称;(5)收款人名称;(6)出票日期;(7)出票人签章。

113.【正确答案】BC

【答案解析】背书由背书人签章并记载背书日期。背书未记载日期的,视为在票据到期日前背书。以背书转让或者以背书将一定的票据权利授予他人行使时,必须记载被背书人名称。

114.【正确答案】ABCD

【答案解析】不得进行的背书,包括条件背书、部分背书、限制背书和期后背书。

115.【正确答案】ACD

【答案解析】银行承兑汇票的出票人必须是在承兑银行开立存款账户的法人以及其他组织。

116.【正确答案】ABC

【答案解析】票据的基本当事人包括出票人、付款人和收款人。

117.【正确答案】ACD

【答案解析】票据转让时,由背书人签章。

118.【正确答案】AC

【答案解析】现金支票只能用于支取现金,转账支票只能用于转账。普通支票可以用于支取现金,也可以用于转账。划线支票只能用于转账,不得支取现金。

119.【正确答案】BD

【答案解析】汇票转让只能采用背书的方式,而不能仅凭单纯交付方式。商业汇票的提示付款期限:(1)见票即付的汇票,自出票日起 1 个月内向付款人提示付款。(2)定日付款、出票后定期付款或者见票后定期付款的汇票,自到期日起 10 日内向承兑人提示付款。

120.【正确答案】AB

【答案解析】商业汇票保证的绝对记载事项包括保证文句和保证人签章两项。

三、判断题

121.【正确答案】错

【答案解析】现金使用的限额,由开户行根据单位的实际需要核定,一般按照单位 3 至 5 天日常零星开支所需确定。

122.【正确答案】对
【答案解析】本题考核的是支付结算方面的法律、法规和制度。
123.【正确答案】错
【答案解析】伪造、变造、私自印制开户登记证的存款人,属非经营性的处以1 000元罚款;属经营性的处以1万元以上3万元以下的罚款;构成犯罪的,移交司法机关依法追究刑事责任。
124.【正确答案】对
【答案解析】本题考核的是票据的定义。
125.【正确答案】对
【答案解析】本题考核的是票据行为的概念。
126.【正确答案】错
【答案解析】出票是指出票人签发票据并将其交付给收款人的票据行为。
127.【正确答案】对
【答案解析】本题考核的是背书的定义。
128.【正确答案】对
【答案解析】本题考核的是背书的分类。
129.【正确答案】错
【答案解析】付款人承兑汇票,不得附有条件;承兑附有条件的,视为拒绝承兑。
130.【正确答案】对
【答案解析】本题考核的是保证的定义。
131.【正确答案】对
【答案解析】本题考核的是保证的有关知识。
132.【正确答案】对
【答案解析】票据当事人可分为基本当事人和非基本当事人。基本当事人包括出票人、付款人和收款人。非基本当事人包括承兑人、背书人、被背书人、保证人等。
133.【正确答案】错
【答案解析】基本当事人,是指在票据做成和交付时就已经存在的当事人,是构成票据法律关系的必要主体,包括出票人、付款人和收款人三种。
134.【正确答案】错
【答案解析】非基本当事人,是指在票据做成并交付后,通过一定的票据行为加入票据关系而享有一定权利、承担一定义务的当事人,包括承兑人、背书人、被背书人、保证人等。
135.【正确答案】对
【答案解析】本题考核的是出票人的定义。
136.【正确答案】对
【答案解析】本题考核的是承兑人的定义。
137.【正确答案】对
【答案解析】本题考核的是背书人的定义。
138.【正确答案】对
【答案解析】本题考核的是保证人的定义。
139.【正确答案】对
【答案解析】本题考核的是票据权利的概念。
140.【正确答案】对
【答案解析】本题考核的是支票的使用范围。
141.【正确答案】对

【答案解析】本题考核的是现金支票的概念。

142．【正确答案】对

【答案解析】本题考核的是转账支票的概念。

143．【正确答案】对

【答案解析】本题考核的是普通支票的概念。

144．【正确答案】对

【答案解析】金额和收款人名称由出票人授权补记是支票特有的功能。

145．【正确答案】对

【答案解析】支票上未记载出票地的,出票人的营业场所、住所或者经常居住地为出票地。

146．【正确答案】错

【答案解析】出票人签发空头支票、签章与预留银行签章不符的支票,使用支付密码的地区,支付密码错误的支票,银行应予以退票,并按票面金额处以5%不低于1 000元的罚款;持票人有权要求出票人赔偿支票金额2%的赔偿金。对屡次签发的,银行应停止其签发支票。

147．【正确答案】对

【答案解析】本题考核的是出票人的相关责任。

148．【正确答案】错

【答案解析】出票人在付款人处的存款足以支付支票金额时,付款人应当在见票当日足额付款。

149．【正确答案】对

【答案解析】本题考核的是商业汇票的概念。

150．【正确答案】对

【答案解析】本题考核的是出票行为的定义。

151．【正确答案】对

【答案解析】本题考核的是出票人的责任。

152．【正确答案】错

【答案解析】付款人承兑商业汇票,应当在汇票正面记载"承兑"字样和承兑日期并签章。

153．【正确答案】对

【答案解析】本题考核的是商业汇票的背书。

154．【正确答案】对

【答案解析】本题考核的是银行汇票提示付款的相关内容。

155．【正确答案】对

【答案解析】银行本票是出票人签发的,承诺自己在见票时无条件支付确定的金额给收款人或者持票人的票据。

156．【正确答案】错

【答案解析】单位和个人在同一票据交换区域需要支付的各种款项,均可以使用银行本票。银行本票可以用于转账,注明"现金"字样的银行本票可以用于支取现金。

157．【正确答案】错

【答案解析】使用托收承付结算方式的收款单位和付款单位,必须是国有企业、供销合作社以及经营管理较好,并经开户银行审查同意的城乡集体所有制工业企业。

158．【正确答案】对

【答案解析】本题考核的是信用证的相关知识。

159．【正确答案】对

【答案解析】凡是与支付结算的各种结算方式有关的法律、行政法规以及部门规章和地方性规定都是支付结算的法律依据。

160.【正确答案】错

【答案解析】办理支付结算必须使用中国人民银行统一规定的票据和结算凭证,未使用中国人民银行统一规定的票据,票据无效;未使用中国人民银行统一规定的结算凭证,银行不予受理。

161.【正确答案】错

【答案解析】银行结算账户是指存款人在经办银行开立的办理资金收付结算的人民币活期存款账户。

162.【正确答案】对

【答案解析】票据的特征有:票据是债券凭证和金钱凭证;票据是设权证券;票据是文义证券。

163.【正确答案】错

【答案解析】现金结算的特点主要有直接便利、安全性差、不易宏观控制和管理及费用较高。

164.【正确答案】错

【答案解析】开户单位支付现金,可以从本单位库存现金限额中支付或从开户银行提取,不得从本单位的现金收入中直接支付。

165.【正确答案】对

【答案解析】使用现金结算的起点一般为一千元,结算起点的调整,由中国人民银行确定,报国务院备案。

166.【正确答案】错

【答案解析】边远地区和交通不便地区的开户单位,其库存现金限额可多于5天,但不得超过15天的日常零星开支。

167.【正确答案】错

【答案解析】商业和服务行业的找零备用现金也应根据营业额核定定额,但不包括在开户单位的库存现金限额之内。

168.【正确答案】错

【答案解析】支付结算是指单位、个人在社会经济活动中使用票据、信用卡和汇兑、托收承付、委托收款等结算方式进行货币给付及其资金清算的行为。

169.【正确答案】对

【答案解析】银行是支付结算和资金清算的中介机构,非银行金融机构未经批准不得作为中介机构办理支付结算业务。

170.【正确答案】错

【答案解析】除国家法律、行政法规另有规定外,银行不得为任何单位或者个人查询账户情况,不得为任何单位或者个人冻结、扣划款项,不得停止单位、个人存款的正常支付。

171.【正确答案】对

【答案解析】单位、个人和银行办理支付结算,必须使用按中国人民银行统一规定印制的票据和结算凭证。

172.【正确答案】错

【答案解析】民法上"诚实守信"原则在支付结算中具体体现为恪守信用、履约付款原则。

173.【正确答案】错

【答案解析】谁的钱进谁的账、由谁支配原则在于维护存款人对存款资金的所有权或控制权,保证其对资金的自主支配。

174.【正确答案】错

【答案解析】票据和结算凭证金额以中文大写和阿拉伯数码同时记载,两者必须一致,否则银行不予受理。

175.【正确答案】错

【答案解析】大写日期未按要求规范填写的,银行可予受理,但由此造成损失的,由出票人自行承担。

176．【正确答案】错

【答案解析】大写金额数字有"分"的,"分"后面不写"整"(或"正")字。

177．【正确答案】错

【答案解析】票据和结算凭证的金额、出票或签发日期、收款人名称不得更改,更改的票据无效;更改的结算凭证,银行不予受理。

178．【正确答案】错

【答案解析】一般存款账户是指存款人因借款或其他结算需要,在基本存款账户开户银行以外的银行营业机构开立的银行结算账户。

179．【正确答案】错

【答案解析】存款人因异地临时经营活动需要可以申请开立临时存款账户。

180．【正确答案】对

【答案解析】存款人因附属的非独立核算单位或派出机构发生的收入汇缴或业务支出需要开立专用存款账户的,可以在异地开立有关银行结算账户。

四、案例分析题

(一) 181．【正确答案】C

【答案解析】商业汇票的绝对记载事项:(1)表明商业承兑汇票或银行承兑汇票的字样;(2)无条件支付的委托;(3)确定的金额;(4)付款人名称;(5)收款人名称;(6)出票日期;(7)出票人签章。相对记载事项的内容主要包括:(1)汇票上未记载付款日期的,视为见票即付;(2)汇票上未记载付款地的,付款人的营业场所、住所或者经常居住地为付款地;(3)汇票上未记载出票地的,出票人的营业场所、住所或者经常居住地为出票地。

182．【正确答案】BC

【答案解析】汇票上可以记载非法定记载事项,但这些事项不具有汇票上的效力。如果出票人在汇票上记载"不得转让"字样,则该汇票不得转让。对于"不得转让"字样的票据,其后手以此票据进行贴现、质押,通过贴现、质押取得票据的持票人主张票据权利的,人民法院不予支持。如果收款人或持票人将出票人作禁止背书的汇票转让的,该转让不发生票据法上的效力,出票人和承兑人对受让人不承担票据责任。背书未记载日期的,视为在汇票到期日前背书。背书人背书时,必须在票据上签章,必须记载被背书人名称,背书才能成立。第一位使用粘单的背书人必须将粘单粘接在票据上,并且在汇票和粘单的粘接处签章,否则该粘单记载的内容即为无效。

183．【正确答案】B

【答案解析】商业汇票的绝对记载事项:(1)表明商业承兑汇票或银行承兑汇票的字样;(2)无条件支付的委托;(3)确定的金额;(4)付款人名称;(5)收款人名称;(6)出票日期;(7)出票人签章。相对记载事项的内容主要包括:(1)汇票上未记载付款日期的,视为见票即付;(2)汇票上未记载付款地的,付款人的营业场所、住所或者经常居住地为付款地;(3)汇票上未记载出票地的,出票人的营业场所、住所或者经常居住地为出票地。

184．【正确答案】ABD

【答案解析】商业汇票的绝对记载事项:(1)表明商业承兑汇票或银行承兑汇票的字样;(2)无条件支付的委托;(3)确定的金额;(4)付款人名称;(5)收款人名称;(6)出票日期;(7)出票人签章。相对记载事项的内容主要包括:(1)汇票上未记载付款日期的,视为见票即付;(2)汇票上未记载付款地的,付款人的营业场所、住所或者经常居住地为付款地;(3)汇票上未记载出票地的,出票人的营业场所、住所或者经常居住地为出票地。

185．【正确答案】A

【答案解析】商业汇票的绝对记载事项:(1)表明商业承兑汇票或银行承兑汇票的字样;(2)无条件支付的委托;(3)确定的金额;(4)付款人名称;(5)收款人名称;(6)出票日期;(7)出票人签章。相对记载事项的内容主要包括：(1) 汇票上未记载付款日期的,视为见票即付；(2) 汇票上未记载付款地的,付款人的营业场所、住所或者经常居住地为付款地；(3) 汇票上未记载出票地的,出票人的营业场所、住所或者经常居住地为出票地。

（二）186.【正确答案】B

【答案解析】付款人是指出票人在汇票上的委托支付汇票金额的人。付款人是汇票的主债务人,汇票记载的付款人为交通银行某支行,所以汇票的付款人为该票据的主债务人。

187.【正确答案】AD

【答案解析】首先公司出票,银行付款,所以判断该票为商业汇票,没有记载付款日期却不影响背书转让,所以属于见票即付的商业汇票,该种汇票无须承兑,需要在出票一个月内提示付款。

188.【正确答案】ACD

【答案解析】最后被背书人依法享有付款请求权和追索权。所以张方同可以依法对背书人、出票人、承兑人、保证人行使权利。

189.【正确答案】AC

【答案解析】记载有"不得转让"字样的票据,后手(李安)再背书转让的,背书转让有效,但原背书人(乙公司)对后手的被背书人(张方同)不承担保证责任。

190.【正确答案】BD

【答案解析】保证人未在票据或者粘单上记载保证字样,而是另行签订保证合同的,不属于票据的保证,所以李起和李广不承担票据的保证责任。票据的保证行为是指票据的债务人以外的第三人,为担保特定债务人依法履行票据的债务为目的,而在票据上记载有关事项并签章的附属票据行为。

（三）191.【正确答案】ABD

【答案解析】收款人享有付款请求权和追索权双重权利。出票人的出票行为并不意味着付款人因此而承担付款的义务。但基于出票人的付款委托使付款人具有承兑人的地位,在据此委托为承兑行为后,付款人就承担了票据责任,成为汇票上的主债务人。出票人的出票行为是委托他人付款,这就必须保证该付款得以实现。如果持票人依法请求付款时,而付款人不予付款,出票人就应该向持票人承担票据责任。

192.【正确答案】B

【答案解析】作为被追索人的出票人、背书人、承兑人和保证人,对持票人承担的责任为连带责任。但是按《票据法》第34条的规定,背书人在汇票上记载"不得转让"字样,其后手再背书转让的,原背书人对后手的被背书人不负担保责任,故B公司对D公司不承担票据责任。

193.【正确答案】BCD

【答案解析】背书应记载事项：背书人签章、被背书人名称和背书日期。背书未记载日期的,视为在汇票到期日前背书。背书在粘单上进行的,粘单上的第一记载人,应在汇票和粘单的粘接处签章。

194.【正确答案】A

【答案解析】根据《票据法》第66条第1款的相关规定,持票人应当在收到被拒绝承兑或者被拒绝付款的有关证明之日起3日内,将被拒绝事由通知其前手；其前手应当自收到通知之日起3日内书面通知其再前手。

195.【正确答案】ABC

【答案解析】追索金额是指持票人或者其他追索权人向偿还义务人行使追索权,请求其支付的金额。根据《票据法》第71条第1款的相关规定,追索金额包括：被拒绝付款的汇票金额；汇票金额从到期日或者提示付款日起至清偿日止,按照中国人民银行规定的利率计算的利息；取得有关拒绝证明和发出通知书的费用。

（四）196.【正确答案】BC

【答案解析】先消费后还款的属于贷记卡。

197.【正确答案】AC

【答案解析】首月还款额不得低于消费金额的10%,分期后不享受免息还款。

198.【正确答案】B

【答案解析】银行向商户收取手续费。

199.【正确答案】D

【答案解析】持卡人还清透支本息后,属于下列情况之一的,可以办理销户:(1)信用卡有效期满45天后,持卡人不更换新卡的;(2)信用卡挂失满45天后,没有附属卡又不更换新卡的;(3)信用卡被列入止付名单,发卡银行已收回其信用卡45天的;(4)持卡人死亡,发卡银行已收回其信用卡45天的;(5)持卡人要求销户或担保人撤销担保,并已交回全部信用卡45天的;(6)信用卡账户两年(含)以上未发生交易的;(7)持卡人违反其他规定,发卡银行认为应该取消资格的。发卡银行办理销户,应当收回信用卡。有效信用卡无法收回的,应当将其止付。

200.【正确答案】D

【答案解析】根据规定,贷记卡内的存款不计付利息。

第三章 税收法律制度

一、单项选择题

1.【正确答案】C

【答案解析】财产税是以纳税人所拥有或支配的特定财产为征税对象的一类税收。我国现行的房产税、车船使用税等属于财产税类。

2.【正确答案】A

【答案解析】消费型增值税,允许纳税人将购置物质资料的价值和用于生产、经营的固定资产价值中所含的税款,在购置当期全部一次扣除。我国从2009年1月1日起全面实行消费型增值税。

3.【正确答案】D

【答案解析】一般纳税人是指年应征增值税销售额(以下简称"年应税销售额",包括一个公历年度内的全部应税销售额)超过《增值税暂行条例实施细则》规定的小规模纳税人标准的企业和企业性单位。

4.【正确答案】D

【答案解析】增值税的基本税率为17%。

5.【正确答案】C

【答案解析】粮食白酒采用基本税率17%。含税价为93 600,因此不含税价=含税价÷(1+税率)=93 600÷(1+17%)=80 000元,则销项税额=不含税价×税率=80 000×17%=13 600元。

6.【正确答案】A

【答案解析】小规模纳税人采用的税率为3%。不含税价=含税价÷(1+税率)=10 300÷(1+3%)=10 000元,应纳增值税=不含税价×税率=10 000×3%=300元。

7.【正确答案】C

【答案解析】消费税纳税期限分别为1日、3日、5日、10日、15日、1个月或者1个季度。

8.【正确答案】D

【答案解析】增值税专用发票由国家税务总局指定企业统一印制。

9.【正确答案】A

【答案解析】对国家需要重点扶持的高新技术企业,减按15%税率征收企业所得税。

10.【正确答案】C

【答案解析】查账征收,是指税务机关对财务健全的纳税人,依据其报送的纳税申报表、财务会计报表和其他有关的纳税资料,计算应纳税款,填写缴款书或完税凭证,由纳税人到银行划解税款的征收方式。

这种方式较为规范,适用于财务会计制度健全、能够认真履行纳税义务的纳税单位。

11.【正确答案】B

【答案解析】我国现行的增值税、消费税和关税等都属于流转税类。车船使用税属于财产税类。

12.【正确答案】C

【答案解析】税务代理的特点是公正性、自愿性、有偿性和独立性。

13.【正确答案】A

【答案解析】对提供应税服务的,年应税服务销售额在500万元以下的,属于小规模纳税人。

14.【正确答案】A

【答案解析】根据规定,提供交通运输业服务,适用的增值税税率为11%。

15.【正确答案】B

【答案解析】企业及企业在外地设立的分支机构和从事生产、经营的场所,个体工商户和从事生产、经营的事业单位自领取营业执照之日起30日内,持有关证件向生产、经营地或者纳税义务发生地的主管税务机关申报办理税务登记,如实填写税务登记表,并按照税务机关的要求提供有关证件、资料。

16.【正确答案】C

【答案解析】我国从2009年1月1日起,全面实行消费型增值税。

17.【正确答案】C

【答案解析】固定性,是指国家征税以法律形式预先规定征税范围和征收比例,便于征纳双方共同遵守。

18.【正确答案】C

【答案解析】无偿性是税收的关键特征。无偿性决定了税收是筹集财政收入的主要手段,并成为调节经济和矫正社会分配不公的有力工具。

19.【正确答案】D

【答案解析】征税对象是税法的最基本要素,是各个税种之间相互区别的根本标志,不同的征税对象构成不同的税种。

20.【正确答案】A

【答案解析】比例税率是指对同一征税对象,无论金额大小均按同一比例征税的税率。

21.【正确答案】C

【答案解析】财产税是以纳税人所拥有或支配的特定财产为征税对象的一类税收。我国现行的房产税、车船使用税等属于财产税类。

22.【正确答案】D

【答案解析】中央与地方共享税是指收入由中央和地方政府按比例分享的税收。如增值税、企业所得税和个人所得税等。

23.【正确答案】B

【答案解析】免征额是税法规定的征税对象全部数额中免予征税的数额,免征额的部分不征税,只就其超过免征额的部分征税;是对所有纳税人的照顾。

24.【正确答案】A

【答案解析】消费型增值税,允许纳税人将购置物质资料的价值和用于生产、经营的固定资产价值中所含的税款,在购置当期全部一次扣除。我国从2009年1月1日起全面实行消费型增值税。

25.【正确答案】D

【答案解析】销售电力属于销售货物,提供文化创意服务属于提供应税服务,受托加工货物属于提供加工修理修配劳务,企业所得额属于企业所得税征税范围。

26.【正确答案】C

【答案解析】纳税人销售应税消费品向购买方收取的全部价款和价外费用构成销售额,但不包括增值税税款。本题中,包装物租金、优质费属于价外费用,在计入销售额的时候需要换算为不含税的价款。则甲酒厂当月销售果木酒应缴纳消费税税额 = [10 + (0.585 + 2.34)/(1 + 17%)] × 10% = 1.25(万元)

27.【正确答案】A

【答案解析】用于非增值税应税项目、免征增值税项目、集体福利或者个人消费的购进货物或者应税劳务的进项税额,不得从销项税额中抵扣。

28.【正确答案】B

【答案解析】纳税人兼营非增值税应税项目的,应分别核算货物或者应税劳务的销售额和非增值税应税项目的营业额;未分别核算的,由主管税务机关核定货物或者应税劳务的销售额。

29.【正确答案】C

【答案解析】非固定业户销售货物或应税劳务,应向销售地或劳务发生地的主管税务机关申报纳税;未向销售地主管税务机关申报纳税的,由其机构所在地主管税务机关补征税款。

30.【正确答案】C

【答案解析】根据增值税法律制度的规定,选项A、B两种情形不允许开具专用发票,选项D不属于增值税征税范围。

31.【正确答案】D

【答案解析】一般纳税人和小规模纳税人认定标准:应税服务年销售额超过500万元的纳税人为一般纳税人;应税服务年销售额未超过500万元的纳税人为小规模纳税人。

32.【正确答案】D

【答案解析】征税对象又叫课税对象、征税客体,指税法规定对什么征税,是征纳税双方权利义务共同指向的客体或标志物,是区别一种税与另一种税的重要标志。税目,经济名词,课税客体具体划分的项目,是税法中规定的应当征收的具体物品、行业或项目,是征税对象的具体化,它规定了一个税种的课税范围,反映了课税的广度。纳税人亦称纳税义务人、"课税主体",是税法上规定的直接负有纳税义务的单位和个人。

33.【正确答案】C

【答案解析】饮食业的计税依据应分项目核算。本月应交纳的增值税 = 200 万/(1 + 6%) × 6% − 20 万/(1 + 13%) × 13% − 10/(1 + 17%) × 17% = 7.75 万。

34.【正确答案】A

【答案解析】消费税税目——汽车轮胎,包括各种汽车、挂车、专用车和其他机动车上的内外胎。不包括农用拖拉机、收割机、手扶拖拉机的专用轮胎。翻新轮胎停止征收消费税,子午线轮胎免征消费税。

35.【正确答案】C

【答案解析】委托加工业务应纳的消费税一般由受托方代收代缴,无需自行缴纳。而选项A、B、D涉及的业务均需自行向所在地税务机关缴纳消费税。

36.【正确答案】D

【答案解析】粮食白酒、啤酒、黄酒适用定额税率。

37.【正确答案】C

【答案解析】委托其他纳税人代销货物,为收到代销单位的代销清单或者收到全部或者部分货款的当天。未收到代销清单及货款的,为发出代销货物满180天的当天。

38.【正确答案】B

【答案解析】采取直接收款方式销售货物,不论货物是否发出,均为收到销售款或者取得索取销售款凭据的当天;先开具发票的,为开具发票的当天。

39.【正确答案】B

【答案解析】小规模纳税人的认定标准是:
(1)从事货物生产或者提供应税劳务的纳税人,以及以从事货物生产或者提供应税劳务为主,并兼营货物批发或者零售的纳税人,年应税销售额在50万元以下(含本数)的。"以从事货物生产或者提供应税劳务为主"是指纳税人的年货物生产或提供应税劳务的销售额占全年应税销售额的比重在50%。

(2) 对上述规定以外的纳税人,年应税销售额在80万元以下的。

(3) 对提供应税服务的,年应税服务销售额在500万元以下的。

(4) 年应税销售额超过小规模纳税人标准的其他个人按小规模纳税人纳税。

(5) 非企业性单位、不经常发生应税行为的企业可选择按小规模纳税人纳税。

40.【正确答案】A

【答案解析】服装不在消费税税目之内。

41.【正确答案】B

【答案解析】非居民企业在中国境内设立机构、场所的,应当就其所设机构、场所取得的来源于中国境内的所得,以及发生在中国境外但与其所设机构、场所有实际联系的所得,缴纳企业所得税。

42.【正确答案】A

【答案解析】企业所得税实行比例税率。

43.【正确答案】C

【答案解析】对符合条件的小型微利企业,减按20%的税率征收企业所得税;对国家需要重点扶持的高新技术企业,减按15%的税率征收企业所得税。

44.【正确答案】C

【答案解析】增值税属于价外税,并不构成企业可以扣除的税金。

45.【正确答案】D

【答案解析】公益性捐赠在年利润总额的12%以内的部分可以扣除,超过部分及其他对外捐赠不能扣除。

46.【正确答案】B

【答案解析】根据税法的规定,企业某一纳税年度发生的亏损可以用下一年度的所得弥补,下一年度的所得不足以弥补的,可以逐年延续弥补,但最长不得超过5年。

47.【正确答案】D

【答案解析】企业所得税实行按年(自公历1月1日起到12月31日止)计算,分月或分季预缴,年终汇算清缴(年终后5个月内进行)、多退少补的征纳方法。

48.【正确答案】B

【答案解析】一次表演收入属于劳务报酬所得,应纳个人所得税的税额 = 50 000 × (1 - 20%) × 30% - 2 000 = 10 000(元)。

49.【正确答案】A

【答案解析】选项A适用于五级超额累进税率,选项B、C、D均适用于比例税率。

50.【正确答案】B

【答案解析】稿酬所得,适用比例税率,税率为20%,并按应纳税额减征30%,即只征收70%的税额,其实际税率为14%。

51.【正确答案】D

【答案解析】个体工商户的生产、经营所得和对企事业单位的承包经营、承租经营所得,适用5%~35%的超额累进税率。

52.【正确答案】A

【答案解析】对于一些不属于工资、薪金性质的补贴、津贴,不予征收个人所得税。这些项目包括:(1)独生子女补贴;(2)执行公务员工资制度未纳入基本工资总额的补贴、津贴差额和家属成员的副食补贴;(3)托儿补助费;(4)差旅费津贴、误餐补助。

53.【正确答案】B

【答案解析】根据我国《税收征收管理法》的规定,企业向税务机关申报办理税务登记的时间是自领取营业执照之日起 30 日内。

54.【正确答案】D

【答案解析】定期定额征收方式适用于经主管税务机关认定和县以上税务机关(含县级)批准的生产经营规模小,达不到《个体工商户建账管理暂行办法》规定设置账簿标准,难以查账征收,不能准确计算计税依据的个体工商户。

55.【正确答案】B

【答案解析】本题考察考生对追征税款知识点的掌握情况。因纳税人计算错误而未缴少缴税款的,追征期为 3 年,特殊情况延长至 5 年。

56.【正确答案】D

【答案解析】根据《消费税暂行条例》规定,我国消费税科目共有 15 项,不是 13 项。

57.【正确答案】B

【答案解析】本题考察考生对个人所得税知识点的掌握情况。根据个人所得税的税目范围规定,劳务报酬所得是指个人独立从事非雇佣的各种劳务所取得的所得。包括:翻译、审稿、书画、咨询、讲学等 29 项具体项目。故此题选择 B。

58.【正确答案】D

【答案解析】本题考察考生对税率知识点的掌握情况。税率的设计,税率的高低直接关系到国家财政收入和纳税人的负担水平,国家在一定时期的税收政策也主要体现在税率方面,因此,税率是税收制度的中心环节。

二、多项选择题

59.【正确答案】ABCD

【答案解析】税收的作用有:(1)税收是国家组织财政收入的主要形式和工具;(2)税收是国家调控经济运行的重要手段;(3)税收具有维护国家政权的作用;(4)税收是国际经济交往中维护国家利益的可靠保证。

60.【正确答案】ACD

【答案解析】纳税义务人、征税对象、税率是构成税法的三个最基本的要素。

61.【正确答案】ABCD

【答案解析】增值税征税范围的基本规定:(1)销售或者进口的货物。货物是指有形动产,包括电力、热力、气体在内。销售货物是指有偿转让货物的所有权。(2)提供的加工、修理修配劳务。提供加工、修理修配劳务是指有偿提供加工、修理修配劳务,但单位或个体经营者聘用的员工为本单位或雇主提供加工、修理修配劳务,不包括在内。(3)提供的应税服务。应税服务是指陆路运输服务、水路运输服务、航空运输服务、管道运输服务、邮政普通服务、邮政特殊服务、邮政其他服务、研发和技术服务、信息技术服务、文化创意服务、物流辅助服务、有形动产租赁服务、鉴证咨询服务、广播影视服务等。提供应税服务是指有偿提供应税服务,但不包括非营业活动中提供的应税服务。

62.【正确答案】ABD

【答案解析】本题考核的是营改增的内容。

63.【正确答案】ABCD

【答案解析】本题考核的是视同销售的情况。

64.【正确答案】ABCD

【答案解析】小规模纳税人的认定标准是:①从事货物生产或者提供应税劳务的纳税人,以及以从事货物生产或者提供应税劳务为主,并兼营货物批发或者零售的纳税人,年应税销售额在 50 万元以下(含本数,下同)的;"以从事货物生产或者提供应税劳务为主"是指纳税人的年货物生产或提供应税劳务的销售额占全年应税销售额的比重在 50%。②对上述规定以外的纳税人,年应税销售额在 80 万元以下的。③对提供应税服务的,年应税服务销售额在 500 万元以下的。④年应税销售额超过小规模纳税人标准的其他个人按小规模纳税人纳税。⑤非企业性单位、不经常发生应税行为的企业可选择按小规模纳税人纳税。

65.【正确答案】BC

【答案解析】提供现代服务业服务(有形动产租赁服务除外),税率为6%。饲料、化肥、农药、农机(不包括农机零部件)、农膜按照13%的低税率征收增值税。

66.【正确答案】CD

【答案解析】纳税人进口货物,纳税义务发生时间为报关进口的当天;采取预收货款方式销售货物,为货物发出的当天;但生产销售生产工期超过12个月的大型机械设备、船舶、飞机等货物,为收到预收款或者书面合同约定的收款日期的当天。

67.【正确答案】ABCD

【答案解析】自行申报纳税的纳税义务人:(1)年所得12万元以上的。(2)从中国境内两处或者两处以上取得工资、薪金所得的。(3)从中国境外取得所得的。(4)取得应纳税所得,没有扣缴义务人的。(5)国务院规定的其他情形。

68.【正确答案】ABCD

【答案解析】本题考核的是增值税专用发票领用的相关问题。

69.【正确答案】AD

【答案解析】本题考核的是扣缴义务人应依法履行的义务。不存在B、C说法。

70.【正确答案】ABC

【答案解析】纳税人办理纳税申报主要采取方式有:(1)直接申报;(2)邮寄申报;(3)数据电文;(4)简易申报。

71.【正确答案】ABCD

【答案解析】税务代理的特点:中介性、法定性、自愿性、公正性。

72.【正确答案】ABCD

【答案解析】税收违法行政处罚税的形式:责令限期改正、罚款、没收财产、收缴未用发票和暂停供应发票、停止出口退税权。

73.【正确答案】ACD

【答案解析】本题考核的是行政复议的范围。

74.【正确答案】ABCD

【答案解析】税收的作用有:税收是国家组织财政收入的主要形式和工具;税收是国家调控经济运行的重要手段;税收具有维护国家政权的作用;税收是国际经济交往中维护国家利益的可靠保证。

75.【正确答案】ABCD

【答案解析】按征税对象分类,可将全部税收划分为流转税、所得税、财产税、资源税和行为税五种类型。

76.【正确答案】ACD

【答案解析】资源税包括:资源税、土地增值税和城镇土地使用税等。车辆购置税属于行为税。

77.【正确答案】BD

【答案解析】根据规定,按征收管理的分工体系分类,可分为工商税类、关税类。

78.【正确答案】ABCD

【答案解析】邮政储蓄业务按照金融、保险业税目征收增值税。

79.【正确答案】AD

【答案解析】《增值税暂行条例》属于税收行政法规;《税务代理试行办法》属于税收行政规章和税收规范性文件。

80.【正确答案】AC

【答案解析】我国现行的增值税、消费税、关税等都属于流转税。消费税(含进口环节由海关代征的部分)、关税、海关代征的进口环节增值税等为中央税。

81. 【正确答案】ABC

【答案解析】按照税收征收权限和收入支配权限分类,可分为中央税、地方税和中央地方共享税。

82. 【正确答案】AC

【答案解析】从价税是以课税对象的价格作为计税依据,一般实行比例税率和累进税率,税收负担比较合理。

83. 【正确答案】BC

【答案解析】用于适用简易计税方法计税项目、非增值税应税项目、免征增值税项目、集体福利或者个人消费的购进货物或应税服务,其进项税额不得抵扣;接受的旅客运输服务,其进项税额不得抵扣。

84. 【正确答案】ABCD

【答案解析】13%增值税税率适用的范围。

85. 【正确答案】ABCD

【答案解析】2014年1月1日起,将铁路运输业纳入"营改增"试点。至此,交通运输业已全部纳入"营改增"范围。

86. 【正确答案】ABCD

【答案解析】根据消费税法律制度的规定,应税消费品的征税环节包括生产环节(含委托加工)、零售环节、批发环节和进口环节。

87. 【正确答案】ABD

【答案解析】根据消费税法律制度的规定,委托加工的应税消费品,受托方在交货时已代收代缴消费税,委托方收回后直接销售的,不再缴纳消费税。

88. 【正确答案】ABD

【答案解析】我国个人所得税实行的是分类税制,而非综合税制,分类税制是将个人各种来源不同、性质各异的所得进行分类,分别扣除不同的费用,按不同的税率缴税。

89. 【正确答案】ABD

【答案解析】未设立机构、场所的非居民企业来源于中国境外的所得不属于企业所得税征收税范围。

90. 【正确答案】ABD

【答案解析】增值税专用发票只限于增值税一般纳税人领购使用,小规模纳税人、非增值税纳税人和有法定情形的一般纳税人不得领购使用,个体工商户不能开具增值税专用发票,可以到国税局去代开。

91. 【正确答案】BCD

【答案解析】企业生产的产品用于赠送或自用,应视同销售需缴纳消费税。

92. 【正确答案】BD

【答案解析】当事人对税务机关的处罚决定、强制执行措施或者税收保全措施不服的,可以依法申请行政复议,也可以依法向人民法院起诉,所以A错误。纳税人同税务机关在纳税上发生争执时,必须先依照税务机关的纳税决定缴纳或解缴税款及滞纳金或者提供相应的担保,然后可以依法申请行政复议,对行政复议决定不服的可以向人民法院起诉,所以C错误。

93. 【正确答案】AB

【答案解析】B省建筑服务发生地预缴的增值税额=(1 665-555)/(1+11%)×2%=20万元,回A省机构所在地纳申报时应缴的税款=1 655/(1+11%)×11%-20-80-555/(1+11%)×11%=10万

94. 【正确答案】CD

【答案解析】企业在外地设立的分支机构和从事生产、经营的场所,个体工商户和从事生产、经营的事业单位,均应当按照规定办理税务登记。负有扣缴税款义务的扣缴义务人(国家机关除外),应当按照规定办理扣缴税款登记。

95.【正确答案】ACD

【答案解析】企业所得税法律制度规定股息、红利等权益性投资收益和利息、租金、特许权使用费所得,以收入全额为应纳税所得额。转让财产所得,以收入全额减除财产净值后的余额为应纳税所得额。

96.【正确答案】ABC

【答案解析】与取得收入有关的、合理的支出,包括成本、费用、税金、损失。

97.【正确答案】ABD

【答案解析】规定比例范围内的公益性捐赠支出,可以扣除。

98.【正确答案】ABCD

【答案解析】金银首饰、铂金首饰、钻石及钻石饰品在零售环节纳税;纳税人委托个体经营者加工消费品,一律于委托方收回后在委托方所在地缴纳消费税;纳税人将委托加工收回的应税消费品用于连续生产应税消费品的,可以按当期生产领用数量计算准予扣除已缴纳的消费税;纳税人委托个人加工的应税消费品,由委托方向其机构所在地或居住地主管税务机关申报纳税。

99.【正确答案】ABCD

【答案解析】本题考核的是免税收入。

100.【正确答案】ABC

【答案解析】特许权使用费收入,是指企业提供专利权、非专利技术、商标权、著作权以及其他特许权的使用权取得的收入。

101.【正确答案】ABD

【答案解析】居民企业是指依法在中国境内成立,或者依照外国(地区)法律成立但实际管理机构在中国境内的企业。

102.【正确答案】ABCD

【答案解析】本题考核的是企业所得税的相关知识。

103.【正确答案】BC

【答案解析】民政部门支付给个人的生活困难补助和保险赔款,免征个人所得税。

104.【正确答案】ABCD

【答案解析】工资、薪金所得,是指个人因任职或者受雇而取得的工资、薪金、奖金、年终加薪、劳动分红、津贴、补贴以及与任职或者受雇有关的其他所得。

105.【正确答案】AC

【答案解析】稿酬所得、财产转让所得需要扣除一部分,余额为应纳税所得额。

106.【正确答案】BC

【答案解析】工资、薪金所得,适用3%至45%,超额累进税率。个体工商户的生产、经营所得和对企事业单位的承包经营、承租经营所得,适用5%至35%,超额累进税率。工资、薪金所得适用3%至45%,超额累进税率。

107.【正确答案】CD

【答案解析】我国采用居住时间和住所两项标准区分居民纳税人和非居民纳税人。

108.【正确答案】BD

【答案解析】储蓄存款利息目前已暂免征收个人所得税。

109.【正确答案】ABCD

【答案解析】根据个人所得税法律规定,年所得在12万元以上的;从中国境内两处或两处以上取得工资、薪金所得的;从中国境外取得所得的;取得应税所得,没有扣缴义务人的等。

110.【正确答案】ACD

【答案解析】根据我国税收法律制度的规定,国有金融、保险企业的存贷、汇兑、转账凭证,保险凭证;国有邮政、电信企业的邮票、邮单、话务、电报收据;国有铁路、国有航空企业和交通部门、国有公路、水上运输企业的客票、货票等。

111.【正确答案】ABCD

【答案解析】根据《发票管理办法》的规定，任何单位和个人不得转借、转让、代开发票，不得拆本使用发票。

112.【正确答案】CD

【答案解析】纳税人采取邮寄方式办理纳税申报的，应当使用统一的纳税申报专用信封，并以邮政部门收据作为申报凭据。邮寄申报以寄出的邮戳日期为实际申报日期。

113.【正确答案】ABCD

【答案解析】根据《税收征管法》的规定，我国税款征收的方式有查账征收、查定征收、查验征收、定期定额征收、代扣代缴、代收代缴、委托代征及其他方式等。

114.【正确答案】AC

【答案解析】BD 两项属于税收保全措施。

115.【正确答案】ABCD

【答案解析】税款征收的方式主要有九种：查账征收、查定征收、查验征收、定期定额征收、核定征收、代扣代缴、代收代缴、委托代征税款、其他方式。

116.【正确答案】BD

【答案解析】本题考察考生对税法的分类知识点的掌握情况。按照税法的功能作用的不同，将税法分为税收实体法和税收程序法两大类。故此题答案选择 BD。

117.【正确答案】ACD

【答案解析】本题考察考生对税收检查与法律责任知识点的掌握情况。如果纳税人不能提供纳税担保，经县以上税务局（分局）局长批准，税务机关可以采取下列税收保全措施：（1）书面通知纳税人开户银行或者其他金融机构冻结纳税人的金额相当于应纳税款的存款；（2）扣押、查封纳税人的价值相当于应纳税款的商品、货物或者其他财产。纳税人在前款规定的限期内缴纳税款的，税务机关必须立即解除税收保全措施；限期期满仍未缴纳税款的，经县以上税务局（分局）局长批准，税务机关可以书面通知纳税人开户银行或者其他金融机构从其冻结的存款中扣缴税款，或者依法拍卖或者变卖所扣押、查封的商品、货物或者其他财产，以拍卖或者变卖所得抵缴税款。故只有 B 项属于税收保全措施，此题答案选择 ACD。

118.【正确答案】AB

【答案解析】个人所得税的缴纳一般采用代扣代缴，年收入超过 12 万人民币的要自行申报纳税。

119.【正确答案】AB

【答案解析】委托税务代理人代为办理税务事宜的是纳税人、扣缴义务人自愿采取的一种办税方式。

120.【正确答案】ABC

【答案解析】税务代理人可以提供以下涉税服务业务：代理税务登记、变更和注销税务登记；代购普通发票；代理纳税申报或者扣缴申报；代理减免税、退税申请；代理建账记账；代理税务行政复议；税务咨询；受聘税务顾问；其他涉税服务业务。

三、判断题

121.【正确答案】错

【答案解析】本题考核预算法律制度的地位。预算法律制度在财政法的体系中处于核心地位。

122.【正确答案】对

【答案解析】本题考核纳税申报方式。凡实行查账征收方式的纳税人，经主管税务机关批准，可以采用邮寄申报的办法。

123.【正确答案】对

【答案解析】本题考核企业所得税的征收管理。

124.【正确答案】对

【答案解析】本题考核消费税的纳税期限。

125.【正确答案】对

【答案解析】本题考核增值税的纳税义务发生时间。

126.【正确答案】对

【答案解析】本题考核普通发票。普通发票主要由增值税小规模纳税人使用,增值税一般纳税人在不能开具专用发票的情况下也可以使用普通发票。

127.【正确答案】对

【答案解析】表述正确

128.【正确答案】错

【答案解析】本题考核税法的构成要素。纳税地点主要是指根据各个税种纳税对象的纳税环节和有利于对税款的源泉控制而规定的纳税人(包括代征、代扣、代缴义务人)的具体纳税地点。

129.【正确答案】错

【答案解析】税收是国家为了满足社会公共需要,凭借政治的权力,按照国家法律规定的标准,强制地、无偿地取得财政收入的一种分配形式。

130.【正确答案】对

【答案解析】本题考核的是税法的概念。

131.【正确答案】对

【答案解析】本题考核的是税法的分类。按税法的功能作用不同,分为税收实体法和税收程序法。按照主权国家行使税收管辖权的不同,分为国内税法、国际税法、外国税法。按税法法律级次不同,分为税收法律、税收行政法规、税收行政规章和税收规范性文件。

132.【正确答案】错

【答案解析】纳税义务人简称纳税人,是指依法规定的直接负有纳税义务的单位和个人。

133.【正确答案】对

【答案解析】本题考核的是增值税的相关知识。

134.【正确答案】对

【答案解析】本题考核的是增值税的相关知识。

135.【正确答案】对

【答案解析】本题考核的是增值税的扣缴义务人。

136.【正确答案】错

【答案解析】自2009年1月1日起,小规模纳税人增值税征收率调整为3%。

137.【正确答案】对

【答案解析】本题考核的是增值税专用发票的领用。只有经国家税务机关认定为增值税一般纳税人才能领购增值税专用发票,小规模纳税人和法定情形的一般纳税人不得领购使用。

138.【正确答案】错

【答案解析】对符合条件的小型微利企业,减按20%税率征收企业所得税。

139.【正确答案】对

【答案解析】本题考核的是税收征收管理的概念。

140.【正确答案】对

【答案解析】按照主权国家行使税收管辖权不同,分为国内税法、国际税法、外国税法。

141.【正确答案】错

【答案解析】委托加工的货物无偿赠送其他单位或个人应当视同销售,需要缴纳增值税。

142.【正确答案】对

【答案解析】根据规定,2014年1月1日起,将铁路运输业纳入"营改增"范围。

143. 【正确答案】对
【答案解析】根据规定,进口货物自海关填发税收专用缴款书之日起15日内缴纳消费税。

144. 【正确答案】错
【答案解析】纳税人和负税人并不是一个相同的概念,负税人是指税收的实际负担者,纳税人不等于负税人。

145. 【正确答案】错
【答案解析】起征点和免征额是有区别的。个人所得税的工资薪金所得免征额是3 500元,超过免征额的,应对超过的部分征税。如果起征点的金额是3 500元,超过起征点的,应对其全部征税。

146. 【正确答案】错
【答案解析】虽然从价计征消费税的应税消费品,其计税依据与增值税相同,但增值税实行税款抵扣计税,而消费税实行直接按销售额计税的方法。

147. 【正确答案】错
【答案解析】自2009年1月1日起,购进农产品,除取得增值税专用发票或者海关进口增值税专用缴款书外,按照农产品收购发票或者销售发票上注明的农产品买价和13%的扣除率计算的进项税额抵扣。

148. 【正确答案】错
【答案解析】金银首饰、钻石及钻石饰品在零售环节征消费税。

149. 【正确答案】对
【答案解析】纳税人自产自用的应税消费品用于连续生产应税消费品的不纳税;用于生产非应税消费品的,于移送使用时纳税。

150. 【正确答案】对
【答案解析】对饮食业、娱乐业举办的啤酒屋(啤酒坊)利用啤酒生产设备生产的啤酒,应当征收消费税和增值税。

151. 【正确答案】对
【答案解析】加工、修理修配劳务属于增值税的征税范围。

152. 【正确答案】错
【答案解析】非居民企业在中国境内设立机构、场所的,应当就其所设机构、场所取得的来源于中国境内的所得,以及发生在中国境外但与其所设机构、场所有实际联系的所得,缴纳企业所得税。

153. 【正确答案】对
【答案解析】居民企业应当就其来源于中国境内、境外的所得缴纳企业所得税。非居民企业在中国境内设立机构、场所的,应当就其所设机构、场所取得的来源于中国境内的所得,以及发生在中国境外但与其所设机构、场所有实际联系的所得,缴纳企业所得税。非居民企业在中国境内未设立机构、场所的,或者虽设立机构、场所但取得的所得与其所设机构、场所没有实际联系的,应当就其来源于中国境内的所得缴纳企业所得税。

154. 【正确答案】对
【答案解析】本题考核的是企业所得税的相关知识。

155. 【正确答案】错
【答案解析】企业所缴纳的印花税已经作为管理费用扣除,不再单独计扣。

156. 【正确答案】对
【答案解析】因为该外籍人员在2015年和2016年两个纳税年度中都未在中国境内居住满365日,所以为我国非居民纳税人。

157. 【正确答案】错
【答案解析】对个人所得的股息、红利,按规定征收个人所得税。

158. 【正确答案】对

【答案解析】本题考核的是个人所得税纳税人的相关知识。

159.【正确答案】错

【答案解析】纳税人在停业期间发生纳税义务的,应当按照税收法律、行政法规的规定申报缴纳税款。

160.【正确答案】错

【答案解析】根据我国税收法律制度的规定,境外企业在中国境内承包建筑、安装、装配、勘探工程和提供劳务的,应当在项目完工、离开中国前15日内,持有关证件和资料,向原税务登记机关申报办理注销税务登记。

161.【正确答案】错

【答案解析】现行税务行政处罚种类包括责令限期改正、罚款、没收财产、收缴未用发票和暂停供应发票、停止出口退税权五种;罚金属于刑事处罚的附加刑。

162.【正确答案】对

【答案解析】本题考察考生对个人所得税知识点的掌握情况。

163.【正确答案】错

【答案解析】本题考察考生对税务代理知识点的掌握情况。

164.【正确答案】对

【答案解析】本题考察考生对税务检查与法律责任知识点的掌握情况。表述正确。

165.【正确答案】错

【答案解析】纳税人依照法律、行政法规的规定可以不设置账簿的,税务机构可实行核定征收方式。

166.【正确答案】对

【答案解析】本题考察考生对税务登记知识点的掌握情况。

167.【正确答案】对

【答案解析】本题考察考生对税务检查与法律责任知识点的掌握情况。根据中华人民共和国进出口关税条例有关规定,纳税义务人、担保人对海关确定纳税义务人、确定完税价格、商品归类、确定原产地、适用税率或者汇率、减征或者免征税款、补税、退税、征收滞纳金、确定计征方式以及确定纳税地点有异议的,应当缴纳税款,并可以依法向上一级海关申请复议。对复议决定不服的,可以依法向人民法院提起诉讼。故该题表述正确。

168.【正确答案】对

【答案解析】本题考察考生对税收检查知识点的掌握情况。按照《税收征收管理法》有关规定,欠缴税款数额较大的纳税人在处分其不动产或大额资产前,应当向税务机关报告。其中欠缴税款数额较大是指欠缴税款在5万元以上。故此题表述正确。

169.【正确答案】错

【答案解析】本题考察考生对税法的构成要素知识点的掌握情况。税率是对征税对象的征收比例或征收额度。税率是计算税额的尺度,也是衡量税负轻重与否的重要标志。表述前半句正确,但是税目反映了课税的广度而不是税率。故此题表述错误。

170.【正确答案】错

【答案解析】本题考察考生对税款征收知识点的掌握情况。各级税务机关应当建立、健全内部制约和监督管理制度。上级税务机关应当对下级税务机关的执法活动依法进行监督。各级税务机关应当对其工作人员执行法律、行政法规和廉洁自律准则的情况进行监督检查。

171.【正确答案】对

【答案解析】本题考察考生对增值税纳税范围知识点的掌握情况。中华人民共和国增值税暂行条例规定,一项销售行为如果既涉及货物又涉及非增值税应税劳务,为混合销售行为。从事货物的生产、批发或者零售的企业、企业性单位和个体工商户的混合销售行为,视为销售货物,应当缴纳增值税;其他单位和个人的混合销售行为,视为销售非增值税应税劳务,不缴纳增值税。该家电销售公司的销售行为既涉及货物又涉及非增值税应税劳务,应将30万和1万一并视为销售额,征收增值税。故该题表述正确。

172. 【正确答案】对

【答案解析】本题考察考生对税务登记证件知识点的掌握情况。税务机关对已核发的税务登记证件,实行定期验证和换证制度。未按规定办理验证或换证手续的,由县级以上税务机关宣布其税务登记证件失效,并收回有关税务证件及发票。故该题表述正确。

173. 【正确答案】错

【答案解析】本题考察考生对不同税款征收方式的适用对象知识点的掌握情况。不一定,如果税务机关认为该公司账目不全或不能准确反映公司真实业务就可核定征收。因此,该题错误。

174. 【正确答案】错

【答案解析】本题考察考生对税款征收知识点的掌握情况。根据《中华人民共和国税收征收管理法实施细则》第四十三条,法律、行政法规规定或者经法定的审批机关批准减税、免税的纳税人,应当持有关文件,主管税务机关办理减税、免税手续。减税、免税期满,应当自期满次日起恢复纳税。享受减税、免税优惠的纳税人,减税、免税条件发生变化的,应当自发生变化之日起15日内向税务机关报告;不再符合减税、免税条件的,应当依法履行纳税义务;未依法纳税的,税务机关应当予以追缴。因此,该题错误。

175. 【正确答案】对

【答案解析】本题考察考生对纳税申报知识点的掌握情况。《税收征收管理法实施细则》第三十二条规定,纳税人在纳税期内没有应纳税款的,也应当按照规定办理纳税申报。纳税人享受减税、免税待遇的,在减税、免税期间应当按照规定办理纳税申报。故此题表述正确。

176. 【正确答案】对

【答案解析】本题考察考生对增值税专用发票的使用范围知识点的掌握情况。法规规定,增值税专用发票只限于增值税一般纳税人领购使用,增值税小规模纳税人和非增值税纳税人不得领购使用。故该题表述正确。

177. 【正确答案】错

【答案解析】本题考察考生对发票使用知识点的掌握情况。从事生产、经营的纳税人未经税务机关批准,不得拆本使用发票,也不可以代开发票。故表述错误。

178. 【正确答案】对

【答案解析】本题考察考生对税款征收知识点的掌握情况。中华人民共和国税收征收管理法第一章总则第七条,税务机关应当广泛宣传税收法律、行政法规,普及纳税知识,无偿地为纳税人提供纳税咨询服务。故表述正确。

179. 【正确答案】错

【答案解析】本题考核消费税的纳税义务发生时间。纳税人销售应税消费品采取预收货款结算方式的,其纳税义务发生时间为发出应税消费品的当天。

180. 【正确答案】对

【答案解析】本题考核增值税的纳税地点。

四、案例分析题

(一) 181. 【正确答案】A

【答案解析】根据《增值税暂行条例》第2条的规定,纳税人销售或者进口货物以及提供加工、修理修配劳务的,一般按基本税率计征增值税,基本税率为17%。根据《增值税暂行条例》第12条1款的规定,小规模纳税人增值税征收率为3%。

182. 【正确答案】B

【答案解析】开具普通发票销售货物取得含税销售额换算为不含税销售额:不含税销售额 = 含税销售额 ÷ (1 + 税率) = 1 170 000 ÷ (1 + 17%) = 1 000 000(元),这样该超市2016年3月增值税的销售额应为 200 000 + 1 000 000 = 1 200 000(元)。

183.【正确答案】D

【答案解析】实际销售额为 100×4 000+50×3 500=575 000(元),根据《增值税若干具体问题的规定》,纳税人采用以旧换新方式销售货物的,计算增值税的销售额仍应为全额,即 150×4 000=600 000(元)。

184.【正确答案】AD

【答案解析】根据《国家税务总局关于纳税人折扣折让行为开具红字增值税专用发票问题的通知》的相关规定,纳税人销售货物并向购买方开具增值税专用发票后,由于购货方在一定时期内累计购买货物达到一定数量,或者由于市场价格下降等原因,销货方给予购货方相应的价格优惠或补偿等折扣、折让行为,销货方可按现行《增值税专用发票使用规定》的有关规定开具红字增值税专用发票。根据《增值税若干具体问题的规定》,纳税人采取以旧换新方式销售货物,应按新货物的同期销售价格确定销售额,不得扣减旧货物的收购价格。纳税人采取还本销售方式销售货物,其销售额就是货物的销售价格,不得从销售额中减除还本支出。以物易物双方都应作购销处理,以各自发出的货物核算销售额并计算销项税额,以各自收到的货物按有关规定核算购货额并计算进项税额。

185.【正确答案】A

【答案解析】该小规模纳税人,按照规定征收率为 3%,因此,销售额=含税销售额÷(1+征收率)=51 500÷(1+3%)=50 000(元)。

(二)186.【正确答案】BD

【答案解析】申请人对确认纳税主体、征税对象、征税范围、减税、免税、退税、抵扣税款、适用税率、计税依据、纳税环节、纳税期限、纳税地点和税款征收方式等行为,征收税款、加收滞纳金、扣缴义务人、受税务机关委托的单位和个人作出的代扣代缴、代收代缴、代征行为等规定的行为不服的,应先向复议机关申请行政复议,对复议决定不服的,可以再向人民法院提起行政诉讼。对规定以外的其他具体行政行为不服的,可以申请行政复议,也可以直接向人民法院提起行政诉讼。

187.【正确答案】B

【答案解析】复议机关应当自受理申请之日起 60 日内作出行政复议决定。税务行政复议决定书一经送达,即产生法律效力。

188.【正确答案】D

【答案解析】复议机关应当自受理申请之日起 60 日内作出行政复议决定。复议决定种类包括:(1)维持决定;(2)限期履行决定;(3)撤销、变更或确认的决定;(4)责令赔偿的决定。税务行政复议决定书一经送达,即产生法律效力。

189.【正确答案】C

【答案解析】行政复议实行全面审查,审查合法性与合理性。

190.【正确答案】C

【答案解析】对各级国家税务局的具体行政行为不服的,向其上一级国家税务局申请行政复议。对各级地方税务局的具体行政行为不服的,可以选择向其上一级地方税务局或该税务局的本级人民政府申请行政复议;本题中是国家税务局对旭日公司进行检查和处罚,因此旭日公司应当向 A 市上一级的国家税务局申请行政复议。

(三)191.【正确答案】ABCD

【答案解析】销售商品应缴纳增值税的,所以选项 A 正确;根据《中华人民共和国增值税暂行条例》第十条第五款规定:"非正常损失的购进货物,进项税额不得从销项税额中抵扣。"根据《中华人民共和国增值税暂行条例实施细则》第二十一条第二款规定:"因管理不善造成货物被盗属于非正常损失。"因此 B 正确;《中华人民共和国增值税暂行条例实施细则》规定:将自产的货物用于无偿赠送,视同销售,应缴纳增值税,所以选项 C 正确;支付的运费需要缴纳增值税,进项税额多计算了,也就是多抵扣了,所以还需要补缴增值税,所以选项 D 正确。

192.【正确答案】A

【答案解析】第三笔业务应补缴的增值税税额=不含税的应补缴增值税的所得额×增值税税率=315.9×40÷1.17×0.17=1 836(元)。

193.【正确答案】A

【答案解析】根据《税收征收管理法》第64条的有关规定:"纳税人不进行纳税申报,不缴或者少缴应纳税款的,由税务机关追缴其不缴或者少缴的税款、滞纳金,并处不缴或者少缴的税款50%以上5倍以下的罚款。"

194.【正确答案】A

【答案解析】第一笔业务应补缴的增值税税额=应补缴增值税款所得额×增值税税率=90 000×17% =15 300(元)。

195.【正确答案】AD

【答案解析】4月份应补缴的增值税=第一笔业务应补缴增值税额+第二笔业务应补缴增值税额+第三笔业务应补缴增值税额+第四笔业务应补缴增值税额=15 300+5 100+1 836+500=22 736(元)。在业务一中可知应计消费税税额为90 000×30% =27 000(元),在业务三中可知应计消费税税额为315.9×40÷(1+17%)×30% =3 240(元),那么4月应补缴的消费税为27 000+3 240=30 240(元)。

(四)196.【正确答案】ABC

【答案解析】无

197.【正确答案】D

【答案解析】29.25/1.17×0.17+22×0.17+5×0.17=4.25+3.74+0.85=8.84

198.【正确答案】C

【答案解析】10.2+6×0.11=10.86

199.【正确答案】A

【答案解析】可抵扣税额=10.2+5×11% =10.75万元可抵扣进项税=(30×13% +5×11%)×(1-20%)=3.56万元

200.【正确答案】D

【答案解析】第198题10.86+第199题3.56-第197题8.84=5.58

第四章 财政法律制度

一、单选题

1.【正确答案】C

【答案解析】本题考核的是全国人民代表大会常务委员会的职权。

2.【正确答案】D

【答案解析】本题考核的是我国预算制度实行的原则。

3.【正确答案】B

【答案解析】本题考核的是预算法律制度的概念。

4.【正确答案】A

【答案解析】财政收入收缴方式有:直接缴库和集中汇缴。

5.【正确答案】B

【答案解析】财政支出支付方式有:财政直接支付和财政授权支付。

6.【正确答案】C

【答案解析】预算支出按内容可分为经济建设支出、事业发展支出、国家管理费用支出、国防支出、各项补贴支出和其他支出;按主体可分为中央预算支出和地方预算支出。

7.【正确答案】C

【答案解析】国家预算的作用有:财力保证作用、调节制约作用和反映监督作用。

8.【正确答案】B

【答案解析】政府采购当事人是指在政府采购活动中享有权利和承担义务的各类主体,包括采购人、供应商和采购代理机构等。

9.【正确答案】B

【答案解析】政府采购的执行模式。

10.【正确答案】A

【答案解析】政府采购项目的采购标准和采购结果应当公开。但涉及国家机密的除外。

11.【正确答案】A

【答案解析】根据《政府采购法》的规定,供应商的权利主要包括:平等地取得政府采购供应商资格的权利;平等地取得政府采购信息的权利;自主、平等地参加政府采购竞争的权利。就政府采购活动事项提出询问、质疑和投诉的权利;自主、平等地签订政府合同的权利;要求采购人或采购代理机构保守其商业秘密的权利;监督政府采购依法公开、公正进行的权利;其他合法权利。

12.【正确答案】D

【答案解析】虽然一级政府设立一级预算,但所有地方预算连同中央预算一起共同组成了统一的国家预算。因此要求设立统一的预算科目,每个科目都应按统一的口径、程序计算和填列。

13.【正确答案】D

【答案解析】我国国家预算共分为五级,包括:(1)中央预算;(2)省级(省、自治区、直辖市)预算;(3)地市级(设区的市、自治州)预算;(4)县市级(县、自治县、不设区的市、市辖区)预算;(5)乡镇级(乡、民族乡、镇)预算。对于不具备设立预算条件的乡、民族乡、镇,经省、自治区、直辖市政府确定,可以暂不设立预算。县级以上地方政府的派出机关,根据本级政府授权进行预算管理活动,但是不作为一级预算。

14.【正确答案】C

【答案解析】根据国家政权结构、行政区域划分和财政管理体制要求,我国国家预算采用一级政府设立一级预算的原则。

15.【正确答案】C

【答案解析】我国国家预算共分为五级。

16.【正确答案】A

【答案解析】地方预算由各省、自治区、直辖市总预算组成。地方各级政府预算由本级各部门(含直属单位,下同)的预算组成,包括下级政府向上级政府上解的收入数额和上级政府对下级政府返还或者给予补助的数额。

17.【正确答案】B

【答案解析】国家预算按照政府级次可分为中央预算和地方预算。

18.【正确答案】D

【答案解析】批准本级预算和本级预算执行情况的报告是县级以上地方各级人民代表大会的职权。

19.【正确答案】C

【答案解析】地方各级政府财政部门的职权包括:(1)具体编制本级预算、决算草案;(2)具体组织本级总预算的执行;(3)提出本级预算预备费动用方案;(4)具体编制本级预算的调整方案;(5)定期向本级政府和上一级政府财政部门报告本级总预算的执行情况。

20.【正确答案】D

【答案解析】各级政府审计部门依照《审计法》以及有关法律、行政法规的规定,对本级各部门、各单位和下级政府的预算执行情况和决算,实行审计监督。

21. 【正确答案】C

【答案解析】国库集中收付制度一般也称为国库单一账户制度。

22. 【正确答案】A

【答案解析】国库单一账户体系,是指以财政国库存款账户为核心的各类财政性资金账户的集合,所有财政性资金的收入、支付、存储及资金清算活动均在该账户体系运行。

23. 【正确答案】B

【答案解析】财政部门零余额账户用于财政直接支付和与国库单一账户支出清算。

24. 【正确答案】B

【答案解析】中国人民银行按照有关规定,对国库单一账户和代理银行进行管理和监督。

25. 【正确答案】D

【答案解析】国库单一账户在财政总预算会计中使用,行政单位和事业单位会计中不设置该账户。

26. 【正确答案】C

【答案解析】适用于在我国境内进行的各级国家行政机关、事业单位和团体组织,使用财政性资金依法采购货物、工程和服务的活动。A、B、D项的当事人都不属于该法的采购主体。

27. 【正确答案】C

【答案解析】根据我国《政府采购法》的规定,除极少数法定情形外,政府采购应当采购本国货物、工程和服务。这一规定就体现了国货优先原则,即政府采购保护民族产业的功能。

28. 【正确答案】B

【答案解析】邀请招标的适用范围:(1)具有特殊性,只能从有限范围的供应商处采购的;(2)采用公开招标方式的费用占政府采购项目总价值的比例过大的。

29. 【正确答案】A

【答案解析】通过政府采购能使政府财政资金得到最大限度的利用,并且易形成买方市场,进一步提高财政资金的使用效益。

30. 【正确答案】C

【答案解析】可以采用竞争性谈判方式采购的情形包括:(1)招标后没有供应商投标或者没有合格标的或者重新招标未能成立的;(2)技术复杂或者性质特殊,不能确定详细规格或者具体要求的;(3)采用招标所需时间不能满足用户紧急需要的;(4)不能事先计算出价格总额的。

31. 【正确答案】A

【答案解析】本题考察考生对国库单一账户体系知识点的掌握情况。国库单一账户体系由下列银行账户构成:财政部开设的国库存款账户(简称国库单一账户);财政部开设的零余额账户(简称财政部零余额账户)和财政部为预算单位开设的零余额账户(简称预算单位零余额账户);财政部开设的预算外资金财政专户(简称预算外资金专户);财政部为预算单位开设的小额现金账户(简称小额现金账户);经国务院或国务院授权财政部批准预算单位开设的特殊专户(简称特设专户)。故本题答案选A

32. 【正确答案】C

【答案解析】本题考察考生对财政直接支付知识点的掌握情况。预算单位实行财政直接支付的财政性资金包括工资支出、工程采购支出、物品和服务采购支出。零星支出属于财政授权支付。

33. 【正确答案】B

【答案解析】本题考察考生对预算和决算的编制知识点的掌握情况。各单位编制本单位预算、决算草案。

34. 【正确答案】C

【答案解析】本题考察考生对预算法知识点的掌握情况。地方各级政府财政部门具体编制本级预算、决算草案,具体组织本级总预算的执行,提出本级预算预备动用费方案,具体编制本级预算的调整,定期向本政府和上一级政府财政部门报告本级总预算的执行情况。

35.【正确答案】A

【答案解析】本题考察考生对国家预算知识点的掌握情况。

36.【正确答案】C

【答案解析】本题考察考生对预算支出知识点的掌握情况。《预算法》第二十一条规定,中央预算与地方预算有关收入和支出项目的划分、地方向中央上解收入、中央对地方返还或者给予补助的具体办法,由国务院规定,报全国人民代表大会常务委员会备案。故此题C项表述错误,答案选择C。

37.【正确答案】C

【答案解析】本题考察考生对国家预算知识点的掌握情况。我国的国家预算,根据预算对象不同可以分为各级总预算和部门单位预算:(1)总预算(各级总预算由本级政府预算和所属下级政府的总预算汇编而成,由财政部门负责编制);(2)部门单位预算(是指部门、单位的收支预算)。故此题答案选择C。

38.【正确答案】B

【答案解析】本题考察考生对预算组织程序知识点的掌握情况。《预算法》第三十五条规定,国务院应当及时下达关于编制下一年预算草案的指示。编制预算草案的具体事项,由国务院财政部门部署。因此A项正确,B项错误。预算草案是指各级政府、各部门、各单位编制的未经法定程序审查和批准的预算收支计划。C项正确。预算组织程序包括预算的编制、审批、执行和调整。D项正确。故此题答案选择B。

39.【正确答案】D

【答案解析】本题考察考生对政府采购法知识点的掌握情况。目前,我国国有企业不属于政府采购的主体范围。

40.【正确答案】D

【答案解析】本题考察考生对政府采购法知识点的掌握情况。2004年,根据《中华人民共和国政府采购法》,制定的对应当公开的政府采购信息需在财政部门指定的政府采购信息发布媒体上向社会公开发布的管理规定。财政部负责确定政府采购信息公告的基本范围和内容,指定全国政府采购信息发布媒体。省级(含计划单列市,下同)财政部门负责确定本地区政府采购信息公告的范围和内容,可以指定本地区政府采购信息发布媒体。除财政部和省级财政部门以外,其他任何单位和个人不得指定政府采购信息的发布媒体。

41.【正确答案】C

【答案解析】本题考察考生对财政国库管理知识点的掌握情况。汇总缴入属于集中汇缴方式。

42.【正确答案】C

【答案解析】本题考察考生对政府采购知识点的掌握情况。公开招标是政府采购主要采购方式。

43.【正确答案】C

【答案解析】本题考察考生对国库集中收付制度知识点的掌握情况。国库集中收付制度也称为国库单一账户制度。故选C。

44.【正确答案】B

【答案解析】本题考察考生对国家预算知识点的掌握情况。国家预算由预算收入和预算支出组成。故选B。

45.【正确答案】C

【答案解析】本题考察考生对预算收入的内容知识点的掌握情况。预算由预算收入和预算支出组成。预算收入包括:(1)税收收入;(2)依照规定应当上缴的国有资产收益;(3)专项收入;(4)其他收入。故C选项符合题意。

46.【正确答案】C

【答案解析】本题考察考生对国家预算知识点的掌握情况。国家预算是指经法定程序审核批准的具有法律效力的政府年度财政收支计划,是实现财政职能的基本手段,反映国家的施政方针和社会经济政策,规定政府活动的范围和方向。国家预算作为财政分配和宏观调控的主要手段,具有分配、调控和监督职能。故本题正确答案选C。

47.【正确答案】D

【答案解析】本题考察考生对政府采购方式知识点的掌握情况。根据政府采购法的有关规定,符合下列情形之一的货物或者服务,可以采用竞争性谈判方式采购:(1)招标后没有供应商投标或者没有合格标的或者重新招标未能成立的;(2)技术复杂或者性质特殊,不能确定详细规格或者具体要求的;(3)采用招标所需时间不能满足用户紧急需要的;(4)不能事先计算出价格总额的。故本题正确答案选D。

48.【正确答案】C

【答案解析】本题考察考生对预算法律制度的构成知识点的掌握情况。《预算法实施条例》由国务院发布于1995年11月22日,共8章79条。故本题答案选C。

49.【正确答案】C

【答案解析】本题考察考生对预算收入知识点的掌握情况。预算收入在中央与地方间的划分:(1)中央固定收入。包括关税以及海关代征的消费税和增值税;海洋石油资源税;消费税;中央所得税;中央企业上缴利润;铁道部门、各银行总行、保险总公司等集中缴纳的所得税、利润和城市维护建设税;地方银行和外资银行及非银行金融企业所得税等。(2)地方固定收入。地方企业所得税(不含地方银行和外资银行及非银行金融企业所得税);地方企业上缴利润;个人所得税;城镇土地使用税;城市维护建设税(不含铁道部门、各银行总行、各保险总公司集中缴纳的部分);房产税;车船使用税;印花税;屠宰税;农牧税;农业特产税;耕地占用税;土地增值税;国有土地有偿使用收入等。(3)中央与地方共享税是指税收收入由中央和地方政府按比例分享的税收。如增值税、企业所得税和个人所得税等。

50.【正确答案】B

【答案解析】本题考察考生对政府采购方式知识点的掌握情况。《采购法》第三十一条规定了单一来源采购方式及适用情形,即符合下列情形之一的货物或者服务,可以依照本法采用单一来源方式采购:(1)只能从唯一供应商处采购的;(2)发生了不可预见的紧急情况不能从其他供应商处采购的;(3)必须保证原有采购项目一致性或者服务配套的要求,需要从原供应商处添购,且添购资金总额不超过原合同采购金额百分之十的。故此题应选B。

51.【正确答案】C

【答案解析】本题考察考生对政府采购知识点的掌握情况。我国政府采购实行集中采购和分散采购相结合的执行模式。

52.【正确答案】D

【答案解析】本题考察考生对政府采购知识点的掌握情况。政府采购目录和采购限额标准由省级以上人民政府确定并公布。

53.【正确答案】B

【答案解析】本题考察考生对政府预算知识点的掌握情况。B选项属于地方各级政府预算的编制内容。

54.【正确答案】D

【答案解析】本题考察考生对预算部门职能知识点的掌握情况。根据《中华人民共和国预算法》有关规定,国务院财政部门具体编制中央预算、决算草案;具体组织中央和地方预算的执行;提出中央预算预备费动用方案;具体编制中央预算的调整方案;定期向国务院报告中央和地方预算的执行情况。具体编制地方预算的调整方案是地方各级政府财政部门的职权。故本题正确答案选D。

55.【正确答案】D

【答案解析】本题考察考生对政府采购主体知识点的掌握情况。根据我国政府采购法规定,政府采购主体是指依靠国家财政资金运作的政府机关、事业单位和社会团体等。而所有个人、私人企业和公司均不属于政府采购的主体。故D选项正确。

56.【正确答案】D

【答案解析】本题考察考生对政府采购的概念知识点的掌握情况。

57.【正确答案】C

【答案解析】本题考察考生对政府采购知识点的掌握情况。《政府采购货物和服务招标投标管理办法》第三十七条招标采购单位应当在中标通知书发出后五个工作日内退还未中标供应商的投标保证金,在采购合同签订后五个工作日内退还中标供应商的投标保证金。招标采购单位逾期退还投标保证金的,除应当退还投标保证金本金外,还应当按商业银行同期贷款利率上浮20%后的利率支付资金占用费。

二、多项选择题

58.【正确答案】ABCD

【答案解析】本题考核预算的组织程序。

59.【正确答案】ACD

【答案解析】本题考核国家预算的职能。国家预算作为财政分配和宏观调控的主要手段,具有分配、调控和监督职能。

60.【正确答案】ABCD

【答案解析】本题考核县级以上地方各级人民代表大会的职权。

61.【正确答案】ABCD

【答案解析】国务院财政部门的职权:(1)国务院财政部门具体编制中央预算、决算草案;(2)具体组织中央和地方预算的执行;(3)提出中央预算预备费动用方案;(4)具体编制中央预算的调整方案;(5)定期向国务院报告中央和地方预算的执行情况。

62.【正确答案】ABC

【答案解析】国家预算作为财政分配和宏观调控的主要手段,具有分配、调控和监督职能。国家预算的作用是国家预算职能在经济生活中的具体体现,它主要包括三个方面:财力保证作用、调节制约作用、反映监督作用。

63.【正确答案】ABC

【答案解析】预算收入按来源可分为税收收入、国有资产收益、专项收入和其他收入。

64.【正确答案】ABD

【答案解析】预算支出按内容可分为经济建设支出、事业发展支出、国家管理费用支出、国防支出、各项补贴支出和其他支出。

65.【正确答案】ABCD

【答案解析】预算组织程序包括预算的编制、审批、执行和调整。

66.【正确答案】AC

【答案解析】本题考核的是预算审批的相关知识。

67.【正确答案】ABCD

【答案解析】本题考核的是预决算监督的相关知识。

68.【正确答案】ABCD

【答案解析】政府采购的原则:公开透明原则、公平竞争原则、公正原则、诚实信用原则。

69.【正确答案】ABCD

【答案解析】政府采购的功能:节约财政支出,提高采购资金的使用效益、强化宏观调控、活跃市场经济、推进反腐倡廉、保护民族产业。

70.【正确答案】BC

【答案解析】政府采购的执行模式有集中采购和分散采购两种模式。

71.【正确答案】ABC

【答案解析】供应商参加政府采购活动应当具备下列条件:具有独立承担民事责任的能力、具有良好的商业信誉和健全的财务会计制度;具有履行合同所必需的设备和专业技术能力;有依法缴纳税收和社会保障资金的良好记录;参加政府采购活动前三年内,在经营活动中没有重大违法记录;法律、行政法规规定的其他条件。

72.【正确答案】ABCD

【答案解析】国库单一账户体系包括:国库单一账户、财政部门零余额账户、预算单位零余额账户、预算外资金财政专户和特设专户。

73.【正确答案】AD

【答案解析】国家预算按照政府级次可分为中央预算和地方预算,按照收支管理范围可分为总预算和部门单位预算。

74.【正确答案】ABC

【答案解析】国家预算原则,是指国家选择预算形式和体系应遵循的指导思想,也就是制定政府财政收支计划的方针,其主要有公开性、可靠性、完整性、统一性和年度性等。

75.【正确答案】ABC

【答案解析】国家预算的作用是国家预算职能在经济生活中的具体体现,主要包括财力保证作用、调节制约作用和反映监督作用三个方面。

76.【正确答案】ABC

【答案解析】我国国家预算共分为五级,具体包括:(1)中央预算;(2)省级(省、自治区、直辖市)预算;(3)地市级(设区的市、自治州)预算;(4)县市级(县、自治县、不设区的市、市辖区)预算;(5)乡镇级(乡、民族乡、镇)预算。

77.【正确答案】ABC

【答案解析】中央预算是指中央政府预算,由中央各部门(含直属单位)的预算组成。中央预算包括地方向中央上解的收入数额和中央对地方返还或者给予补助的数额。其中,中央各部门是指与财政部直接发生预算缴款、拨款关系的国家机关、军队、政党组织和社会团体;直属单位是指与财政部直接发生预算缴款、拨款关系的企业和事业单位。

78.【正确答案】ABCD

【答案解析】总预算是指政府的财政汇总预算。按照国家行政区域划分和政权结构可相应划分为各级次的总预算,如我国的中央总预算、省(自治区、直辖市)总预算、市总预算、县总预算等。各级政府总预算由本级政府预算和汇总的下一级政府总预算组成,由财政部门负责编制。若下一级政府只有本级预算的,则下一级政府总预算即指下一级政府的本级预算;没有下一级政府预算的,总预算即指本级预算。比如乡级预算没有下一级政府预算,因而其总预算就是指它的本级预算。

79.【正确答案】AD

【答案解析】全国人民代表大会审查中央和地方预算草案及中央和地方预算执行情况的报告;批准中央预算和中央预算执行情况的报告;改变或者撤销全国人民代表大会常务委员会关于预算、决算的不适当的决议。

80.【正确答案】ABD

【答案解析】县级以上地方各级人民代表大会的职权包括:(1)审查本级总预算草案及本级总预算执行情况的报告;(2)批准本级预算和本级预算执行情况的报告;(3)改变或者撤销本级人民代表大会常务委员会关于预算、决算的不适当的决议;(4)撤销本级政府关于预算、决算的不适当的决定和命令。

81.【正确答案】ABCD

【答案解析】国务院财政部门的职权包括:(1)具体编制中央预算、决算草案;(2)具体组织中央和地方预算的执行;(3)提出中央预算预备费动用方案;(4)具体编制中央预算的调整方案;(5)定期向国务院报告中央和地方预算的执行情况。

82.【正确答案】ABC

【答案解析】预算收入按归属可划分为中央预算收入、地方预算收入、中央和地方预算共享收入。

83.【正确答案】ABC

【答案解析】乡、民族乡、镇政府编制本级决算草案,提请本级人民代表大会审查和批准。

84.【正确答案】ABCD

【答案解析】全国人民代表大会及其常务委员会对中央和地方预算、决算进行监督,县以上地方各级人民代表大会及其常务委员会对本级和下级政府预算、决算进行监督,乡、民族乡、镇人民代表大会对本级预算、决算进行监督。各级政府审计部门对本级各部门、各单位和下级政府的预算执行和决算实行审计监督。

85.【正确答案】ABCD

【答案解析】国库集中收付制度一般也称为国库单一账户制度,包括国库集中支付制度和收入收缴管理制度,是指由财政部门代表政府设置国库单一账户体系,所有的财政性资金均纳入国库单一账户体系收缴、支付和管理的制度。国库集中收付制度的实施大大提高了财政资金收付管理的规范性、安全性、有效性,增强了透明度,还能有效地防止利用财政资金谋取私利等腐败现象的发生。

86.【正确答案】AB

【答案解析】财政收入的收缴分为直接缴库和集中汇缴两种方式。

87.【正确答案】ABC

【答案解析】预算单位零余额账户可以办理转账、提取现金等结算业务,可以向本单位按账户管理规定保留的相应账户划拨工会经费、住房公积金及提租补贴,以及经财政部门批准的特殊款项,不得违反规定向本单位其他账户和上级主管单位、所属下级单位账户划拨资金。

88.【正确答案】ABC

【答案解析】实行财政直接支付的支出包括工资支出、购买支出以及转移支付等。

89.【正确答案】AC

【答案解析】政府采购的主体是指使用财政性资金采购依法制定的集中采购目录以内的或者限额标准以上的货物、工程和服务的国家机关、事业单位和社会团体等,不包括国有企业,所有个人、私人企业和公司。

90.【正确答案】ABC

【答案解析】政府集中采购目录和采购限额标准由省级以上人民政府确定并公布。属于中央预算的政府采购项目,其集中采购目录和政府采购限额标准由国务院确定并公布;属于地方预算的政府采购项目,其集中采购目录和政府采购限额标准由省、自治区、直辖市人民政府或者其授权的机构确定并公布。

91.【正确答案】ABC

【答案解析】政府采购当事人,是指在政府采购活动中享有权利和承担义务的各类主体,包括采购人、供应商和采购代理机构等。

92.【正确答案】AC

【答案解析】采购人的义务主要包括:(1)遵守政府采购的各项法律、法规和规章制度;(2)接受和配合政府采购监督管理部门的监督检查,同时还要接受和配合审计机关的审计监督以及监察机关的监察;(3)尊重供应商的正当合法权益;(4)遵守采购代理机构的工作秩序;(5)在规定时间内与中标供应商签订政府采购合同;(6)在指定媒体及时向社会发布政府采购信息、招标结果;(7)依法答复供应商的询问和质疑;(8)妥善保存反映每项采购活动的采购文件;(9)其他法定义务。

93.【正确答案】ABC

【答案解析】符合下列情形之一的货物或者服务,可以采用单一来源方式采购:(1)只能从唯一供应商处采购的;(2)发生了不可预见的紧急情况不能从其他供应商处采购的;(3)必须保证原有采购项目一致性或者服务配套的要求,需要继续从原供应商处添购,且添购资金总额不超过原合同采购金额百分之十的。

94.【正确答案】ABD

【答案解析】本题考察考生对预算管理的职权知识点的掌握情况。根据预算法有关规定，设立预算的乡、民族乡、镇的人民代表大会审查和批准本级预算和本级预算执行情况的报告；审查和批准本级预算的调整方案；审查和批准本级决算；监督本级预算的执行；撤销本级政府关于预算、决算的不适当的决定和命令。故本题答案选 ABD。

95.【正确答案】ABCD

【答案解析】本题考察考生对预决算监督知识点的掌握情况。

96.【正确答案】ABCD

【答案解析】本题考察考生对预算组织程序知识点的掌握情况。

97.【正确答案】CD

【答案解析】本题考察考生对国库单一账户体系知识点的掌握情况。预算单位零余额账户用于财政授权支付，可以办理转账、提取现金等结算业务，可以向本单位按账户管理规定保留的相应账户划拨工会经费、住房公积金及提租补贴，以及财政部批准的特殊款项，不得违反规定向本单位其他账户和上级主管单位、所属下级单位账户划拨资金。故选 CD。

98.【正确答案】ABC

【答案解析】本题考察考生对政府采购的概念知识点的掌握情况。根据采购法有关规定，政府采购的对象包括货物、工程和服务。故本题答案选 ABC。

99.【正确答案】ABC

【答案解析】本题考察考生对政府采购知识点的掌握情况。我国政府采购的采购人包括国家机关、事业单位、团体组织，不包括个人独资企业。

100.【正确答案】ABD

【答案解析】本题考察考生对国家预算知识点的掌握情况。按横向分类，我国国家预算可以分为财政总预算、部门预算、单位预算。故选 ABD。

101.【正确答案】ABCD

【答案解析】本题考察考生对政府采购方式知识点的掌握情况。《政府采购法》规定的采购人的权利主要包括：(1) 自行选择采购代理机构的权利；(2) 要求采购代理机构遵守委托协议约定的权利；(3) 审查政府采购供应商的资格的权利；(4) 依法确定中标供应商的权利；(5) 签订采购合同并参与对供应商履约验收的权利；(6) 特殊情况下提出特殊要求的权利，例如，对于纳税人集中采购目录属于本部门。本系统有特殊要求的项目，可以实行部门集中采购；属于本单位有特殊要求的项目，经省级以上人民政府批准，可以自行采购；(7) 其他合法权利。故选 ABCD。

102.【正确答案】ABCD

【答案解析】本题考察考生对预算组织程序知识点的掌握情况。中央预算的编制内容包括以下几个方面：① 本级预算收入和支出；② 上一年度结余用于本年度安排的支出；③ 返还或者补助地方的支出；④ 地方上解的收入。故选 ABCD。

103.【正确答案】BC

【答案解析】本题考察考生对国家预算知识点的掌握情况。国家预算是国民经济的综合反映，预算收入反映国民经济发展规模和经济效益水平，预算支出反映各项建设事业发展的基本情况。

104.【正确答案】BCD

【答案解析】本题考察考生对政府采购概念知识点的掌握情况。我国《政府采购法》所明确规范的主体范围是在我国境内的各级国家机关、事业单位和团体组织。目前，我国国有企业不属于政府采购的主体范围。故本题答案选 BCD。

105.【正确答案】ABD

【答案解析】本题考察考生对政府采购当事人知识点的掌握情况。《政府采购法》规定供应商的权利主要包括：(1) 平等地取得政府采购供应商资格的权利；(2) 平等地获得政府采购信息的权利；(3) 自主、平等地参加政府采购竞争的权利；(4) 就政府采购活动事项提出询问、质疑和投诉的权利；(5) 自主、平等地签订政府采购合同的权利；(6) 要求采购人或者采购代理机构保守其商业秘密的权利；(7) 监督政府采购依法公开、公正进行的权利；(8) 其他合法权利。自行选择采购代理机构属于采购人的权利。选项 ABD 正确。

106.【正确答案】ABCD

【答案解析】本题考察考生对国库集中收付制度知识点的掌握情况。实行国库集中收付制度的意义：1. 有利于监督管理。改革增强了财政收支活动的透明度，在基本不改变预算单位财务自主权和资金使用权的前提下，收入缴库和支出拨付的整个过程都处于有效的监督管理之下。故 B、D 正确。2. 有利于规范操作。合理地确定了财政部门、预算单位、人民银行和代理银行的管理职责；在不改变预算单位资金使用权的前提下，使所有财政性资金都在国库单一账户内规范运作。3. 有利于预算单位方便用款。减少了资金申请和拨付环节，预算单位用款更加及时便利，提高了工作效率。故 C 正确。由 2. 和 3. 可知，A 也是正确的。故选 ABCD。

107.【正确答案】AC

【答案解析】本题考察考生对政府采购法知识点的掌握情况。外国企业和国有企业不是政府采购的主体。

108.【正确答案】ABCD

【答案解析】本题考察考生对各部门、各单位编制年度预算草案的依据知识点的掌握情况。(1) 法律、法规和本级政府的指示和要求以及本级政府财政部门的部署；(2) 本部门、本单位的定员定额标准；(3) 本部门、本单位的职责、任务和事业发展计划；(4) 本部门、本单位上一年度预算执行情况和本年度预算收支变化因素。故选 ABCD。

109.【正确答案】ABD

【答案解析】本题考察考生对政府采购方式知识点的掌握情况。选项 C 适用邀请招标方式。

三、判断题

110.【正确答案】错

【答案解析】我国国家预算共分为五级预算，具体包括：(1) 中央预算；(2) 省级(省、自治区、直辖市)预算；(3) 地市级(设区的市、自治州)预算；(4) 县市级(县、自治县、不设区的市、市辖区)预算；(5) 乡镇级(乡、民族乡、镇)预算。其中，对于不具备设立预算条件的乡、民族乡、镇，经省、自治区、直辖市政府确定，可以暂不设立预算。

111.【正确答案】对

【答案解析】本题考核的是预决算的相关知识。

112.【正确答案】对

【答案解析】本题考核的是预算年度。

113.【正确答案】错

【答案解析】国务院财政部门编制中央决算草案，报国务院审定后，由国务院提请全国人民代表大会常务委员会审查和批准。

114.【正确答案】对

【答案解析】本题考核的是政府采购的概念。

115.【正确答案】对

【答案解析】本题考核的是招标的方式。

116.【正确答案】对

【答案解析】本题考核的是集中采购机构的相关知识。

117.【正确答案】错

【答案解析】国库集中收付制度一般也称为国库单一账户制度,包括国库集中支付制度和收入收缴管理制度,是指由财政部门代表政府设置国库单一账户体系,所有的财政性资金均纳入国库单一账户体系收缴、支付和管理的制度。国库单一账户体系包括:国库单一账户、财政部门零余额账户、预算单位零余额账户、预算外资金财政专户和特设专户。

118.【正确答案】错

【答案解析】财政部门在商业银行开设的零余额账户,简称财政部门零余额账户。该账户用于财政直接支付和与国库单一账户清算。财政部门零余额账户在国库会计中使用,行政单位和事业单位会计中不设置该账户。

119.【正确答案】对

【答案解析】本题考核的是财政直接支付。

120.【正确答案】对

【答案解析】政府采购的功能有:节约财政支出,提高采购资金的使用效益;强化宏观调控;活跃市场经济;推进反腐倡廉;保护民族产业。

121.【正确答案】对

【答案解析】具体编制中央预算、决算草案,属于国务院财政部门的职权。

122.【正确答案】错

【答案解析】决算包括决算草案的编制、决算草案的审批和决算的批复。

123.【正确答案】对

【答案解析】任何单位和个人对政府采购活动中的违法行为,有权控告和检举,有关部门、机关依照各自职责及时处理。

124.【正确答案】对

【答案解析】国家预算是指政府的基本财政收支计划,即经法定程序审核批准的国家年度财政收支计划。

125.【正确答案】错

【答案解析】上述论述体现的是国家预算的可靠性。

126.【正确答案】对

【答案解析】国家预算作为财政分配和宏观调控的主要手段,具有分配、调控和监督职能。

127.【正确答案】错

【答案解析】按照一级政府设立一级预算的原则,我国国家预算共分为五级。

128.【正确答案】错

【答案解析】若下一级政府只有本级预算的,则下一级政府总预算即指下一级政府的本级预算;没有下一级政府预算的,总预算即指本级预算。

129.【正确答案】错

【答案解析】各部门预算由本部门所属各单位预算组成。本部门机关经费预算,应当纳入本部门预算。

130.【正确答案】错

【答案解析】审查和批准中央预算的调整方案是全国人民代表大会常务委员会的职权。

131.【正确答案】对

【答案解析】县级以上地方各级人民代表大会的职权包括批准本级预算和本级预算执行情况的报告。

132.【正确答案】错

【答案解析】国务院财政部门负责具体编制中央预算、决算草案。

133.【正确答案】错

【答案解析】税收收入是国家预算收入的最主要来源。

134.【正确答案】错

【答案解析】预算收入划分为中央预算收入、地方预算收入、中央和地方预算共享收入。

135.【正确答案】错

【答案解析】国务院财政部门编制中央决算草案,报国务院审定后,由国务院提请全国人民代表大会常务委员会审查和批准。

136.【正确答案】错

【答案解析】县以上地方各级人民代表大会及其常务委员会对本级和下级政府预算、决算进行监督。

137.【正确答案】对

【答案解析】国库单一账户在财政总预算会计中使用,行政单位和事业单位会计中不设置该账户。

138.【正确答案】错

【答案解析】财政部门在商业银行为预算单位开设的零余额账户,简称预算单位零余额账户。

139.【正确答案】对

【答案解析】财政部门是持有和管理国库单一账户体系的职能部门,任何单位不得擅自设立、变更或撤销国库单一账户体系中的各类银行账户。中国人民银行按照有关规定,对国库单一账户和代理银行进行管理和监督。

140.【正确答案】错

【答案解析】属于中央预算的政府采购项目,其集中采购目录和政府采购限额标准由国务院确定并公布。

141.【正确答案】对

【答案解析】诚实信用原则约束的是政府采购活动中的各方当事人,要求采购主体在项目发标、信息发布、评标审标中要真实,不得有所隐瞒;也要求供应商在提供物品、服务时达到投标时作出的承诺,树立相应的责任意识。

142.【正确答案】错

【答案解析】按照《政府采购法》的规定,集中采购必须委托集中采购机构代理采购。设区的市、自治州以上人民政府根据本级政府采购项目组织集中采购的需要设立集中采购机构。

143.【正确答案】错

【答案解析】在指定媒体及时向社会发布政府采购信息、招标结果属于采购人的义务。

144.【正确答案】错

【答案解析】要求采购人或采购代理机构保守其商业秘密是供应商的权利。

145.【正确答案】对

【答案解析】符合下列情形之一的货物或者服务,可以采用单一来源方式采购:(1)只能从唯一供应商处采购的;(2)发生了不可预见的紧急情况不能从其他供应商处采购的;(3)必须保证原有采购项目一致性或者服务配套的要求,需要继续从原供应商处添购,且添购资金总额不超过原合同采购金额百分之十的。

146.【正确答案】对

【答案解析】本题考察考生对决算草案知识点的掌握情况。

147.【正确答案】错

【答案解析】本题考察考生对集中采购知识点的掌握情况。采购代理机构中由政府设立的集中采购机构,不实行政府采购代理机构资格认定制度。

148.【正确答案】对

【答案解析】本题考察考生对政府采购法律制度知识点的掌握情况。

149.【正确答案】对

【答案解析】本题考察考生对国家预算知识点的掌握情况。国家预算的收支规模可调节社会总供给和总需求的平衡，预算支出的结构可调节国民经济结构，因而国家预算的编制和执行情况对国民经济和社会发展都有直接的制约作用。

150.【正确答案】对

【答案解析】本题考察考生对国家预算知识点的掌握情况。

151.【正确答案】错

【答案解析】本题考察考生对预算支出知识点的掌握情况。根据《预算法》的规定，与财政部门直接发生预算缴款、拨款关系的国家机关、军队、政党组织和社会团体等各部门的预算职权包括：编制本部门预算、决算草案；组织和监督本部门预算的执行；定期向本级政府财政部门报告预算的执行情况。不包括安排预算支出。故表述错误。

152.【正确答案】错

【答案解析】本题考察考生对预算组织程序知识点的掌握情况。中央预算和地方各级政府预算，应当参考上一年预算执行情况和本年度收支预测进行编制。

153.【正确答案】错

【答案解析】本题考察考生对政府预算知识点的掌握情况。《预算法实施条例》规定，政府有关部门以本级预算安排的资金拨付给下级政府有关部门的专款，必须经本级政府财政部门同意并办理预算划转手续。故此题表述错误。

154.【正确答案】对

【答案解析】本题考察考生对预算调整知识点的掌握情况。根据《预算法》第五十三条规定，预算调整是指经全国人民代表大会批准的中央预算和经地方各级人民代表大会批准的本级预算，在执行中因特殊情况需要增加支出或者减少收入，使原批准的收支平衡的预算的总支出超过总收入，或者使原批准的预算中举借债务的数额增加的部分变更。故该题表述正确。

155.【正确答案】对

【答案解析】地方各级政府财政部门具体编制本级预算、决算草案；具体组织本级总预算的执行；提出本级预算预备费动用方案；具体编制本级预算的调整方案；定期向本级政府和上一级政府财政部门报告本级总预算的执行情况。

156.【正确答案】对

【答案解析】本题考察考生对《预算法实施条例》知识点的掌握情况。根据《预算法实施条例》第六十三条，年度预算确定后，企业、事业单位改变隶属关系，引起预算级次和关系变化的，应当在改变财务关系的同时，相应办理预算划转。故此题表述正确。

157.【正确答案】错

【答案解析】本题考察考生对预算组织程序知识点的掌握情况。各级政府编制年度预算草案的依据包括：(1)法律、法规；(2)国民经济和社会发展计划、财政中长期计划以及有关的财政经济政策；(3)本级政府的预算管理职权和财政管理体制确定的预算收支范围；(4)上一年度预算执行情况和本年度预算收支变化因素；(5)上级政府对编制本年度预算草案的指示和要求。本部门、本单位的定员定额标准是各部门、各单位编制年度预算草案的依据。

158.【正确答案】错

【答案解析】本题考察考生对预算管理职权知识点的掌握情况。国务院财政部门具体编制中央预算、决算草案。故表述错误。

159.【正确答案】对

【答案解析】本题考察考生对政府采购当事人知识点的掌握情况。表述正确。

160.【正确答案】对

【答案解析】本题考察考生对预算法知识点的掌握情况。从形式上看，财政关系可以分为财政收入关系、财政管理关系和财政支出关系三种。财政法的体系可以解构为以下几个层次：(1)财政基本法；

（2）财政平衡法；（3）财政预算法，其中预算法的地位是核心法、骨干法。故此题正确。

161.【正确答案】对

【答案解析】本题考察考生对预算法律制度知识点的掌握情况。根据财政法律制度有关规定，我国的预算法律制度由《预算法》《预算法实施条例》以及有关国家预算管理的其他法规制度构成。故本题答案正确。

162.【正确答案】对

【答案解析】本题考察考生对预算法知识点的掌握情况。《预算法》规定，全国人民代表大会及其常务委员会对中央和地方预算、决算进行监督；县以上地方各级人民代表大会及其常务委员会对本级和下级政府预算、决算进行监督；乡、民族乡、镇人民代表大会对本级预算、决算进行监督。故本题答案正确。

163.【正确答案】错

【答案解析】本题考察考生对预算组织程序知识点的掌握情况。国务院应当及时下达关于编制下一年预算草案的指示。编制预算草案的具体事项，由国务院财政部门部署。故此题答案错误。

164.【正确答案】错

【答案解析】本题考察考生对国家预算知识点的掌握情况。中央预算是由中央各部门以及它的直属单位的预算构成。

165.【正确答案】对

【答案解析】本题考察考生对政府采购法知识点的掌握情况。《中华人民共和国政府采购法》第三十六条在招标采购中，出现下列情形之一的，应予废标：（1）符合专业条件的供应商或者对招标文件作实质响应的供应商不足三家的；（2）出现影响采购公正的违法、违规行为的；（3）投标人的报价均超过了采购预算，采购人不能支付的；（4）因重大变故，采购任务取消的。废标后，采购人应当将废标理由通知所有投标人。

四、案例分析题

166.【正确答案】B

（一）【答案解析】本题考核财政专户。预算外资金应上缴到财政专户。

167.【正确答案】BD

【答案解析】本题考核财政授权支付和零余额账户。单项物品和服务10万元以下，年度工程采购支出50万元以下，特别紧急及零星支出应财政授权支付，通过单位零余额账户进行。

168.【正确答案】BC

【答案解析】本题考核特设专户。财政拨来的特殊用途的款项应该存入特设专户，是经国务院或国务院授权财政部批准为预算单位在商业银行开设的特殊专户。

169.【正确答案】CD

【答案解析】本题考核财政授权支付方式。AB为直接支付，当预算单位收到"财政直接支付凭证"，借：经费支出，贷：拨入经费。CD为授权支付，收到"财政授权支付通知"，借：零余额账户用款额度，贷：拨入经费；向供应商付款时，借：经费支出或库存材料，贷：零余额账户用款额度。

170.【正确答案】BD

【答案解析】本题考核国库单一账户体系。

（二）171.【正确答案】ABCD

【答案解析】乡、民族乡、镇的人民代表大会的职权：（1）审查和批准本级预算和本级预算执行情况的报告；（2）监督本级预算的执行；（3）审查和批准本级预算的调整方案；（4）审查和批准本级决算；（5）撤销本级政府关于预算、决算的不适当的决定和命令。

172.【正确答案】ABCD

【答案解析】根据《预算法》的规定，与财政部门直接发生预算缴款、拨款关系的国家机关、军队、政党组织和社会团体等各部门的预算职权包括：（1）各部门编制本部门预算、决算草案；（2）组织和监督本部门预算的执行；(3) 定期向本级政府财政部门报告预算的执行情况。

173. 【正确答案】C

【答案解析】国务院财政部门的职权：(1) 具体编制中央预算、决算草案；(2) 具体组织中央和地方预算的执行；(3) 提出中央预算预备费动用方案；(4) 具体编制中央预算的调整方案；(5) 定期向国务院报告中央和地方预算的执行情况。

174. 【正确答案】ACD

【答案解析】根据统一领导、分级管理、权责结合的原则，《预算法》明确地规定了各级人民代表大会及其常务委员会、各级政府、各级财政部门和各部门、各单位的预算职权。

175. 【正确答案】ABCD

【答案解析】县级以上地方各级人民代表大会的职权：(1) 审查本级总预算草案及本级总预算执行情况的报告；(2) 批准本级预算和本级预算执行情况的报告；(3) 改变或者撤销本级人民代表大会常务委员会关于预算、决算的不适当的决议；(4) 撤销本级政府关于预算、决算的不适当的决定和命令。

(三) 176. 【正确答案】AB

【答案解析】采购代理机构是指具备一定条件，经政府有关部门批准而依法拥有政府采购代理资格的社会中介机构。采购代理机构可分为集中采购机构和一般采购代理机构。

177. 【正确答案】C

【答案解析】询价采购是指采购人向有关供应商(不少于三家)发出询价单让其报价，在报价基础上进行比较并确定最优供应商的一种采购方式。

178. 【正确答案】ABCD

【答案解析】政府采购方式包括公开招标、邀请招标、竞争性谈判、单一来源、询价，其中，公开招标应作为政府采购的主要采购方式。

179. 【正确答案】AD

【答案解析】本题考核财政支出支付程序。财政授权支付程序适用于未纳入工资支出、工程采购支出、物品和服务采购支出管理的购买支出和零星支出。其包括单件物品或单项服务购买额不足10万元人民币的购买支出；年度财政投资不足50万元人民币的工程采购支出；特别紧急的支出和经财政部门批准的其他支出。预算单位实行财政直接支付的财政性资金包括工资支出、工程采购支出、物品和服务采购支出。

180. 【正确答案】ABC

【答案解析】政府采购当事人包括采购人、供应商、采购代理机构。

(四) 181. 【正确答案】CD

【答案解析】本题考核国库支付方式。包括财政直接支付和财政授权支付。

182. 【正确答案】ABCD

【答案解析】本题考核零余额账户的使用。预算单位零余额账户可以办理转账、提取现金等结算业务，可以向本单位按账户管理规定保留的相应账户划拨工会经费、住房公积金及提租补贴，以及经财政部门批准的特殊款项，不得违反规定向本单位其他账户和上级主管单位、所属下级单位账户划拨资金。

183. 【正确答案】ACD

【答案解析】本题考核预算单位零余额账户的使用。预算单位零余额账户可以办理转账、提取现金等结算业务，可以向本单位按账户管理规定保留的相应账户划拨工会经费、住房公积金及提租补贴，以及经财政部门批准的特殊款项，不得违反规定向本单位其他账户和上级主管单位、所属下级单位账户划拨资金。预算单位零余额账户用于财政授权支付和清算。

184. 【正确答案】B

【答案解析】财政部门在商业银行开设的财政直接支付零余额账户(简称财政零余额账户)，用于财政直接支付和与国库单一账户支出清算。预算外资金财政专户用于财政直接支付和与国库单一账户支出清算。特殊专户用于记录、核算预算单位的特殊专项支出活动,用于与国库单一账户清算。财政部门在代理银行为预算单位开设的授权支付零余额账户(简称预算单位零余额账户),用于财政授权支付和清算。

185.【正确答案】ABC

【答案解析】本题考核财政直接支付。财政直接支付是指由财政部门向中国人民银行和代理银行签发支付指令,代理银行根据指令通过国库单一账户体系将资金直接支付到收款人或用款单位账户。

第五章　会计职业道德

一、单项选择题

1.【正确答案】B

【答案解析】本题考核会计职业自律。

2.【正确答案】A

【答案解析】本题考核会计职业道德教育的主要内容。会计职业道德教育的内容包括职业道德观念教育、职业道德规范教育和职业道德警示教育。

3.【正确答案】A

【答案解析】本题考核诚实守信的基本要求。会计人员对于工作中知悉的商业秘密应依法保守,不得泄露,体现的是诚实守信的会计职业道德要求。

4.【正确答案】D

【答案解析】本题考核提高技能的内容。

5.【正确答案】A

【答案解析】本题考核坚持准则。

6.【正确答案】D

【答案解析】本题考核会计职业道德与会计法律制度。两者实施保障机制不同,会计法律制度是靠国家强制力保障实施的,会计职业道德上既有国家法律的要求,但更需要会计人员的自觉遵守。

7.【正确答案】B

【答案解析】朱镕基同志为国家会计学院的题词:"诚信为本,操守为重,坚持准则,不作假账"。这就是会计职业道德的基本工作准则。

8.【正确答案】C

【答案解析】本题考核会计职业道德教育的形式。应大力提倡会计人员进行自我教育,在实践中不断地加强职业道德修养,养成良好的道德行为,从而实现道德境界的升华。

9.【正确答案】A

【答案解析】本题考核会计职业道德修养的环节。形成正确的会计职业道德认知,是指对会计职业道德的行为、准则及其意义的理解和掌握,这是会计职业道德修养的前提和首要环节。

10.【正确答案】C

【答案解析】本题考核会计职业道德教育的内容。会计职业道德教育的内容包括职业道德观念教育、职业道德规范教育和职业道德警示教育。

11.【正确答案】B

【答案解析】诚实守信的基本要求有:(1)做老实人,说老实话,办老实事,不搞虚假;(2)保密守信,不为利益所诱惑;(3)执业谨慎,信誉至上。

12.【正确答案】B

【答案解析】诚实守信是做人的基本准则,也是会计职业道德的精髓。

13.【正确答案】D

【答案解析】廉洁自律是会计职业道德的前提,也是会计职业道德的内在要求。

14.【正确答案】A

【答案解析】提高技能是指会计人员通过学习,培训和实践等途径,持续提高会计职业技能,以达到和维持足够的专业胜任能力的活动。作为一名会计工作者必须不断地提高其职业技能,这既是会计人员的义务,也是在职业活动中做到客观公正、坚持准则的基础,是参与管理的前提。

15.【正确答案】A

【答案解析】本题考核的是《会计法》的相关内容。

16.【正确答案】D

【答案解析】诚实守信的基本要求有:做老实人,说老实话,办老实事,不搞虚假;保密守信,不为利益所诱惑;执业谨慎,信誉至上。

17.【正确答案】A

【答案解析】公私分明是指严格划分公与私的界线,公是公,私是私。如果公私分明,就能够廉洁奉公、一尘不染,做到"常在河边走,就是不湿鞋"。

18.【正确答案】C

【答案解析】努力钻研业务,熟悉财经法规和相关制度,提高业务技能,为参与管理打下坚实的基础是参与管理的基本要求。

19.【正确答案】B

【答案解析】强化服务的基本要求有:强化服务意识,提高服务质量。

20.【正确答案】C

【答案解析】具有不断提高会计专业技能的意识和愿望是提高技能的基本要求。

21.【正确答案】D

【答案解析】会计职业道德与会计法律制度的联系主要表现在:两者在作用上相互补充;两者在内容上相互渗透、相互重叠;两者在地位上相互转化、相互吸收。两者在实施过程中相互作用。会计法律制度是会计职业道德的最低要求,违反会计法律制度的行为一定违反会计职业道德。

22.【正确答案】D

【答案解析】会计职业道德修养的方法有:不断进行"内省";要提倡"慎独"精神;虚心向先进人物学习。

23.【正确答案】C

【答案解析】职业道德是社会经济关系所决定的社会意识形态。职业道德不是人主观自生的,也不是天生的意志,其本质是社会经济关系所决定的社会意识形态,社会经济关系的类型决定着职业道德的性质。

24.【正确答案】B

【答案解析】职业道德具有职业性、实践性、继承性、多样性的特征。

25.【正确答案】D

【答案解析】会计法律制度侧重于调整会计人员的外在行为和结果的合法化,具有较强的客观性。

26.【正确答案】A

【答案解析】会计法律制度调整会计人员的外在行为,会计职业道德既调整会计人员内在的精神境界,也调整会计人员的外在行为,故B错误;会计法律制度有成文规定,会计职业道德有的也有具体的表现形式,故C错误;违反会计法律制度可能受到法律制裁,违反会计职业道德有的不仅会受到道德谴责,也可能受到法律制裁,故D错误。

27.【正确答案】D

【答案解析】财政部门的监督检查应实行会计职业道德建设与会计专业技术资格考评、聘用相结合的方式。

28.【正确答案】B

【答案解析】坚持准则,是指会计人员在处理业务过程中,要严格按照会计法律制度办事,不为主观或他人意志所左右。这里所指的"准则",不仅指会计准则,而且包括会计法律、国家统一的会计制度以及与会计工作相关的法律制度。

29.【正确答案】C

【答案解析】对于会计职业和会计工作而言,客观主要包括两层含义:一是真实性,即以实际发生的经济活动为依据,对会计事项进行真实计量、记录和报告;二是可靠性,即会计核算要准确,记录要可靠,凭证要合法。公正就是要求会计工作按照国家统一的会计准则、财经法律、法规和规章制度的要求依法办事,不偏不倚,做到铁面无私,不避亲疏。而坚持准则也是要求会计人员在处理业务过程中,要严格按照会计法律制度办事,不为主观或他人意志所左右。

30.【正确答案】B

【答案解析】坚持准则,是指会计人员在处理业务过程中,要严格按照会计法律制度办事,不为主观或他人意志所左右。

31.【正确答案】D

【答案解析】客观公正要求会计人员在具体进行会计业务处理时,要实事求是,保持客观公正的态度。

32.【正确答案】C

【答案解析】坚持准则,是指会计人员在处理业务过程中,要严格按照会计法律制度办事,不为主观或他人意志所左右。这里所指的"准则",不仅指会计准则,而且包括会计法律、国家统一的会计制度以及与会计工作相关的法律制度。坚持准则是会计职业道德的核心。

33.【正确答案】C

【答案解析】本题考核的是会计职业道德的主要内容。注册会计师要做到"诚实守信",就是要在职业活动中做到职业谨慎,信誉至上。

34.【正确答案】B

【答案解析】会计人员应当熟悉本单位的生产经营、业务流程和管理状况,了解经营能力、技术设备条件、产品市场和资源情况,结合财务部门的综合信息优势,积极参与管理,提出有针对性和有效性的意见和建议。

35.【正确答案】C

【答案解析】自我解剖法就是会计人员对自己所做的会计工作要进行自我批评、自我解剖,认真找出自己的缺点、差距,并通过主观努力来加以改正。

36.【正确答案】C

【答案解析】会计职业道德信念,是指会计人员对会计职业的道德义务具有的强烈责任感和对会计职业的理想目标的坚定信仰,这是会计职业道德修养的核心内容。

37.【正确答案】A

【答案解析】会计职业道德认知,是指对会计职业道德的准则、行为及其意义的认识、理解和掌握,这是会计职业道德修养的前提和首要环节。

38.【正确答案】D

【答案解析】会计人员养成良好的会计职业道德行为,不仅是会计职业道德修养的重要环节,也是终极目标。

39.【正确答案】B

【答案解析】强化服务的关键是提高服务质量。

40.【正确答案】C

【答案解析】各级财政部门应当履行组织和推动本地区会计职业道德建设的任务的责任,利用行政管理上的优势,对会计职业道德情况实施必要的行政监管。

41.【正确答案】B

【答案解析】本题考察考生对会计职业道德准则知识点的掌握情况。我国会计职业道德的检查与奖惩机制的主要内容有：(1) 财政部门对会计职业道德进行监督检查；(2) 会计行业组织对会计职业道德进行自律管理与约束；(3) 依据会计法等法律法规，建立激励机制，对会计人员遵守职业道德情况进行考核和奖惩。故此题答案选择 B。

42.【正确答案】C

【答案解析】本题考察考生对会计职业道德知识点的掌握情况。会计法律制度是对会计从业人员行为的最低限度的要求，会计职业道德准则是对会计人员行为最高标准的行为规范，是最高层次的要求，因此 A 项表述错误；会计职业道德对会计人员基本上是非强制执行的，对他们的行为只产生约束作用，主要依靠会计从业人员的自觉性，具有很强的自律性，而会计法律制度设有明确的制裁和处罚条款，具有强制性与他律性，因此 B 项表述错误，同时 C 项表述正确；会计职业道德不仅要求调整会计人员的外在行为，还要求调整会计人员内在的精神世界，因而会计职业道德在时间和空间上对会计人员的影响比会计法律制度广泛、持久，因此 D 项表述错误。故此题答案选择 C。

43.【正确答案】B

【答案解析】本题考察考生对会计职业道德知识点的掌握情况。廉洁自律要求会计人员：树立正确的人生观和价值观；公私分明、不贪不占。"理万金,分文不沾"、"手提万贯,一尘不染"体现的会计职业道德是廉洁自律会计职业道德规范。

44.【正确答案】A

【答案解析】本题考察考生对会计职业道德规范的主要内容知识点的掌握情况。我国会计职业道德规范的主要内容包括：爱岗敬业、诚实守信、廉洁自律、客观公正、坚持准则、提高技能、参与管理和强化服务。

45.【正确答案】D

【答案解析】本题考察考生对会计职业道德知识点的掌握情况。奉献社会是职业道德的出发点和归宿。

46.【正确答案】B

【答案解析】本题考察考生对会计职业道德知识点的掌握情况。

47.【正确答案】A

【答案解析】本题考察考生对会计职业道德知识点的掌握情况。出纳经常出现长短款违反了提高技能规范。

48.【正确答案】B

【答案解析】本题考察考生对职业道德教育知识点的掌握情况。大专院校会计类学习阶段是会计职业情感、道德观念、是非善恶判断标准等初步形成的时期，因此会计专业类大专院校是会计职业道德教育重要环节，因此学历教育是会计职业道德教育的基础。法制教育是会计人员继续教育中会计职业道德的内容；自我教育是会计职业道德教育形式。

49.【正确答案】D

【答案解析】本题考察考生对会计职业道德规范知识点的掌握情况。根据会计职业道德规范的有关规定，会计人员的技能水平是会计人员职业道德水平的保证。会计人员应不断提高其业务技能，以便适应工作的需要。会计人员业务技能包括会计理论水平、会计实务能力、职业判断能力、自动更新知识的能力，提供会计信息的能力,沟通交流的能力以及职业经验等。

50.【正确答案】D

【答案解析】本题考察考生对会计职业道德规范知识点的掌握情况。坚持准则要求会计人员熟悉国家法律、法规和国家统一的会计制度，始终坚持按法律、法规和国家统一的会计制度的要求，进行会计核算，实施会计监督。

51.【正确答案】D

【答案解析】本题考察考生对会计职业道德知识点的掌握情况。我国会计职业职业道德规范主要包括：爱岗敬业、诚实守信、廉洁自律、客观公正、坚持准则、提高技能、参与管理和强化服务。故选项D不属于职业道德规范的内容。

52.【正确答案】B

【答案解析】本题考察考生对会计职业道德知识点的掌握情况。诚实守信，要求会计人员做老实人，说老实话，办老实事，执业谨慎，信誉至上，不为利益所诱惑，不弄虚作假，不泄露秘密。

53.【正确答案】A

【答案解析】本题考察考生对会计职业道德评价知识点的掌握情况。会计职业道德评价的具体标准：(1)是否有利于社会生产力的发展——成为衡量其行为道德性的根本标准。(2)是否有利于国家财经法律、法规及国家统一会计制度的贯彻落实——最基本的评价标准，也是会计职业行为是与非的基本界限。(3)是否有利于保证各项会计业务工作的正常秩序和单位的发展——生产力标准的具体化。(4)是否有利于充分调动员工的积极性，促进其工作效率的提高。故选A。

54.【正确答案】A

【答案解析】本题考察考生对爱岗敬业知识点的掌握情况。爱岗敬业要求会计人员正确认识会计职业，树立职业荣誉感；热爱会计工作，敬重会计职业；安心工作，任劳任怨；严肃认真，一丝不苟；忠于职守，尽职尽责。

55.【正确答案】D

【答案解析】本题考察考生对职业道德知识点的掌握情况。会计法律制度是会计职业道德的最低要求。

56.【正确答案】A

【答案解析】本题考察考生对会计职业道德建设知识点的掌握情况。会计法等法律、法规是建立激励机制，对会计人员遵守职业道德情况进行考核和奖惩的重要依据。故本题正确答案选A

57.【正确答案】C

【答案解析】本题考察考生对会计职业道德知识点的掌握情况。会计职业道德与会计法律制度在实施上是相互作用、相互促进。

58.【正确答案】B

【答案解析】本题考察考生对我国会计职业道德行为规范知识点的掌握情况。我国会计职业道德行为规范：爱岗敬业；诚实守信；廉洁自律；客观公正；坚持准则；提高技能；参与管理；强化服务。

59.【正确答案】D

【答案解析】本题考察考生对会计职业道德和会计法律制度的区别知识点的掌握情况。

60.【正确答案】D

【答案解析】本题考察考生对会计职业道德知识点的掌握情况。

二、多项选择题

61.【正确答案】ABD

【答案解析】本题考核会计职业道德警示教育。

62.【正确答案】AB

【答案解析】本题考核廉洁自律的含义。会计职业自律包括两层含义：会计人员自律和会计行业自律。

63.【正确答案】BD

【答案解析】本题考核诚实守信。

64.【正确答案】ABCD

【答案解析】本题考核会计人员继续教育的培训形式。根据规定，会计人员继续教育培训形式包括：

财政部门直接组织培训；省级以上主管部门根据行业管理需要自行组织的培训；财政部门认同的继续教育单位组织的培训；单位自行组织的业务培训、岗位培训；参加上一级别的会计专业技术资格考试、注册会计师考试等。

65.【正确答案】ABCD

【答案解析】本题考核会计职业道德与会计法律制度的关系。两者在地位上相互转化,相互吸收。最初的会计职业道德规范就是对会计职业行为约定俗成的基本要求,会计法律制度的制定往往将这些基本要求吸收进来,使这一基本要求成了会计法律制度规定的内容。可以说,会计法律制度是会计职业道德的最低要求。

66.【正确答案】ABD

【答案解析】本题考核会计职业道德的功能。会计职业道德的功能包括指导功能、评价功能和教化功能。

67.【正确答案】ABD

【答案解析】本题考核参与管理的要求。会计人员要经常主动地向领导反映经营管理活动中的情况和存在的问题,主动提出合理化建议、协助领导决策、参与经营管理活动。但不是代替领导决策。

68.【正确答案】ABCD

【答案解析】各级财政部门要充分结合本地区的实际情况,加大宣传力度,制定切实可行的宣传方案,采取灵活多样的宣传形式,如举办会计职业道德演讲、论坛、竞赛、有奖征文等活动。

69.【正确答案】ABCD

【答案解析】职业道德具有职业性(行业性)、实践性、继承性和多样性等特征。

70.【正确答案】ABCD

【答案解析】本题考核的是会计职业道德的相关内容。

71.【正确答案】ABC

【答案解析】会计职业道德的作用主要有：(1)是规范会计行为的基础；(2)是实现会计目标的重要保证；(3)是对会计法律制度的重要补充；(4)是提高会计人员职业素养的内在要求。

72.【正确答案】ABCD

【答案解析】会计职业道德与会计法律制度的区别有：(1)两者的性质不同；(2)两者作用范围不同；(3)两者表现形式不同；(4)实施保障机制不同；(5)两者的评价标准不同。

73.【正确答案】BCD

【答案解析】会计职业道德规范的主要内容：爱岗敬业、诚实守信、廉洁自律、客观公正、坚持准则、提高技能、参与管理、强化服务。

74.【正确答案】ABCD

【答案解析】爱岗敬业的基本要求有：(1)正确认识会计职业,树立职业荣誉感；(2)热爱会计工作,敬重会计职业；(3)安心工作,任劳任怨；(4)严肃认真,一丝不苟；(5)忠于职守,尽职尽责。

75.【正确答案】ABD

【答案解析】依法办事是会计工作保持客观公正的前提,它要求依据法律、法规和制度的规定进行会计业务处理,并对复杂疑难的经济业务,作出客观的会计职业判断。实事求是要求会计人员从实际对象出发,按照事物的实际情况办事,在需要进行职业判断时,应保持客观公正的态度,实事求是、不偏不倚。如实反映要求会计人员客观反映事物的本来面貌,不夸大、不缩小、不隐瞒,如实反映和披露单位经济业务事项。

76.【正确答案】AB

【答案解析】会计职业道德教育的形式有：(1)接受教育(外在教育)；(2)自我修养(内在教育)。

77.【正确答案】ABCD

【答案解析】会计职业道德教育内容包括：(1)会计职业道德观念教育；(2)会计职业道德规范教

育；(3)会计职业道德警示教育；(4)其他教育。

78.【正确答案】ABCD

【答案解析】无。

79.【正确答案】ACD

【答案解析】无。

80.【正确答案】ABCD

【答案解析】会计职业道德规范的主要内容包括：爱岗敬业、诚实守信、廉洁自律、客观公正、坚持准则、提高技能、参与管理、强化服务等。

81.【正确答案】ABC

【答案解析】会计职业道德检查与奖惩机制包括：财政部门的监督检查；会计行业组织的自律管理与约束；激励机制的建立。

82.【正确答案】AB

【答案解析】选项CD，只违反了会计职业道德，没有违反会计法律制度。

83.【正确答案】AC

【答案解析】会计职业道德具有相对的稳定性，与其他职业道德具有相通性。

84.【正确答案】ABC

【答案解析】会计法律制度与会计职业道德有着共同的目标、相同的调整对象，承担着同样的职责。两者联系密切。主要表现在：(1)在作用上相互补充、相互协调；(2)在内容上相互借鉴、相互吸收。

85.【正确答案】ABC

【答案解析】开展会计职业道德检查与奖惩有着很重要的现实意义，包括①具有促使会计人员遵守职业道德规范的作用；②可以对各种会计行为进行裁决，对会计人员具有深刻的教育作用；③有利于形成抑恶扬善的社会环境。

86.【正确答案】ABCD

【答案解析】本题考核会计职业道德检查与奖惩。

87.【正确答案】ABCD

【答案解析】会计职业道德教育是会计职业道德活动的一项重要内容，不仅高校等会计人才的培养单位、会计工作的管理部门、会计职业的自律组织、单位负责人有教导和督促会计人员加强学习会计职业道德规范的责任，而且会计人员自身也有不断提高会计职业道德修养的义务。

88.【正确答案】ABCD

【答案解析】廉洁自律是会计职业道德的前提，也是会计职业道德的内在要求，是会计职业声誉的"试金石"。会计人员要严格自律，防微杜渐，构筑思想道德防线，这也是防止腐败和非职业道德行为的有效手段。

89.【正确答案】ABC

【答案解析】廉洁自律对会计人员的基本要求是：(1)树立正确的人生观和价值观；(2)公私分明，不贪不占；(3)遵纪守法，一身正气。

90.【正确答案】BC

【答案解析】客观公正中的客观，是指按事物的本来面目去反映，不带个人偏见，也不为他人意见所左右。公正，就是公平正直，没有偏失。因此，客观公正对会计人员的基本要求是就是端正态度；依法办事；实事求是、不偏不倚。

91.【正确答案】ABCD

【答案解析】会计职业组织起着联系会员与政府的桥梁作用，应充分发挥协会等会计职业组织的作用，改革和完善会计职业组织自律机制，有效发挥自律机制在会计职业道德建设中的促进作用。

92.【正确答案】BCD

【答案解析】提高技能对会计人员的基本要求是：(1)具有不断提高会计技能的意识和愿望；(2)具有勤学苦练、刻苦钻研的精神和科学的学习方法。

93．【正确答案】AB

【答案解析】强化服务对会计人员的基本要求是强化服务意识,提高服务质量。

94．【正确答案】BCD

【答案解析】李四及公司财务人员的行为违背了会计职业道德中要求的会计人员应当诚实守信、客观公正和坚持准则的要求。

95．【正确答案】AC

【答案解析】王某的行为体现了会计职业道德中的爱岗敬业、参与管理的要求。

96．【正确答案】ABCD

【答案解析】本题考核会计技能的规定。

97．【正确答案】ABCD

【答案解析】会计职业道德教育的途径包括岗前职业道德教育、岗位职业道德教育和自我教育；岗前职业道德教育包括会计专业学历教育中的会计职业道德教育和取得会计从业资格中的会计职业道德教育。

98．【正确答案】ABCD

【答案解析】通过普及会计职业道德知识,使会计人员了解会计职业道德对社会经济秩序、会计信息质量的影响,以及违反会计职业道德将会受到的惩戒和处罚,树立会计职业道德观念,形成会计人员遵循会计职业道德光荣、违背会计职业道德可耻的氛围。

99．【正确答案】ABC

【答案解析】会计职业道德自我教育的内容包括职业义务教育、职业荣誉教育和职业节操教育。

100．【正确答案】ABCD

【答案解析】会计职业道德修养的环节一般包括道德认知、道德情感、道德信念和道德行为等方面,它们之间相互联系,不可缺少,形成一个完整的体系。

101．【正确答案】ABCD

【答案解析】以上四项均是会计职业道德修养的方法。

102．【正确答案】ABCD

【答案解析】会计职业道德的检查,主要是结合会计执法检查、会计从业资格证书管理、会计专业技术资格考评、聘用、会计行业组织自律管理和会计人员表彰奖励制度进行的。

103．【正确答案】BD

【答案解析】本题考察考生对提高技能知识点的掌握情况。提高技能的基本要求：(1)要有不断提高会计专业技能的意识和愿望；(2)要有具有勤学苦练的精神和科学的学习方法。故此题答案选择BD。

104．【正确答案】ABD

【答案解析】本题考察考生对坚持准则知识点的掌握情况。"坚持准则"的基本要求：(1)熟悉准则,提高会计人员遵守准则能力；(2)遵循准则,提高会计人员执行准则能力；(3)敢于同违法行为作斗争,确保会计信息的真实性、完整性。故此题选择ABD。

105．【正确答案】ABC

【答案解析】本题考察考生对会计职业道德知识点的掌握情况。会计职业道德是调整会计职业关系的各种经济关系的职业行为准则和规范,是调整会计人员与社会、会计人员与不同利益集团以及会计人员之间关系的社会规范。D项表述不正确,故答案选择ABC。

106．【正确答案】ACD

【答案解析】本题考察考生对会计职业道德知识点的掌握情况。工作上一丝不苟从未出现差错体现了爱岗敬业的会计职业道德,按规章办事体现了坚持准则的会计职业道德,为了做好会计工作而主动学习企业管理等课程体现了提高技能的会计职业道德。故本题答案选 ACD。

107. 【正确答案】ABC

【答案解析】本题考察考生对会计职业道德教育知识点的掌握情况。会计职业道德教育是指根据会计工作的特点,有目的、有组织、有计划地对会计人员施加系统的会计职业道德影响,促使会计人员形成会计职业道德品质,履行会计职业道德义务的活动。只有加强会计职业道德教育,才能使会计人员树立诚信观念,从思想上对职业道德规范有正确的认识。只有从总体上提高会计职业道德水平,会计信息才有可能真实可靠。

108. 【正确答案】ABC

【答案解析】本题考察考生对会计职业道德知识点的掌握情况。会计职业道德的检查与奖惩,具有促使会计人员遵守职业道德规范的作用;会计职业道德的检查与奖惩,可以对各种会计行为进行裁决,对会计人员具有深刻的教育作用,有利于会计人员形成良好的道德情感;会计职业道德的检查与奖惩,有利于形成抑恶扬善的社会环境。

109. 【正确答案】ABC

【答案解析】本题考察考生对会计职业道德知识点的掌握情况。会计职业道德规范的主要内容:(1)爱岗敬业;(2)诚实守信;(3)廉洁自律;(4)客观公正;(5)坚持准则;(6)提高技能;(7)参与管理;(8)强化服务。A、B、C 的做法均是符合会计职业道德要求的。D 中,将本期发生的固定资产和银行借款利息,进行挂账处理,从而使账面上反映的费用减少了,以此改善经营业绩,这属于是操纵利润的手段,不符合客观公正、诚实守信等会计职业道德规范。作为一名合格会计人员,不论做什么样的账务处理,都应该只凭客观依据,不能根据主观意图去处理。故选 ABC。

110. 【正确答案】AB

【答案解析】本题考察考生对会计职业道德的内容知识点的掌握情况。财务科长王某没有站在公正的立场上支持石某的做法,反而批评石某,并提出了错误的观点,很显然违背了会计职业道德规范中的"客观公正"和"坚持准则"的要求。

111. 【正确答案】BCD

【答案解析】本题考察考生对会计职业道德知识点的掌握情况。

112. 【正确答案】ABCD

【答案解析】本题考察考生对会计职业道德知识点的掌握情况。

113. 【正确答案】ACD

【答案解析】本题考察考生对会计职业道德知识点的掌握情况。做好会计工作,不仅要有过硬的技术和本领,也同样需要有实事求是的精神和客观公正的态度。

114. 【正确答案】AB

【答案解析】本题考察考生对会计法律制度与会计职业道德的关系知识点的掌握情况。选项 C,体现出两者在地位上相互转化、相互吸收;选项 D,体现出两者在内容上相互渗透,相互重叠。

115. 【正确答案】ABCD

【答案解析】本题考核会计职业道德修养的方法。自我修养的方法有:慎独慎欲,慎省慎微,自警自励。同时,我们所说的"修养",是在社会实践中的自我锻炼。

116. 【正确答案】ABCD

【答案解析】本题考察考生对会计职业道德规范的主要内容知识点的掌握情况。会计职业道德规范的主要内容包括爱岗敬业、诚实守信、坚持准则、强化服务、廉洁自律、客观公正、提高技能和参与管理。

117. 【正确答案】BCD

【答案解析】本题考察考生对会计职业道德要求知识点的掌握情况。

118. 【正确答案】ABCD

【答案解析】本题考察考生对会计人员提高技能的途径知识点的掌握情况。

119.【正确答案】BD

【答案解析】本题考察考生对会计职业道德知识点的掌握情况。诚实是指言行跟内心思想一致，不弄虚作假、不欺上瞒下，做老实人、说老实话、办老实事。守信就是遵守自己所作出的承诺，讲信用，重信用，信守诺言，保守秘密。

三、判断题

120.【正确答案】对

【答案解析】本题考核的是职业道德的概念。

121.【正确答案】对

【答案解析】本题考核的是职业道德的作用。

122.【正确答案】错

【答案解析】会计作为社会经济活动中的一种特殊职业，除具有职业道德的一般特征外，还具有一定的强制性和较多关注公众利益的特征。

123.【正确答案】错

【答案解析】会计法律制度由国家强制力保障实施；会计职业道德既有国家法律的相应要求，又需要会计人员自觉地遵守。

124.【正确答案】错

【答案解析】坚持准则是指会计人员在处理业务过程中，要严格按照会计法律制度办事，不为主观或他人意志左右。

125.【正确答案】错

【答案解析】参与管理是指间接参加管理活动，为管理者当参谋，为管理活动服务。

126.【正确答案】对

【答案解析】本题考核的是会计职业道德规范中"强化服务"的概念。

127.【正确答案】对

【答案解析】本题考核的是会计职业道德修养的概念。

128.【正确答案】错

【答案解析】会计职业道德检查与奖惩机制包括：（1）财政部门的监督检查；（2）会计行业组织的自律管理与约束；（3）激励机制的建立。

129.【正确答案】对

【答案解析】本体考核的是会计行业组织的自律管理与约束。

130.【正确答案】对

【答案解析】廉洁自律是会计职业道德的前提，也是会计职业道德的内在要求。

131.【正确答案】错

【答案解析】客观是指按事物的本来面目去反映，不掺杂个人的主观意愿，也不为他人意见所左右。坚持准则是指会计人员在处理业务过程中，要严格按照会计法律制度办事，不为主观或他人意志左右。

132.【正确答案】错

【答案解析】会计职业道德教育的形式中，接受教育指的是外在教育。

133.【正确答案】对

【答案解析】加强会计职业道德建设，既是提高广大会计人员素质的一项基础性工作，又是一项复杂的社会系统工程；不仅是某一个单位、某一个部门的任务，也是各地区、各部门、各单位的共同责任。

134.【正确答案】对

【答案解析】会计职业道德检查与奖惩的意义主要有：具有促使会计人员遵守职业道德规范的作用；裁决与教育作用；有利于形成抑恶扬善的社会环境。

135.【正确答案】错

【答案解析】职业道德的本质是社会经济关系所决定的社会意识形态,社会经济关系的类型决定着职业道德的性质。

136.【正确答案】错

【答案解析】无论在何种社会经济环境下,由于同一种职业服务对象、服务手段、职业利益、职业责任和义务相对稳定,因此职业行为的道德要求的核心内容将被继承和发扬,其具有继承性。

137.【正确答案】错

【答案解析】职业道德的作用主要是促进职业活动的健康进行和对社会道德风尚产生积极影响。调节从业人员内部关系仅是其作用的一个方面。

138.【正确答案】对

【答案解析】会计人员在从事会计工作的过程中,面对的都是共同的客观经济规律,都必须遵循会计业务内在的规律要求,因此,会计职业道德要依附于历史继承性和客观经济规律,在社会经济关系不断的变迁中,保持自己的相对稳定性。

139.【正确答案】对

【答案解析】无。

140.【正确答案】错

【答案解析】为了强化会计职业道德的调整职能,我国会计职业道德中的许多内容都被纳入了会计法律法规。因此,会计职业道德也体现出了一定的强制性。

141.【正确答案】对

【答案解析】会计法律制度是会计职业道德的最低要求,会计职业道德是对会计法律规范的重要补充,其作用是其他会计法律制度所不能替代的。

142.【正确答案】错

【答案解析】会计职业道德主要依靠会计从业人员的自觉性,自愿地执行,并依靠社会舆论和良心来实现,基本上是非强制执行的,具有很强的自律性。

143.【正确答案】错

【答案解析】违反会计职业道德的行为,不一定违反会计法律制度。

144.【正确答案】对

【答案解析】会计职业道德则出自于会计人员的职业生活和职业实践,其表现形式既有明确的成文规定,也有不成文的规范。有的规范仅存在于人们的意识和信念之中,并无具体的表现形式。

145.【正确答案】错

【答案解析】诚实守信是做人的基本原则,也是会计职业活动和职业道德的精髓。

146.【正确答案】错

【答案解析】依法办事是会计工作保持客观公正的前提。

147.【正确答案】错

【答案解析】坚持准则中的"准则",不仅指会计准则,而且包括会计法律、国家统一的会计制度以及与会计工作相关的法律制度。

148.【正确答案】错

【答案解析】提高技能是在职业活动中做到客观公正、坚持准则的基础,是参与管理的前提。

149.【正确答案】错

【答案解析】会计人员或会计工作并不能够直接进行企业生产经营活动的管理或决策,只能是间接参加管理活动,为管理者当参谋,为管理活动服务。

150.【正确答案】错

【答案解析】"敢于同违法行为作斗争"属于会计职业道德规范中的"坚持准则"。

151.【正确答案】错

【答案解析】会计职业道德规范教育是会计职业道德教育的核心内容,并贯穿于会计职业道德教育的始终。

152.【正确答案】错

【答案解析】会计人员提倡"慎独"精神要求会计人员应时时处处严格要求自己,防止各种私心杂念和不道德行为的产生。

153.【正确答案】对

【答案解析】会计职业道德建设除了依靠财政部门组织推动外,还应当充分发挥会计职业组织的自律作用,行业自律也是一种重要手段。对于尚未违反会计法律制度,但违反了会计职业道德规范的行为,可由会计职业团体通过自律性监管,根据情节轻重程度采取通报批评、罚款、支付费用、取消其会员资格、警告、参加后续教育等方式进行相应的惩罚。

154.【正确答案】对

【答案解析】会计职业道德修养的最终目的,是把职业道德原则和规范逐步地转化为自己的职业道德品质,从而将职业实践中对职业道德的意识情感和信念上升为职业道德行为习惯,使其贯穿于职业活动的始终。

155.【正确答案】错

【答案解析】会计职业道德情感的培养,主要取决于会计人员对本职工作的热爱程度。

156.【正确答案】错

【答案解析】会计职业道德修养方法中的"慎省"就是要求会计人员对自己所从事的工作时时刻刻都要自我反省,看看是否符合国家财经法规,是否做到真实、准确、可靠,是否有利于企业发展。

157.【正确答案】对

【答案解析】会计职业道德建设是会计管理工作的重要组成部分,作为会计管理工作的职能部门,财政部门应把会计职业道德建设纳入管理会计工作的重要议事日程。

158.【正确答案】对

【答案解析】无。

159.【正确答案】错

【答案解析】本题考察考生对会计职业道德知识点的掌握情况。会计职业道德与会计法律制度作为社会规范,均属于会计人员行为规范的范畴,会计法律制度是通过一定的程序由国家立法部门或者行政管理部门制定、颁布的,而会计职业道德出自于会计人员的职业生活和职业实践。故该题表述错误。

160.【正确答案】对

【答案解析】本题考察考生对会计职业道德知识点的掌握情况。会计职业道德表现形式既有明确的成文规定,也有不成文的规范,尤其是那些较高层次的会计职业道德,存在于人们的意识和信念之中,并无具体的表现形式,它依靠社会舆论、道德教育、传统习俗和道德评价来实现。故该题表述正确。

161.【正确答案】对

【答案解析】本题考察考生对职业道德知识点的掌握情况。

162.【正确答案】对

【答案解析】本题考察考生对会计职业道德知识点的掌握情况。会计职业道德具有以下基本功能:(1)指导功能,即指导会计人员行为的功能。会计职业道德通过对会计的行为、动机提出相应的要求,引导、规范、约束会计人员树立正确的职业观念,遵循职业道德要求,从而达到规范其会计行为的目的。(2)评价功能,即对会计人员的行为,根据一定的道德标准进行评价。现阶段,通过开展会计职业道德的评价、检查与奖励,倡导、赞扬、鼓励自觉遵守会计职业道德规范的行为。(3)教化功能。故该题表述正确。

163.【正确答案】错

【答案解析】本题考察考生对会计职业道德知识点的掌握情况。会计基础工作规范规定,财政部门、业务主管部门和各单位应当定期检查会计人员遵守职业道德的情况,并作为会计人员晋升、晋级、聘任专业职务、表彰奖励的重要考核依据。会计人员违反职业道德的,由所在单位进行处罚;情节严重的,由会计证发证机关吊销其会计证。故会计从业人员需要遵守会计职业道德。该题表述错误。

164.【正确答案】错

【答案解析】本题考察考生对会计职业道德和会计法律制度知识点的掌握情况。会计职业道德与会计法律制度有着共同的目标,相同的调整对象,承担着同样的职责。

165.【正确答案】对

【答案解析】本题考察考生对会计职业道德知识点的掌握情况。就道德规范自身特点而言,它主要是依靠传统习俗、社会舆论和内心信念来维系的。这种非刚性的特征也就决定了它的落实、实施还必须同时借助政府部门的行政监管、职业团体自律性监管和企事业单位内部纪律等外部的硬性他律机制。故该题表述正确。

166.【正确答案】对

【答案解析】本题考察考生对会计职业道德知识点的掌握情况。会计工作的特点决定了廉洁自律是会计职业道德的内在要求,是会计人员的行为准则。故此题表述正确。

167.【正确答案】错

【答案解析】本题考察考生对会计职业道德知识点的掌握情况。会计职业道德中提出强化服务的目的是奉献社会。故表述错误。

168.【正确答案】错

【答案解析】本题考察考生对职业道德知识点的掌握情况。职业道德的意识、行为和规范是一个整体,不可任意分割。

169.【正确答案】错

【答案解析】本题考察考生对会计职业道德知识点的掌握情况。会计法律制度表现形式是具体的、明确的、正式形成文字的成文规定;会计职业道德存在于人们的意识和信念之中。故题干表述错误。

170.【正确答案】对

【答案解析】本题考察考生对会计职业道德知识点的掌握情况。具有一定会计专业知识和技能的人员从事会计工作的资格证书,是从事会计工作所必须具备的基本最低要求和前提条件。作为一名会计工作者必须不断地提高其职业技能,这既是会计人员的义务,也是在职业活动中做到客观公正、坚持准则的基础,是参与管理的前提。故本题正确。

171.【正确答案】错

【答案解析】本题考察考生对会计职业道德知识点的掌握情况。

172.【正确答案】对

【答案解析】本题考察考生对会计人员职业品德的基本构成要素知识点的掌握情况。

173.【正确答案】错

【答案解析】本题考察考生对会计职业道德检查知识点的掌握情况。财政部门利用行政管理上的优势,对会计职业道德情况实施必要的行政监督检查。检查的途径主要有:将会计执法检查、会计从业资格证书注册登记管理以及会计专业技术资格考评、聘用与会计职业道德检查相结合,以构筑会计职业道德检查与奖惩机制的重要组成部分。故此题答案错误。

174.【正确答案】错

【答案解析】会计职业道德与会计法律制度的联系主要有:(1)在作用上相互补充、相互协调。在规范会计行为时,既需要依赖于会计法律制度的强制功能,又需要借助于会计职业道德的教化功能。极端的会计违规行为必须运用会计法律制度来强制控制和约束,而大量的不需要或不宜由会计法律制度规范的会计行为则需要会计职业道德来实现。(2)在内容上相互借鉴,相互吸收。最初的会计职业道德规范就是对会计职业行为约定俗成的基本要求,后来制定的会计法律制度吸收了这些基本要求,便形成了会计法律制度,会计法律制度中含有会计职业道德规范的内容,同时,会计职业道德规范中也包含会计法律制度的某些条款。总之,会计职业道德与会计法律制度两者在实施过程中相互作用,会计职业道德是会计法律制度正常运行的社会和思想基础,会计法律制度是促进会计职业道德规范形成和遵守的重要保障。

175.【正确答案】对

【答案解析】本题考察考生对会计职业道德知识点的掌握情况。会计职业道德表现形式既有明确的成文规定,也有不成文的规范,尤其是那些较高层次的会计职业道德,存在于人们的意识和信念之中,并无具体的表现形式,它依靠社会舆论、道德教育、传统习俗和道德评价来实现。故该题表述正确。

176.【正确答案】对

【答案解析】本题考察考生对强化服务知识点的掌握情况。"强化服务"就是要求会计人员具有文明的服务态度、强烈的服务意识和优良的服务质量。强化服务是职业道德的归宿点。故题干说法正确。

177.【正确答案】错

【答案解析】本题考察考生对会计职业道德的评价方法知识点的掌握情况。会计职业道德的评价方法包括社会舆论、传统习俗、内心信念及考核评比。

178.【正确答案】对

【答案解析】本题考察考生对会计人员职业道德知识点的掌握情况。会计职业道德是会计人员在长期的职业活动中逐步形成和总结出来的,调整会计人员与社会之间,会计与个人之间,个人与集体之间的职业道德主观意识和客观行为的统一。故此题表述正确。

179.【正确答案】错

【答案解析】本题考察考生对会计职业道德知识点的掌握情况。会计职业道德重在确认人们的义务,而不讲权利。

四、案例分析题

(一) 180.【正确答案】B

【答案解析】会计主管王晓的建议违背了会计人员职业道德规范关于提高技能的要求。提高技能要求会计人员通过学习、培训和实践等途径,持续提高会计职业技能,以达到和维持足够的专业胜任能力的活动。

181.【正确答案】ABCD

【答案解析】会计职业道德与会计法律制度有着共同的目标、相同的调整对象,承担着共同的职责。会计职业道德和会计法律制度的联系主要体现:在作用上相互补充、相互协调;在内容上相互借鉴、相互吸收。

182.【正确答案】A

【答案解析】廉洁自律对会计人员的基本要求是:(1)树立正确的人生观和价值观;(2)公私分明,不贪不占;(3)遵纪守法,一身正气。

183.【正确答案】ABC

【答案解析】出纳秦虹违背了会计人员职业道德规范关于廉洁自律的要求。廉洁自律要求会计人员树立正确的人生观和价值观,公私分明,不贪不占,遵纪守法,一身正气。会计田丽行为的不妥之处表现在:(1)没有妥善保管由自己负责保管的印鉴;(2)不应隐瞒出纳秦虹挪用公款的事实。

(二) 184.【正确答案】BCD

【答案解析】本题考核会计职业道德概念。会计职业道德是指在会计职业活动中应遵循的、体现会计职业特征、调整会计职业关系的职业行为准则和规范。

185.【正确答案】ABCD

【答案解析】本题考核会计职业道德。

186.【正确答案】ABCD

【答案解析】本题考核会计职业道德。会计法律制度侧重于调整会计人员的外在行为和结果的合法化,而不能离开行为过问动机,具有较强的客观性。会计职业道德不仅要求调整会计人员的外在行为,还要调整会计人员内在的精神世界。会计法律制度的各种规定是会计职业关系得以维系的最基本条件,是对会计人员行为的最低限度的要求,用以维持现有的会计职业关系和正常的会计工作秩序。

187.【正确答案】AD

【答案解析】本题考核会计职业道德与会计法律制度的关系。会计职业道德与会计法律制度有着共同的目标、相同的调整对象、承担着同样的职责,两者联系密切。

188.【正确答案】ABD

【答案解析】本题考核会计职业道德的功能。会计职业道德的功能包括:指导功能、评价功能、教化功能。

(三) 189.【正确答案】BC

【答案解析】本题考核会计职业道德。由于尚未构成犯罪,不用动用法律。

190.【正确答案】ACD

【答案解析】本题考核会计职业道德规范的主要内容。从工作努力、钻研业务、积极提供合理化建议这一点来说体现了选项ACD的职业道德。

191.【正确答案】ABC

【答案解析】本题考核违反会计职业道德行为的处罚。违反会计职业道德行为可能会由财政部门、行为人所在单位或者会计职业团体给予处罚。

192.【正确答案】ABC

【答案解析】本题考核会计职业道德。

193.【正确答案】ABC

【答案解析】本题考核会计岗位。选项D,档案保管如果属于档案管理部门,则不属于会计岗位。

(四) 194.【正确答案】ABD

【答案解析】坚持准则的基本要求:(1)熟悉准则;(2)遵循准则;(3)敢于同违法行为作斗争。

195.【正确答案】ABC

【答案解析】强化服务的基本要求:(1)强化服务意识;(2)提高服务质量。参与管理的基本要求包括:(1)努力钻研业务,熟悉财经法规和相关制度,提高业务技能,为参与管理打下坚实的基础;(2)熟悉服务对象的经营活动和业务流程,使管理活动更具有针对性和有效性。爱岗敬业的基本要求:(1)正确认识会计职业,树立职业荣誉感;(2)热爱会计工作,敬重会计职业;(3)安心工作,任劳任怨;(4)严肃认真,一丝不苟;(5)忠于职守,尽职尽责。

196.【正确答案】ABC

【答案解析】参与管理是强化服务的一种表现形式,参与管理可以提高服务水平和质量。

197.【正确答案】ABCD

【答案解析】坚持准则是指会计人员在处理业务过程中,要严格按照会计法律制度办事,不为主观或他人意志所左右。"准则"是会计人员开展会计工作的外在标准和参照物,不仅包括会计准则,而且包括会计法律、法规、国家统一的会计准则制度以及与会计工作相关的法律制度。

198.【正确答案】BCD

【答案解析】坚持准则是指会计人员在处理业务过程中,要严格按照会计法律制度办事,不为主观或他人意志所左右。诚实是指言行思想一致,不弄虚作假、不欺上瞒下,做老实人,说老实话、办老实事。守信就是遵守自己所作出的承诺,讲信用,重信用,信守诺言,保守秘密。诚实守信是做人的基本准则,也是会计职业道德的精髓。客观是指按事物的本来面目去反映,不掺杂个人的主观意愿,也不为他人意见所左右。公正是平等、公平、正直,没有偏失。客观公正是会计职业道德所追求的理想目标。

第二部分 综合练习

综合练习（一）

一、单项选择题

1.【正确答案】C

【答案解析】无。

2.【正确答案】B

【答案解析】必须依据经过审核的会计凭证登记会计账簿。

3.【正确答案】C

【答案解析】会计工作的政府监督包括财政部门为各单位会计工作的监督检查,审计、税务、人民银行、证券监管、保险监管等部门依照有关法律、行政法规规定的职责和权限对有关单位的会计资料实施的监督检查。

4.【正确答案】D

【答案解析】《支付结算办法》第八十七条规定,商业汇票的付款期限,最长不得超过6个月。

5.【正确答案】A

【答案解析】开户单位现金收入应于当日送存银行,当日送存有困难的,由开户银行确定送存时间。

6.【正确答案】A

【答案解析】支付结算的发生取决于委托人的意志。

7.【正确答案】B

【答案解析】信用证结算方式只适用于国内企业之间商品交易产生的货款结算,并且只能用于转款结算,不得支取现金。

8.【正确答案】B

【答案解析】居民纳税人是指在中国内有住所或无住所但在中国境内居住满1年的个人。临时离境不扣除日数。（临时离境指一次不超过30日或累计不超过90日）

9.【正确答案】C

【答案解析】兼营非应税劳务是纳税人的经营范围既包括销售货物和应税劳务。混合销售是指一项销售行为即涉及货物销售又涉及提供非增值税应税劳务的销售行为。纳税人销售自产货物并同时提供建筑业劳务的混合销售行为,视同销售,不应当缴纳增值税。纳税人销售自产货物并同时提供建筑业劳务的混合销售行为,应当分别核算货物的销售额和非增值税应税劳务的营业额,未分别核算的,由主管税务机关核定销售额计算缴纳增值税,非增值税应税劳务的营业额不缴纳增值税。

10.【正确答案】D

【答案解析】ABC都是专用发票。

11.【正确答案】D

【答案解析】税收违法刑事处罚中的没收财产是重于罚金的财产刑。

12.【正确答案】D

【答案解析】本级人民代表大会常务委员会负责审查和批准县级以上地方各级政府预算调整方案

13.【正确答案】C

【答案解析】特设专户是经国务院和省级人民政府批准或授权财政部门开设的特殊过渡性专户,用于记录、核算和反映预算单位的特殊专项支出活动,并用于与国库单一账户清算。

14.【正确答案】A

【答案解析】财政授权支付是国库集中支付的另一种方式,是指预算单位按照部门预算和用款计划确定资金用途,根据财政部门授权,自行开具支付令送代理银行,通过国库单一账户体系中的单位零余额账户或特设专户,将财政性资金支付到收款人或用款单位账户财政授权支付的支出范围是指除财政直接支付支出以外的全部支出。

15.【正确答案】D

【答案解析】会计职业道德与会计法律制度的区别:(1)性质不同;(2)作用范围不同;(3)实现形式不同;(4)实施保障机制不同。

16.【正确答案】B

【答案解析】无。

17.【正确答案】B

【答案解析】在《会计法》允许内,领导让干什么就干什么。会计人员应当保守本单位的商业秘密,除法律规定和单位领导人同意外,不能私自向外界提供或者泄露单位的会计信息。会计人员要参与管理,帮助管理者出谋划策。

18.【正确答案】B

【答案解析】爱岗敬业是会计职业道德的基础,诚实守信是会计职业道德的精髓。

19.【正确答案】C

【答案解析】企业内部控制应当遵循的原则:(1)全面性原则;(2)重要性原则;(3)制衡性原则;(4)适应性原则;(5)成本效益原则。

20.【正确答案】C

【答案解析】专用存款账户适用于对下列资金的管理和使用:(1)基本建设资金;(2)更新改造资金;(3)财政预算外资金(4)粮、棉、油收购资金;(5)证券交易结算资金;(6)期货交易保证金;(7)信托基金;(8)金融机构存放同业资金;(9)政策性房地产开发资金;(10)单位银行卡备用金;(11)住房基金;(12)社会保障基金;(13)收入汇缴资金和业务支出资金;(14)党、团、工会设在单位的组织机构经费;(15)其他需要专项管理和使用的资金。

二、多项选择题

21.【正确答案】ABD

【答案解析】伪造、变造、私自印制开户登记证的存款人,属非经营性的处以1 000元罚款;属经营性的处以1万元以上3万元以下的罚款;构成犯罪的,移交司法机关依法追究刑事责任。

22.【正确答案】ABCD

【答案解析】我国会计职业道德规范的主要内容包括:爱岗敬业、诚实守信、廉洁自律、客观公正、坚持准则、提高技能、参与管理和强化服务等。

23.【正确答案】ACD

【答案解析】无

24.【正确答案】BCD

【答案解析】县级以上地方各级政府财政部门编制本级决算草案,报本级政府审定后,由本级政府提请本级人民代表大会常务委员会审查和批准。国务院财政部门编制中央决算草案,报国务院审定后,由国务院提请全国人民代表大会常务委员会审查和批准。

25.【正确答案】BD

【答案解析】基本当事人包括:收款人,付款人,出票人。非基本当事人包括:承兑人,背书人及其被背书人,保证人。

26.【正确答案】ABCD

【答案解析】税收程序法是税务管理方面的法律规范。税收程序法主要包括税收管理法、纳税程序法、发票管理法、税务机关组织法、税务争议处理法等。

27.【正确答案】ABD

【答案解析】无。

28.【正确答案】ACD

【答案解析】月为壹、贰和壹拾的,日为壹至玖和壹拾、贰拾、叁拾的,应在其前加"零"。选项B为31日,不用加"零",如果是叁拾日就要加"零"了。

29.【正确答案】BD

【答案解析】地方预算由各省、自治区、直辖市总预算组成。地方各级政府预算由本级各部门(含直属单位)的预算组成,包括下级政府向上级政府上解的收入数额和上级政府对下级政府返还或者给予补助的数额。

30.【正确答案】BC

【答案解析】支付结算不包括现金。现金结算起点的调整,由中国人民银行确定,报国务院备案,不是由各开户行调整的。

31.【正确答案】AD

【答案解析】个人卡只能通过现金或工资性款项续存资金,单位卡只能从基本账户续存资金。

32.【正确答案】ABCD

【答案解析】无。

33.【正确答案】ABC

【答案解析】无。

34.【正确答案】ABCD

【答案解析】无。

35.【正确答案】ABCD

【答案解析】无。

36.【正确答案】ABCD

【答案解析】增值税率包括:基本税率、低税率、零税率、征收率。

37.【正确答案】ABC

【答案解析】纳税人办理纳税申报主要采取方式有:(1)直接申报;(2)邮寄申报;(3)数据电文;(4)简易申报。

38.【正确答案】BCD

【答案解析】税收的特征有:(1)强制性;(2)无偿性;(3)固定性。

39.【正确答案】AC

【答案解析】支付结算是指单位、个人在社会经济活动中使用票据、信用卡和汇兑、托收承付、委托收款等结算方式进行货币给付及其资金清算的行为。

40.【正确答案】AC

【答案解析】集中汇缴是指由征收机关(有关法定单位)按有关法律规定,将所收的应缴收入汇总缴入国库单一账户或预算外资金财政专户。

三、判断题

41.【正确答案】对

【答案解析】表述正确。

42.【正确答案】对

【答案解析】表述正确。

43. 【正确答案】错
【答案解析】无。
44. 【正确答案】错
【答案解析】应该是廉洁自律。
45. 【正确答案】对
【答案解析】表述正确。
46. 【正确答案】对
【答案解析】表述正确。
47. 【正确答案】错
【答案解析】预算外资金专户是用于记录、核算和反应预算单位的特殊专项支出活动。
48. 【正确答案】错
【答案解析】无。
49. 【正确答案】错
【答案解析】借记卡每卡每日累计取出不超过2万元人民币。
50. 【正确答案】对
【答案解析】表述正确。
51. 【正确答案】错
【答案解析】无。
52. 【正确答案】错
【答案解析】行为税是以纳税人某些的特定行为为征税对象的一类税收。
53. 【正确答案】对
【答案解析】表述正确。
54. 【正确答案】错
【答案解析】无。
55. 【正确答案】对
【答案解析】表述正确。
56. 【正确答案】错
【答案解析】会计资料不包括劳动合同。
57. 【正确答案】对
【答案解析】表述正确。
58. 【正确答案】对
【答案解析】表述正确。
59. 【正确答案】对
【答案解析】表述正确。
60. 【正确答案】错
【答案解析】无。

四、案例分析题

（一）61.【正确答案】ABCD

【答案解析】根据《征管法》规定,纳税人应将其全部银行账号向税务机关报告。所以选项A正确。基本存款账户是办理转账结算和现金收付的主办账户,经营活动的日常资金收付以及工资、奖金和现金的支取均可通过该账户办理。按《人民币银行结算账户管理办法》规定,一家单位只能选择一家银行申请开立一个基本存款账户。所以BC正确。根据《财政部会计从业资格管理办法》第24条规定,持证人员在不同会计从业资格管理机构管辖范围调转工作单位,且继续从事会计工作的,应当办理会计证调转。所以D正确。因此本题选择 ABCD 选项。

62. 【正确答案】CD

【答案解析】根据我国《票据法》规定了两项绝对记载事项可以通过授权补记的方式记载：支票的金额；收款人名称。这两项可以由出票人授权补记，未补记前不得背书转让和提示付款。

63. 【正确答案】BC

【答案解析】用于支取现金的支票不能背书转让；国内目前不能签发远期支票；支票的提示付款期限为 10 日，银行在见票的当天将票款支付给收款人。根据题面要求，银行拒绝付款是因为现金支票不可以背书转让。所以丙公司的观点不正确。

64. 【正确答案】B

【答案解析】《中华人民共和国税收征收管理法》第十五条：企业，企业在外地设立的分支机构和从事生产、经营的场所，个体工商户和从事生产、经营的事业单位（以下统称从事生产、经营的纳税人）自领取营业执照之日起三十日内，持有关证件，向税务机关申报办理税务登记。税务机关应当自收到申报之日起三十日内审核并发给税务登记证件。

65. 【正确答案】ABC

【答案解析】公司开立基本存款账户时应提交的证件：营业执照正本原件、复印件；组织机构代码证正本原件、复印件；公司公章、法人章、财务专用章；法人身份证原件、复印件；国、地税登记证正本原件、复印件。

（二）66. 【正确答案】B

【答案解析】本题考核财政专户。预算外资金应上缴到财政专户。

67. 【正确答案】BD

【答案解析】本题考核财政授权支付和零余额账户。单项物品和服务 10 万元以下，年度工程采购支出 50 万元以下，特别紧急及零星支出应财政授权支付，通过单位零余额账户进行。

68. 【正确答案】BC

【答案解析】本题考核特设专户。财政拨来的特殊用途的款项应该存入特设专户，是经国务院或国务院授权财政部批准为预算单位在商业银行开设的特殊专户。

69. 【正确答案】CD

【答案解析】本题考核财政授权支付方式。AB 为直接支付，拨入经费 CD 为授权支付。

70. 【正确答案】BD

【答案解析】本题考核国库单一账户体系。

综合练习（二）

一、单项选择题

1. 【正确答案】B

【答案解析】有上述行为，由县级以上人民政府财政部门对违法行为人处以 5 000 元以上 5 万元以下的罚款。

2. 【正确答案】B

【答案解析】会计机构负责人（会计主管人员）是指在一个单位内具体负责会计工作的中层领导人员。

3. 【正确答案】D

【答案解析】该题针对"会计专业技术资格与职务，会计专业技术资格"知识点进行考核。

4. 【正确答案】D

【答案解析】选项 AB 属于外来原始凭证；选项 C 属于记账凭证。

5.【正确答案】A

【答案解析】同一账户月透支余额个人卡不得超过5万元人民币(含等值外币),单位卡不得超过发卡银行对该单位综合授信额度的3%。

6.【正确答案】B

【答案解析】银行汇票的提示付款期限为自出票日起一个月内。

7.【正确答案】D

【答案解析】选项D,如当已承兑的汇票,承兑人为被保证人的情况下,此时债务人就是被保证人。

8.【正确答案】A

【答案解析】银行结算账户是指存款人在经办银行开立的办理"资金收付"结算的人民币活期存款账户。

9.【正确答案】A

【答案解析】核定征收适用于以下情况:(1)依照法律、行政法规的规定可以不设置账簿的;(2)依照法律、行政法规的规定应当设置但未设置账簿的;(3)擅自销毁账簿或者拒不提供纳税资料的;(4)虽设置账簿,但账目混乱或者成本资料、收入凭证、费用凭证残缺不全,难以查账的;(5)发生纳税义务,未按照规定的期限办理纳税申报,经税务机关责令限期申报,逾期仍不申报的;(6)申报的计税依据明显偏低,又无正当理由的。

10.【正确答案】A

【答案解析】同一作品再版取得的所得,应视作另一次稿酬所得计征个人所得税。

11.【正确答案】C

【答案解析】无。

12.【正确答案】C

【答案解析】专用发票仅适用于某一经营项目,如广告费结算发票、商品房销售发票等。

13.【正确答案】B

【答案解析】符合下列情形之一的货物或者服务,可以采用竞争性谈判方式采购:(1)招标后没有供应商投标或者没有合格标的或者重新招标未能成立的;(2)技术复杂或者性质特殊,不能确定详细规格或者具体要求的;(3)采用招标所需时间不能满足用户紧急需要的;(4)不能事先计算出价格总额的。

14.【正确答案】C

【答案解析】乡、民族乡、镇政府这一级没有人大常委会,根据预算法:乡、民族乡、镇政府编制本级决算草案,提请本级人民代表大会审查和批准。

15.【正确答案】A

【答案解析】无。

16.【正确答案】D

【答案解析】政府采购的功能包括:节约财政支出、提高采购资金的使用效益;强化宏观调控;活跃市场经济;推进反腐倡廉;保护民族产业。

17.【正确答案】A

【答案解析】会计人员若存在违反会计法律法规的行为,不仅要承担《会计法》规定的法律责任,受到行政处罚或刑事处罚,而且必须接受相应的道德制裁,可以采取在会计行业范围内通报批评、指令其参加一定学时的继续教育课程、暂停从业资格、在行业内部的公开刊物上予以曝光等。

18.【正确答案】D

【答案解析】选项D,属于客观公正的基本要求。

19.【正确答案】C

【答案解析】选项ABD属于违反会计职业道德的行为。

20.【正确答案】C

【答案解析】本本题考察会计职业道德的功能与作用,会计职业道德的作用等知识点。

二、多项选择题

21.【正确答案】AB

【答案解析】"罚金"是由人民法院强制被判了刑的人在一定的期限内交纳一定数量的金钱,是一种刑罚。"罚款"一般是指行政机关强制违法者缴纳一定数量的钱,是一种行政处罚。

22.【正确答案】BC

【答案解析】持有会计从业资格证书的人员不得涂改、出借会计从业资格证书。

23.【正确答案】BD

【答案解析】因有提供虚假财务会计报告、做假账、隐匿或者故意销毁会计凭证、会计账簿、财务会计报告,贪污、挪用公款,职务侵占等与会计职务有关的违法行为,被依法追究刑事责任的人员,不得参加会计从业资格考试,不得取得或者重新取得会计从业资格证书。

24.【正确答案】ABCD

【答案解析】本题考核会计工作岗位设置,会计工作岗位设置的要求。

25.【正确答案】ACD

【答案解析】办理托收承付结算的款项,必须是商品交易以及因商品交易而产生的劳务供应的款项。代销、寄销、赊销商品的款项不得办理托收承付结算。

26.【正确答案】ABC

【答案解析】汇兑分为信汇和电汇两种,适用于单位和个人的各种款项的结算。

27.【正确答案】BCD

【答案解析】支票的持票人应当自出票日起10日内提示付款;异地使用的支票,其提示付款的期限由中国人民银行另行规定。

28.【正确答案】ABC

【答案解析】出票行为是单方行为,付款人并不因此而有付款义务,只是基于出票人的付款委托使其具有承兑人的地位,在其对汇票进行承兑后,即成为汇票上的主债务人。

29.【正确答案】CD

【答案解析】税务机关对从事生产、经营的纳税人以前纳税期的纳税情况依法进行税务检查时,发现纳税人有逃避纳税义务行为,并有明显的转移、隐匿其应纳税的商品、货物以及其他财产或者应纳税的收入的迹象的,可以按照法律规定的批准权限采取税收保全措施或者强制执行措施。

30.【正确答案】ABC

【答案解析】邮寄申报是指经税务机关批准的纳税人、扣缴义务人使用统一规定的纳税申报特快专递专用信封,通过邮政部门办理交寄手续,并向邮政部门索取收据作为申报凭据的方式。邮寄申报以寄出地的邮戳日期为实际申报日期。

31.【正确答案】ABD

【答案解析】对既销售金银首饰,又销售非金银首饰的生产、经营单位,应将两类商品划分清楚,分别核算销售额。凡划分不清楚或不能分别核算的,在生产环节销售的,一律从高适用税率征收消费税;在零售环节销售的,一律按金银首饰征收消费税。金银首饰与其他产品组成成套消费品销售的,应按销售额全额征收消费税。

32.【正确答案】ABC

【答案解析】消费税属于中央税,增值税和个人所得税属于中央地方共享税。

33.【正确答案】BC

【答案解析】政府采购是指各级国家机关、事业单位和团体组织,使用财政性资金采购依法制定的集中采购目录以内的或者采购限额标准以上的货物、工程和服务的行为。选项B不属于政府采购的主体,选项C使用的不是"财政性资金"。

34. 【正确答案】ACD

【答案解析】选项 B,应该是原批准的预算中举借债务的数额增加的部分。

35. 【正确答案】BC

【答案解析】选项 BC,属于全国人民代表大会常务委员会的预算职权。

36. 【正确答案】BC

【答案解析】选项 A,预算法律制度由《预算法》《预算法实施条例》以及其他跟预算有关的法规制度构成;选项 D,我国的《预算法实施条例》1995 年 11 月 2 日制定,自 1995 年 11 月 22 日起实施。

37. 【正确答案】ABCD

【答案解析】本题考核会计职业道德教育的含义与形式。

38. 【正确答案】ABCD

【答案解析】本题考核"职业道德的特征"知识点。

39. 【正确答案】BC

【答案解析】选项 A,爱岗敬业是会计职业道德的基础。选项 D,客观公正是会计职业道德的理想目标。

40. 【正确答案】BCD

【答案解析】选项 B,会计法律制度是会计职业道德的最低要求。选项 C,会计职业道德既要求调整会计人员的外在行为,也要求调整会计人员内在精神世界。选项 D,会计职业道德既有成文的规定,也有不成文的规范。

三、判断题

41. 【正确答案】对

【答案解析】本题考核"会计工作交接,会计工作交接的程序"知识点。

42. 【正确答案】错

【答案解析】档案管理部门的档案管理不属于会计岗位。

43. 【正确答案】对

【答案解析】会计工作的社会监督主要是指由注册会计师及其所在的会计师事务所依法对委托单位的经济活动进行审计、鉴证的一种监督制度。

44. 【正确答案】对

【答案解析】本题考核"内部审计的概念与内容"知识点。

45. 【正确答案】对

【答案解析】并非所有的票据当事人一定同时出现在某一张票据上,除基本当事人外,非基本当事人是否存在,完全取决于相应票据行为是否发生。

46. 【正确答案】错

【答案解析】基本存款账户是存款人的主办账户。

47. 【正确答案】错

【答案解析】专用存款账户没有数量限制。

48. 【正确答案】错

【答案解析】商业汇票是指由"出票人"签发的,委托付款人在指定日期无条件支付确定的金额给收款人或者持票人的票据。

49. 【正确答案】错

【答案解析】查账征收是指税务机关对账务健全的纳税人,依据其报送的纳税申报表、财务会计报表和其他有关纳税资料,计算应纳税款,填写缴款书或完税证,由纳税人到银行划解税款的征收方式。

50. 【正确答案】对

【答案解析】本题考核"税务登记,税务登记概述"知识点。

51.【正确答案】对

【答案解析】本题考核"消费税应纳税额"知识点。

52.【正确答案】错

【答案解析】金银首饰连同包装物一起销售的,无论包装物是否单独计价,也无论会计上如何核算,均应并入金银首饰的销售额,计征消费税。

53.【正确答案】错

【答案解析】根据《预算法》的规定,中央预算由全国人民代表大会审查和批准。地方各级政府预算由本级人民代表大会审查和批准。

54.【正确答案】对

【答案解析】本题考核"国库单一账户体系,国库单一账户体系的概念"知识点。

55.【正确答案】对

【答案解析】本题考核"政府采购方式,竞争性谈判方式"知识点。

56.【正确答案】对

【答案解析】纳入集中采购目录属于通用的政府采购项目的,应当委托集中采购机构代理采购;属于本部门、本系统有特殊要求的项目,可以实行部门集中采购;属于本单位有特殊要求的项目,经省级以上人民政府批准,可以自行采购。

57.【正确答案】对

【答案解析】自我修养中的"修养",是指在社会实践中的自我锻炼。只有在社会实践中不断磨炼,才能不断提高会计职业道德修养。

58.【正确答案】错

【答案解析】会计职业道德规范中的"廉洁自律"的基本要求是树立正确的人生观和价值观、公私分明,不贪不占。"保密守信,不为利益所诱惑"是诚实守信的内容。

59.【正确答案】对

【答案解析】本题考核"会计职业道德的检查与奖惩,会计职业道德检查与奖惩机制"知识点。

60.【正确答案】对

【答案解析】本题考核"会计职业道德建设组织与实施"知识点。

四、案例分析题

(一)61.【正确答案】ABCD

【答案解析】我国《票据法》规定的票据行为则是指票据当事人以发生票据债务为目的的、以在票据上签名或盖章为权利与义务成立要件的法律行为,包括出票、背书、承兑和保证四种。

62.【正确答案】BC

【答案解析】该商业汇票由银行承兑,因此属于银行承兑汇票。基本当事人包括出票人、付款人和收款人。保证人为非基本当事人。

63.【正确答案】ABD

【答案解析】A银行承兑该银行承兑汇票后,既是承兑人又是付款人,作为付款人的A银行属于票据的基本当事人。丙公司为持票人,票据上记载的收款人为乙公司。

64.【正确答案】BC

【答案解析】定日付款、出票后定期付款或者见票后定期付款的汇票,自到期日起十日内向承兑人提示付款。

65.【正确答案】B

【答案解析】只有商业汇票个人不能使用,银行承兑汇票属于商业汇票的一种。

(二)66.【正确答案】BC

【答案解析】会计机构内部的档案保管员属于会计工作岗位,需要具备会计从业资格证书。

67.【正确答案】CD

【答案解析】选项 A,企业应根据实际需要确定是否需要设置会计机构,不设置会计机构的且未配备专职会计人员的,可以实行代理记账。选项 B,即使实行代理记账,企业仍应对会计资料的真实性和完整性负责。

68.【正确答案】ABD

【答案解析】全民所有制大、中型企业应当设置总会计师,并规定设置总会计师的单位,在单位行政领导成员中,不得设置与总会计师职权重叠的副职。担任总会计师的应当在取得会计师任职资格后主管一个单位或者单位内部一个重要方面的财务工作不少于3年。

69.【正确答案】BC

【答案解析】单位负责人对依法履行职责、抵制违反《会计法》规定行为的会计人员以降级、撤职、调离工作岗位、解聘或者开除等方式实行打击报复,构成犯罪的,依法追究刑事责任;尚不构成犯罪的,由其所在单位或者有关单位依法给予行政处分。对受打击报复的会计人员,应当恢复其名誉和原有职务、级别。

70.【正确答案】C

【答案解析】移交人员对移交的会计凭证、会计账簿、会计报表和其他会计资料的合法性、真实性承担法律责任。

综合练习（三）

一、单项选择题

1.【正确答案】C

【答案解析】单位负责人对依法履行职责、抵制违反《会计法》规定行为的会计人员实行打击报复,情节轻微,危害性不大,尚不构成犯罪的,由其所在单位或者其上级单位或者行政监察部门视情节轻重,依法给予相应的行政处分。

2.【正确答案】C

【答案解析】选项 C,财产物资收发、增减核算岗位属于会计岗位,财产物资收发岗位属于仓库管理员岗位,不是会计岗位。

3.【正确答案】A

【答案解析】会计专业职务分为高级会计师、会计师、助理会计师和会计员。其中,高级会计师为高级职务,会计师为中级职务,助理会计师和会计员为初级职务。

4.【正确答案】B

【答案解析】选项 B 是会计核算的原则。

5.【正确答案】D

【答案解析】发卡银行对贷记卡持卡人未偿还最低还款额和超信用额度用卡的行为,应当分别按最低还款额未还部分、超过信用额度部分的5%收取滞纳金和超限费。

6.【正确答案】A

【答案解析】银行汇票是指汇款人将款项交存当地出票银行、由出票银行签发的,由其在见票时按照实际结算金额无条件支付给收款人或者持票人的票据。

7.【正确答案】B

【答案解析】商业汇票的持票人超过规定期限提示付款的,丧失对其前手的追索权,持票人在作出说明后,仍可以向承兑人请求付款。

8.【正确答案】A

【答案解析】签发支票应使用碳素墨水或墨汁填写,中国人民银行另有规定的除外。

9.【正确答案】D

【答案解析】选项B消费税是指对特定的消费品和消费行为在特定的环节征收的一种流转税；选项A资源税是对在我国境内开采国家规定的矿产资源和生产用盐单位、个人征收的一种税，按应税数量和规定的单位税额计算。

10.【正确答案】C

【答案解析】从事生产经营的纳税人，经确定实行"定期定额征收方式"的，其在营业执照核准的经营期限内需要停业的，应当在停业前向税务机关申报办理停业登记。

11.【正确答案】A

【答案解析】纳税人在停业期间发生纳税义务的，应当按照税收法律、行政法规的规定申报缴纳税款。

12.【正确答案】C

【答案解析】工资、薪金所得，适用3%～45%的超额累进税率。

13.【正确答案】A

【答案解析】全国人民代表大会批准中央预算和中央预算执行情况的报告；县级以上地方各级人民代表大会负责批准本级预算和本级预算执行情况的报告；设立预算的乡、民族乡、镇的人民代表大会负责审查和批准本级预算和本级预算执行情况的报告。

14.【正确答案】A

【答案解析】我国国家预算体系包括中央预算、省级(省、自治区、直辖市)预算、地市级(设区的市、自治州)预算、县市级(县、自治县、不设区的市、市辖区)预算、乡镇级(乡、民族乡、镇)预算，共五级。

15.【正确答案】A

【答案解析】财政直接支付是指由财政部开具支付令，通过国库单一账户体系将资金直接支付到收款人或用款单位账户的方式。

16.【正确答案】C

【答案解析】预算单位零余额账户可以办理转账、提取现金等结算业务。

17.【正确答案】C

【答案解析】会计人员违反职业道德，情节严重的，由财政部门吊销其会计从业资格证书。

18.【正确答案】A

【答案解析】各级财政部门应当负起组织和推动本地区会计职业道德建设的责任，把会计职业道德建设与会计法律制度建设紧密结合起来。

19.【正确答案】C

【答案解析】本题考核"会计职业道德建设组织与实施"知识点。

20.【正确答案】B

【答案解析】财政部门组织和推动会计职业道德建设。

二、多项选择题

21.【正确答案】ABCD

【答案解析】《会计档案管理办法》规定，各单位必须加强对会计档案管理工作的领导，建立会计档案的立卷、归档、保管、查阅和销毁等管理制度，保证会计档案妥善保管、有序存放、方便查阅，严防毁损、散失和泄密。

22.【正确答案】BCD

【答案解析】会计工作岗位一般可分为：(1)总会计师(或行使总会计师职权)；(2)会计机构负责人或者会计主管人员；(3)出纳；(4)稽核；(5)资本、基金核算；(6)收入、支出、债权债务核算；(7)职工薪酬、成本费用、财务成果核算；(8)财产物资收发、增减核算；(9)总账；(10)财务会计报告编制；(11)会计机构内会计档案管理；(12)其他会计岗位。

23.【正确答案】ABD

【答案解析】应对财务部经理处以3 000~50 000元的罚款。

24．【正确答案】ABCD

【答案解析】《会计法》规定的行政责任包括行政处罚和行政处分。会计法律制度中的行政处罚主要有罚款、责令限期改正(通报)、吊销会计从业资格证书等。

25．【正确答案】ABCD

【答案解析】银行、城市信用合作社、农村信用合作社(以下简称银行)以及单位(含个体工商户)和个人是办理支付结算的主体。

26．【正确答案】ABCD

【答案解析】无。

27．【正确答案】AC

【答案解析】银行以外的法人不可签发；银行本票见票即付，票据的信用功能体现在票据当事人可以凭借自己的信誉，将未来才能获得的金钱作为现在的金钱来使用，因此银行本票不作为信用证券。

28．【正确答案】ABCD

【答案解析】本题考核"商业汇票的保证"知识点。

29．【正确答案】BC

【答案解析】消费税属于中央税，企业所得税属于中央地方共享税。

30．【正确答案】AC

【答案解析】中央与地方共享税是指税收收入由中央和地方政府按比例分享的税收。如增值税、企业所得税、个人所得税、资源税、城市维护建设税、印花税等。消费税和关税属于中央税。

31．【正确答案】ABC

【答案解析】我国现行税制中属于流转税的税种主要包括增值税、消费税、关税等。车辆购置税属于行为税类。

32．【正确答案】ABD

【答案解析】注销登记是指纳税人税务登记内容发生了根本性变化，需终止履行纳税义务时向税务机关申报办理的一种税务登记手续。

33．【正确答案】ABCD

【答案解析】国库集中收付制度的作用在于建立起了预算执行的监督管理机制。一方面通过单一账户集中化管理，灵活地调度和使用资金，提高政府资金使用效率，降低成本；另一方面从根本上杜绝在预算执行中的克扣、截留、挪用资金的现象，促进政策资金使用信息公开化、透明化，强化了约束力和社会监督力，从源头上堵住了政府资金使用的行政干预和腐败现象。

34．【正确答案】ABCD

【答案解析】本题考核"国库集中收付制度的概念"知识点。

35．【正确答案】BC

【答案解析】本题考核"财政收支方式"知识点。

36．【正确答案】ABCD

【答案解析】本题考核"政府采购的监督检查"知识点。

37．【正确答案】ABCD

【答案解析】对于会计职业组织实施的职业道德惩戒，由会计行业自律组织根据情节轻重程度采取通报批评、罚款、支付费用、取消其会员资格、警告、参加后续教育等方式进行相应的惩罚。

38．【正确答案】ABCD

【答案解析】本题考核"会计职业道德的检查与奖惩，会计职业道德检查与奖惩的意义"知识点。

39．【正确答案】ABC

【答案解析】根据规定，财政部门、业务主管部门和各单位应当定期检查会计人员遵守职业道德的情况，并作为会计人员晋升、晋级、聘任专业职务，表彰奖励的重要考核依据。

40.【正确答案】ABCD

【答案解析】各级财政部门要充分结合本地区的实际情况，加大宣传力度，制定切实可行的宣传方案，采取灵活多样的宣传形式，如举办会计职业道德演讲、论坛、竞赛、有奖征文等活动。

三、判断题

41.【正确答案】对

【答案解析】我国当前施行的会计行政法规有两部，分别是《总会计师条例》和《企业财务会计报告条例》。

42.【正确答案】错

【答案解析】除结账、更正错误的记账凭证外，其他记账凭证必须附有原始凭证并注明所附原始凭证的张数。

43.【正确答案】错

【答案解析】"单位负责人"对财务报表的真实性、完整性负责。

44.【正确答案】错

【答案解析】会计人员临时离职或因病不能工作"且需要接替或代理的"，必须办理会计工作交接手续。

45.【正确答案】错

【答案解析】出票人签发汇票后，即承担保证该汇票承兑和付款的责任。出票人在汇票得不到承兑或者付款时，应当向持票人清偿法律规定的金额和费用。

46.【正确答案】错

【答案解析】定日付款或者出票后定期付款的汇票，持票人应当在汇票到期日前向付款人提示承兑。见票后定期付款的汇票，持票人应当自出票日起1个月内向付款人提示承兑。见票即付的汇票无需提示承兑。

47.【正确答案】对

【答案解析】银行承兑汇票由银行承兑。

48.【正确答案】错

【答案解析】签发支票应使用碳素墨水或墨汁填写，中国人民银行另有规定的除外。

49.【正确答案】错

【答案解析】按照税法法律级次不同，可分为税收法律、税收行政法规、税收行政规章和税收规范性文件。

50.【正确答案】错

【答案解析】记账联作为销售方核算销售收入和增值税销项税额的会计凭证。抵扣联作为购买方报送主管税务机关认证和留存备查的凭证。

51.【正确答案】错

【答案解析】据税收法律、行政法规的规定可不办理税务登记的扣缴义务人也应当自扣缴义务发生之日起30日内，向机构所在地的主管税务机关申报办理扣缴税款登记，税务机关核发扣缴税款登记证件。

52.【正确答案】错

【答案解析】扣缴义务人向个人支付应纳税所得额时，不论纳税人是否属于本单位人员，均应代扣代缴其应纳的个人所得税税款。

53.【正确答案】错

【答案解析】预算草案是各级政府、各部门、各单位编制的未经法定程序审查和批准的预算收支计划，因此不具有法律效力。

54.【正确答案】对

【答案解析】本题考核"国家预算的构成"知识点。

55.【正确答案】错

【答案解析】预算,指国家预算,是国家对会计年度内的收入和支出的预先结算。

56.【正确答案】错

【答案解析】各部门的职权,是指与财政部门直接发生预算缴款、拨款关系的国家机关、军队、政党组织和社会团体等各部门的预算职权。注意区分各部门的职权与各单位的职权的内容。

57.【正确答案】对

【答案解析】本题考核"会计职业道德的检查与奖惩,会计职业道德检查与奖惩机制"知识点。

58.【正确答案】错

【答案解析】途径包括:执法检查与会计职业道德检查相结合;会计从业资格证书注册登记和年检与会计职业道德检查相结合;会计专业技术资格考评、聘用与会计职业道德检查相结合;与会计人员表彰奖励制度相结合。

59.【正确答案】错

【答案解析】会计职业组织建立行业自律机制。

60.【正确答案】对

【答案解析】本题考核"会计职业道德建设组织与实施"知识点。

四、案例分析题

(一) 61.【正确答案】B

【答案解析】本题考核"诚实守信"知识点。

62.【正确答案】D

【答案解析】题目中没有涉及合理化建议的内容,所以没有反映参与管理。

63.【正确答案】BCD

【答案解析】丙没有做到依法办事、遵循准则,没有做到做老实人、说老实话、办老实事、不搞虚假,因此违反的是坚持准则、客观公正、诚实守信的要求。爱岗敬业是会计职业道德的基础,适用范围比较广泛,不定项选择题中本着谨慎性原则不予选择。

64.【正确答案】BD

【答案解析】本题考核"对会计人员打击报复"的挽救措施的知识点。

65.【正确答案】D

【答案解析】选项A,提高技能指的是正面的技能,不能违法。选项B,违背参与管理。选项C,两句话体现的是廉洁自律。

(二) 66.【正确答案】AB

【答案解析】选项C,因税务机关错算造成的3 000元应当要求李伟缴纳。选项D,因此时未发现李伟有转、隐匿其应纳税商品的行为,所以不能要求李伟提供担保。

67.【正确答案】B

【答案解析】选项A,单价5 000元以下生活用品不能扣押。选项C,税务人员不能当场采取查封措施,需要批准才可以进行扣押。选项D,李伟拒不提供担保,经税务局局长批准可以查封6 000元的商品。

68.【正确答案】CD

【答案解析】选项A,"强制保全措施"的表述不正确。选项B,单价5 000元以下生活用品不能保全和强制执行。

69.【正确答案】CD

【答案解析】选项A,罚金属于刑事处罚。选项B,税务机关造成的3 000元不可以加收滞纳金。

70.【正确答案】BD

【答案解析】选项A、C,对于偷税漏税行为无限期追征税款。

综合练习(四)

一、单项选择题

1.【正确答案】C

【答案解析】会计法律制度是调整经济关系中各种会计关系的法律规范。

2.【正确答案】B

【答案解析】授意、指使、强令会计机构和会计人员及其他人员伪造、变造会计凭证、会计账簿,编制虚假财务会计报告,尚未构成犯罪的,应当根据《会计法》的有关规定,由县级以上人民政府财政部门对违法行为人处以 5 000 元以上 5 万元以下的罚款。

3.【正确答案】C

【答案解析】本题考核"不依法设置会计账簿等会计违法行为的法律责任"知识点。

4.【正确答案】A

【答案解析】根据规定,报名参加会计专业技术中级资格考试的人员取得大学专科学历,从事会计工作满 5 年;取得大学本科学历,从事会计工作满 4 年;取得双学士学位或研究生班毕业,从事会计工作满 2 年;取得硕士学位,从事会计工作满 1 年。

5.【正确答案】C

【答案解析】选项 A,承兑是指汇票付款人承诺在汇票到期日支付汇票金额并签章的行为;选项 B,背书按照目的不同分为转让背书和非转让背书;选项 D,非转让背书是将一定的票据权利授予他人行使,包括委托收款背书和质押背书。

6.【正确答案】A

【答案解析】支付功能在市场经济中,货币作为交换媒介和一般等价物,会经常发生大量收付货币的现象。用票据代替现金作为支付工具,例如使用支票方式支付,具有便携、快捷、安全等优点。

7.【正确答案】A

【答案解析】银行在银行结算账户的使用中,超过期限或未向中国人民银行报送账户开立、变更、撤销等资料的,应给予警告,并处以 5 000 元以上 3 万元以下的罚款。

8.【正确答案】D

【答案解析】选项 ABC 属于存款人的管理。

9.【正确答案】D

【答案解析】该公司应缴纳的进口增值税 = (600 + 30) × 17% = 107.1 万元;该公司取得的进口增值税专用缴款书可以作为国内销售商品的进项税额抵扣凭证;进口货物的纳税义务发生时间为报关进口的当天。

10.【正确答案】C

【答案解析】提供应税服务的,年应税服务销售额在 500 万元以下的,按照小规模纳税人征收增值税。350 万元是含税收入,则应纳增值税 = 350/(1 + 3%) × 3% = 10.19(万元)。

11.【正确答案】C

【答案解析】应纳税所得额 = 50 000 × (1 − 20%) = 40 000(元),适用税率为 30%,速算扣除数为 2 000 元。应纳税额 = 40 000 × 30% − 2 000 = 10 000(元)。

12.【正确答案】C

【答案解析】个体工商户生产经营所得适用自行申报。

13.【正确答案】B

【答案解析】国库单一账户在财政总预算会计中使用,行政单位和事业单位会计中不设置该账户。

14. 【正确答案】B

【答案解析】竞争性谈判方式,是指要求采购人就有关采购事项,与不少于3家供应商进行谈判,最后按照预先规定的成交标准,确定成交供应商的方式。

15. 【正确答案】B

【答案解析】本题考核"政府采购方式,竞争性谈判方式"知识点。

16. 【正确答案】B

【答案解析】根据规定,具有特殊性,只能从有限范围的供应商处采购的货物,其适用的政府采购方式是邀请招标方式。

17. 【正确答案】C

【答案解析】本题考核"会计职业道德建设组织与实施"知识点。

18. 【正确答案】B

【答案解析】本题考核"会计职业道德教育的含义与形式"知识点。

19. 【正确答案】A

【答案解析】会计职业道德教育的内容包括职业道德观念教育、职业道德规范教育和职业道德警示教育,其他与会计职业道德相关的教育包括形势教育、品德教育、法制教育等。

20. 【正确答案】B

【答案解析】会计职业道德规范的主要内容是爱岗敬业、诚实守信、廉洁自律、客观公正、坚持准则、提高技能、参与管理和强化服务等。

二、多项选择题

21. 【正确答案】ACD

【答案解析】隐匿或者故意销毁依法应当保存的会计凭证、会计账簿、财务会计报告,尚不构成犯罪的,由县级以上人民政府财政部门予以通报,在通报的同时,可以对单位并处5 000元以上10万元以下的罚款。

22. 【正确答案】ABC

【答案解析】不依法设置会计账簿,应对单位处以3 000元以上5万元以下的罚款。

23. 【正确答案】ACD

【答案解析】本题考核"其他会计违法行为的法律责任,伪造、变造会计凭证、会计账簿,编制虚假财务会计报告的法律责任"知识点。

24. 【正确答案】ABC

【答案解析】我国会计人才评价机制包括初级、中级、高级会计人才机制、会计行业领军人才的培养评价和财政部和地方财政部门对先进会计工作者的表彰奖励。

25. 【正确答案】ABCD

【答案解析】本题考核"票据的概念、种类、特征、功能,票据的特征与功能"知识点。

26. 【正确答案】ABCD

【答案解析】本题考核"违反银行结算账户管理制度的法律责任,银行及其有关人员违反银行结算账户管理制度的处罚"知识点。

27. 【正确答案】ABCD

【答案解析】存款人的法定代表人或主要负责人、存款人地址以及其他开户资料的变更事项未在规定期限内通知银行的,给予警告并处以1 000元的罚款。

28. 【正确答案】ABCD

【答案解析】存款人在使用银行结算账户过程中,有下列行为之一的,对于非经营性的存款人,给予警告并处以1 000元罚款;对于经营性的存款人,给予警告并处以5 000元以上3万元以下的罚款:(1)违反规定将单位款项转入个人银行结算账户;(2)违反规定支取现金;(3)利用开立银行结算账户逃废银行债务;(4)出租、出借银行结算账户;(5)从基本存款账户之外的银行结算账户转账存入、将销货收入存入或现金存入单位信用卡账户。

29.【正确答案】BC

【答案解析】企业所得税应纳税所得额的计算,以权责发生制为原则,属于当期的收入和费用,不论款项是否收付,均作为当期的收入和费用;不属于当期的收入和费用,即使款项已经在当期收付,也不作为当期的收入和费用。企业所得税税款属于不得扣除的项目,计算应纳税所得额时不涉及企业所得税税款。

30.【正确答案】ABCD

【答案解析】居民企业包括国有企业、集体企业、私营企业、联营企业、股份制企业、外商投资企业、外国企业及有生产、经营所得和其他所得的其他组织。

31.【正确答案】CD

【答案解析】委托加工的应税消费品,除受托方为个人外,由受托方向机构所在地或居住地主管税务机关解缴消费税税款。

32.【正确答案】AC

【答案解析】应纳税额=应税消费品的销售额×比例税率,销售额不包括应向购买方收取的增值税税款,如销售额含税,则应换算成不含税销售额,应税消费品的销售额=含增值税的销售额/(1+增值税税率或者征收率)。

33.【正确答案】AC

【答案解析】本题考核"政府采购当事人,政府采购的代理机构"知识点。

34.【正确答案】ABCD

【答案解析】从《政府采购法》的规定来看,供应商的义务主要包括:(1)遵守政府采购的各项法律、法规和规章制度;(2)按规定接受供应商资格审查,并在资格审查中客观真实地反映自身情况;(3)在政府采购活动中,满足采购人或采购代理机构的正当要求;(4)投标中标后,按规定程序签订政府采购合同并严格履行合同义务;(5)其他法定义务。

35.【正确答案】ACD

【答案解析】选项B体现的是诚实信用原则。

36.【正确答案】AD

【答案解析】对于选项A,国务院财政部门编制中央决算草案,报国务院审定后,由国务院提请全国人大常委会审查和批准;对于选项D,乡、民族乡、镇政府编制本级决算草案,提请本级人民代表大会审查和批准。

37.【正确答案】ABCD

【答案解析】本题考核"强化服务,强化服务的基本要求"知识点。

38.【正确答案】BC

【答案解析】本题考核"强化服务,强化服务的基本要求"知识点。

39.【正确答案】ABD

【答案解析】会计人员要经常主动地向领导反映经营管理活动中的情况和存在的问题,主动提出合理化建议、协助领导决策、参与经营管理活动。但不是代替领导决策。

40.【正确答案】ABCD

【答案解析】就会计职业而言,会计技能包括会计理论水平,会计实务能力,职业判断能力,自动更新知识的能力,提供会计信息的能力,沟通交流的能力以及职业经验等。

三、判断题

41.【正确答案】对

【答案解析】私设会计账簿的行为是指不在依法设置的会计账簿上对经济业务事项进行统一登记核算,而另外私自设置会计账簿进行登记核算的行为,俗称"两本账"、"账外账"或"小金库"之类。

42.【正确答案】错

【答案解析】任用会计人员不符合《会计法》规定的行为,包括:单位任用无会计从业资格证书的人员从事会计工作的行为;任用会计机构负责人(会计主管人员)不符合国家规定的资格条件的行为;任用总会计师不符合国家规定的资格条件的行为。

43.【正确答案】错

【答案解析】取得大学专科学历的人员报名参加会计专业技术中级资格考试的,还应当从事会计工作满5年。

44.【正确答案】错

【答案解析】初级会计资格考试分初级会计实务、经济法基础两个科目,参加初级会计资格考试的人员必须在一个考试年度内通过全部科目的考试。

45.【正确答案】错

【答案解析】保证是指票据债务人以外的人,为担保特定债务人履行票据债务而在票据上记载有关事项并签章的行为。

46.【正确答案】错

【答案解析】银行在银行结算账户的开立中,明知或应知是单位资金,而允许以自然人名称开立账户存储的,应给予警告,并处以5万元以上30万元以下的罚款。

47.【正确答案】对

【答案解析】有下列情形之一的,个人应出具符合规定的有关收款依据:(1)个人持出票人为单位的支票向开户银行委托收款的,将款项转入其个人银行结算账户的;(2)个人持申请人为单位的银行汇票和银行本票向开户银行提示付款,将款项转入其个人银行结算账户的。

48.【正确答案】对

【答案解析】本题考核"个人银行结算账户,开立个人银行结算账户的程序"知识点。

49.【正确答案】错

【答案解析】演讲收入应按照劳务报酬所得计算个人所得税。

50.【正确答案】对

【答案解析】本题考核"税务登记,税务登记概述"知识点。

51.【正确答案】错

【答案解析】纳税人因住所、经营地点变动,涉及改变税务登记机关的,应办理注销税务登记。不涉及改变税务登记机关的,应办理变更税务登记。

52.【正确答案】错

【答案解析】纳税人发生年度亏损的,可以用下一纳税年度的所得弥补;下一纳税年度的所得不足以弥补的,可以逐年延续弥补,但是延续弥补期最长不得超过5年。5年内不论是盈利或亏损,都作为实际弥补期限计算。

53.【正确答案】对

【答案解析】国库单一账户体系是指以财政国库存款账户为核心的各类财政性资金账户的集合,所有财政性资金的收入、支付、存储及资金清算活动均在该账户体系进行。

54.【正确答案】对

【答案解析】本题考核"国库单一账户体系"知识点。

55.【正确答案】对

【答案解析】本题考核"政府采购方式,询价采购方式"知识点。

56.【正确答案】对

【答案解析】本题考核"政府采购的监督检查"知识点。

57.【正确答案】错

【答案解析】会计学历教育在会计职业道德教育中具有基础性地位,继续教育是强化会计职业道德教育的有效形式。

58.【正确答案】对

【答案解析】本题考核"会计职业道德教育的含义与形式"知识点。

59.【正确答案】对

【答案解析】本题考核"强化服务,强化服务的含义"知识点。

60.【正确答案】对

【答案解析】本题考核"强化服务,强化服务的含义"知识点。

四、案例分析题

(一) 61.【正确答案】A

【答案解析】未承兑的汇票主债务人即出票人,所以主债务人为甲公司。

62.【正确答案】BD

【答案解析】选项A,即付票据不存在承兑问题;选项C,未记载付款日期的,视为见票即付。

63.【正确答案】ACD

【答案解析】乙公司为支付合同款,背书转让给B公司,并记载"不得转让"字样。背书人在汇票上记载"不得转让"字样,其后手再背书转让的,原背书人对后手的被背书人不承担保证责任。

64.【正确答案】AC

【答案解析】选项B,C公司享有票据权利;选项D,B公司将记载"不得转让"字样的票据背书转让给C公司,该背书转让有效。

65.【正确答案】BD

【答案解析】选项C,债务人不能为自己担保。

(二) 66.【正确答案】C

【答案解析】850 000 × 17% + 42 120 ÷ (1 + 17%) × 17% + 20 000 × 17% = 154 020(元)。

67.【正确答案】B

【答案解析】进项税额 = 580 000 × 13% + 21 760 + 1 000 × 11% + 18 000 × 17% = 100 330(元)。

68.【正确答案】A

【答案解析】当期应纳税额 = 当期销项税额 - 当期进项税额 = 154 020 - 100 330 = 53 690(元)。

69.【正确答案】ABD

【答案解析】增值税分为生产型增值税、收入型增值税、消费型增值税三种类型。

70.【正确答案】ABC

【答案解析】增值税的纳税期限分别为1日、3日、5日、10日、15日、1个月或者1个季度。

综合练习(五)

一、单项选择题

1.【正确答案】D

【答案解析】出纳人员不得兼管会计档案。

2.【正确答案】B

【答案解析】持证人员参加继续教育采取学分制管理制度。

3.【正确答案】A

【答案解析】有不依法设置会计账簿等会计违法行为的,由县级以上人民政府财政部门责令限期改正,可以对单位并处三千元以上五万元以下的罚款;对其直接负责的主管人员和其他直接责任人员,可以处二千元以上二万元以下的罚款。

4.【正确答案】C

【答案解析】会计资料是指在会计核算过程中形成的,记录和反映实际发生的经济业务事项的会计专业资料,主要包括会计凭证、会计账簿、财务会计报告等。

5.【正确答案】D

【答案解析】当年形成的会计档案,在会计年度终了后,可暂由会计机构保管一年,期满之后,应当由会计机构编制移交清册,移交本单位档案机构统一保管;未设立档案机构的,应当在会计机构内部指定专人保管。出纳人员不得兼管会计档案。

6.【正确答案】A

【答案解析】出票后定期付款的汇票,持票人应当在汇票到期日前向付款人提示承兑。

7.【正确答案】B

【答案解析】现金结算的特点:(1)直接便利。(2)不安全性。(3)不易宏观控制和管理。(4)费用较高。

8.【正确答案】D

【答案解析】中国人民银行是银行结算账户的监督管理部门。

9.【正确答案】C

【答案解析】中文大写金额数字到"元"为止的,在"元"之后应写"整"(或"正")字,到"角"为止的,在"角"之后可以不写"整"(或"正")字。大写金额数字有"分"的,"分"后面不写"整"(或"正")字。

10.【正确答案】C

【答案解析】税收与其他财政收入形式相比,具有强制性、无偿性和固定性三个特征。

11.【正确答案】C

【答案解析】我国现行的增值税、消费税、关税等都属于流转税类。

12.【正确答案】B

【答案解析】增值税可分为:生产型增值税;收入型增值税;消费型增值税。

13.【正确答案】A

【答案解析】核定征收适用于以下情况:(1)依照法律、行政法规的规定可以不设置账簿的;(2)依照法律、行政法规的规定应当设置账簿但未设置的;(3)擅自销毁账簿或者拒不提供纳税资料的;(4)虽设置账簿,但账目混乱或者成本资料、收入凭证、费用凭证残缺不全,难以查账的;(5)发生纳税义务,未按照规定的期限办理纳税申报,经税务机关责令限期申报,逾期仍未申报的;(6)纳税人申报的计税依据明显偏低,又无正当理由的。

14.【正确答案】A

【答案解析】供应商参加政府采购活动应当具备下列条件:具有独立承担民事责任的能力;具有良好的商业信誉和健全的财务会计制度;具有履行合同所必需的设备和专业技术能力;有依法缴纳税收和社会保障资金的良好记录;参加政府采购活动前三年内,在经营活动中没有重大违法记录;法律、行政法规规定的其他条件。

15.【正确答案】C

【答案解析】邀请招标方式,是指招标采购单位依法从符合相应资格条件的供应商中随机邀请3家(含3家)以上供应商,并以投标邀请书的方式,邀请其参加投标的方式。

16.【正确答案】D

【答案解析】国库集中收付制度一般也称为国库单一账户制度,包括国库集中支付制度和收入收缴管理制度,是指由财政部门代表政府设置国库单一账户体系,所有的财政性资金均纳入国库单一账户体系收缴、支付和管理的制度。

17.【正确答案】D

【答案解析】理解会计职业道德的概念，应把握以下几点：（1）会计职业道德是调整会计职业活动中各种利益关系的手段；（2）会计职业道德具有相对稳定性；（3）会计职业道德具有广泛的社会性。

18．【正确答案】C

【答案解析】廉洁自律的基本要求有：（1）树立正确的人生观和价值观；（2）公私分明，不贪不占，不贪不占是指会计人员不贪图金钱和物质享受，不利用职务之便贪污受贿，做到"理万金分文不沾"；（3）遵纪守法，一身正气。

19．【正确答案】D

【答案解析】强化服务就是要求会计人员具有文明的服务态度、强烈的服务意识和优良的服务质量。

20．【正确答案】D

【答案解析】会计职业道德建设组织与实施主要包括财政部门的组织推动，会计行业的自律，企事业单位的内部监督和社会各界的监督与配合等内容。

二、多项选择题

21．【正确答案】BCD

【答案解析】对授意、指使、强令会计机构、会计人员及其他人员伪造、变造会计凭证、会计账簿，编制虚假财务会计报告或者隐匿、故意销毁依法应当保存的会计凭证、会计账簿、财务会计报告的国家工作人员，还应当由其所在单位或者有关单位依法给予降级、撤职或者开除的行政处分。

22．【正确答案】ABC

【答案解析】我国会计法律制度主要包括会计法律、会计行政法规、会计部门规章和地方性会计法规。

23．【正确答案】ABD

【答案解析】会计工作管理体制主要包括会计工作的行政管理、会计工作的自律管理和单位内部的会计工作管理。

24．【正确答案】ABCD

【答案解析】单位内部的会计工作管理主要包括：单位负责人的职责；会计机构的设置；会计人员的选拔任用；会计人员回避制度等内容。

25．【正确答案】AC

【答案解析】无。

26．【正确答案】BD

【答案解析】会计师事务所的业务包括法定业务和非法定业务。法定业务专指鉴证类业务，如审计、验资等。除了鉴证类业务以外的其他所有业务，全部属于非法定业务，如财务咨询、内部控制咨询等。

27．【正确答案】BCD

【答案解析】出票人依照《票据法》的规定完成出票行为之后，即产生票据上的效力。包括：（1）对收款人的效力。收款人取得汇票后，即取得票据权利。一方面就票据金额享有付款请求权；另一方面在该请求权不能满足时，即享有追索权。同时，收款人享有依法转让票据的权利。（2）对付款人的效力。付款人在对汇票承兑后，即成为汇票上的主债务人。（3）对出票人的效力。出票人签发汇票后，即承担保证该汇票承兑和付款的责任。出票人在汇票得不到承兑或者付款时，应当向持票人清偿法律规定的金额和费用。

28．【正确答案】ABCD

【答案解析】开户单位可以在下列范围内使用现金：（1）职工工资、津贴；（2）个人劳务报酬；（3）根据国家规定颁发给个人的科学技术、文化艺术、体育等各种奖金；（4）各种劳保、福利费用以及国家规定的对个人的其他支出；（5）向个人收购农副产品和其他物资的价款；（6）出差人员必须随身携带的差旅费；（7）结算起点以下的零星支出；（8）中国人民银行确定需要支付现金的其他支出。

29．【正确答案】AD

【答案解析】根据存款人的不同，银行结算账户分为单位银行结算账户和个人银行结算账户。

30.【正确答案】AD

【答案解析】银行卡的分类：(1)按照发行主体是否在境内分为境内卡和境外卡。(2)按照是否给予持卡人授信额度分为信用卡和借记卡。(3)按照账户币种的不同分为人民币卡、外币卡和双币种卡。(4)按信息载体不同分为磁条卡和芯片卡。

31.【正确答案】ABC

【答案解析】办理托收承付结算的款项，必须是商品交易以及因商品交易而产生的劳务供应的款项。代销、寄销、赊销商品的款项不得办理托收承付结算。

32.【正确答案】AB

【答案解析】目前采用定额税率的有城镇土地使用税、车船税等。采用超率累进税率的是土地增值税。

33.【正确答案】ABCD

【答案解析】税收程序法是税务管理方面的法律规范。税收程序法主要包括税收管理法、纳税程序法、发票管理法、税务机关组织法、税务争议处理法等。

34.【正确答案】ABC

【答案解析】税法的构成要素，是指各种单行税法具有的共同的基本要素的总称。一般包括征税人、纳税义务人、征税对象、税目、税率、计税依据、纳税环节、纳税期限、纳税地点、减免税和法律责任等项目。其中，纳税义务人、征税对象、税率是构成税法的三个最基本的要素。

35.【正确答案】AD

【答案解析】经济建设支出包括用于经济建设的基本投资支出，支持企业的挖潜改造支出，拨付的企业流动资金支出，拨付的生产性贷款贴息支出，专项建设基金支出，支持农业生产支出以及其他经济建设支出。

36.【正确答案】ABC

【答案解析】财政授权支付是指预算单位按照财政部门的授权，自行向代理银行签发支付指令，代理银行根据支付指令，在财政部门批准的预算单位的用款额度内，通过国库单一账户体系将资金支付到收款人账户。

37.【正确答案】ABC

【答案解析】会计职业道德的作用主要有：(1)是规范会计行为的基础；(2)是实现会计目标的重要保证；(3)是对会计法律制度的重要补充；(4)是提高会计人员职业素养的内在要求。

38.【正确答案】AB

【答案解析】会计职业道德教育的形式有：(1)接受教育(外在教育)；(2)自我修养(内在教育)。

39.【正确答案】BCD

【答案解析】各级财政部门应当采取多种形式开展会计职业道德建设教育，并发挥自身会计工作主管部门的优势，通过完善会计法律法规，推动会计职业道德建设。(1)采用多种形式开展会计职业道德宣传教育。(2)会计职业道德建设与会计从业资格证书注册登记管理相结合。(3)会计职业道德建设与会计专业技术资格考评、聘用相结合。(4)会计职业道德建设与《会计法》执法检查相结合。(5)会计职业道德建设与会计人员表彰奖励制度相结合。

40.【正确答案】AB

【答案解析】会计职业道德教育的内容主要包括以下几个方面：(1)会计职业道德观念教育；(2)会计职业道德规范教育；(3)会计职业道德警示教育；(4)其他教育。与会计职业道德相关的其他教育主要有形势教育、品德教育、法制教育等。自我修养是内在教育，是指会计人员在会计职业活动中，按照会计职业道德的基本要求，在自身道德品质方面进行的自我教育、自我改造、自我锻炼、自我提高，从而达到一定的职业道德境界。

三、判断题

41. 【正确答案】对

【答案解析】表述正确。

42. 【正确答案】对

【答案解析】会计关系是指会计机构和会计人员在办理会计事务过程中以及国家在管理会计工作过程中发生的各种经济关系。

43. 【正确答案】对

【答案解析】单位内部会计监督的对象是单位的经济活动。单位内部会计监督的主体是各单位的会计机构和会计人员。

44. 【正确答案】对

【答案解析】支付结算方面的的法律、法规和制度主要包括：《票据法》《票据管理实施办法》《支付结算办法》《现金管理暂行条例》《中国人民银行银行卡业务管理办法》《人民币银行结算账户管理办法》《异地托收承付结算办法》《电子支付指引（第一号）》等。

45. 【正确答案】错

【答案解析】存款人银行结算账户有法定变更事项的，应于5个工作日内书面通知开户银行并提供有关证明：（1）银行结算账户的存款人更改名称，但不改变开户银行及账号的；（2）单位的法定代表人或主要负责人、住址以及其他开户资料发生变更的。开户银行办理变更手续并于2个工作日内向中国人民银行当地分支行报告。

46. 【正确答案】错

【答案解析】现金结算的渠道有：（1）付款人直接将现金支付给收款人；（2）付款人委托银行、非银行金融机构或者非金融机构将现金支付给收款人。

47. 【正确答案】对

【答案解析】表述正确。

48. 【正确答案】错

【答案解析】按照主权国家行使税收管辖权不同，可分为国内税法、国际税法和外国税法。

49. 【正确答案】对

【答案解析】表述正确。

50. 【正确答案】对

【答案解析】税务代理指代理人接受纳税主体的委托，在法定的代理范围内依法代其办理相关税务事宜的行为。税务代理人在其权限内，以纳税人（含扣缴义务人）的名义代为办理纳税申报，申办、变更、注销税务登记证，申请减免税，设置保管账簿凭证，进行税务行政复议和诉讼等纳税事项的服务活动。

51. 【正确答案】对

【答案解析】根据我国《刑法》规定，刑罚分为主刑和附加刑。主刑分为管制、拘役、有期徒刑、无期徒刑和死刑。附加刑分为罚金、剥夺政治权利、没收财产。对犯罪的外国人，可驱逐出境。

52. 【正确答案】错

【答案解析】我国采取的是公历年制。《预算法》第十条规定，预算年度自公历1月1日起，至12月31日止。

53. 【正确答案】错

【答案解析】县级以上各级政府接受本级人民代表大会及其常务委员会对预算执行情况和决算的监督，乡级人民政府接受本级人民代表大会对预算执行情况和决算的监督。各级政府应当在每一预算年度内至少向本级人民代表大会或者其常务委员会作两次预算执行情况的报告。

54. 【正确答案】对

【答案解析】公正原则要求政府采购要按照事先约定的条件和程序进行，对所有供应商一视同仁，不得有歧视条件和行为,任何单位或个人无权干预采购活动的正常开展。尤其是在评标活动中,要严格按照统一的评标标准评定中标或成交供应商,不得存在任何主观倾向。

55.【正确答案】错

【答案解析】财政部门在商业银行开设的预算外资金财政专户,简称预算外资金专户。该专户用于记录、核算和反映预算外资金的收入和支出活动,并用于预算外资金日常收支清算。预算外资金专户在财政部门设立和使用。

56.【正确答案】对

【答案解析】岗前职业道德教育包括会计专业学历教育及获取会计从业资格中的职业道德教育。

57.【正确答案】错

【答案解析】会计职业道德检查与奖惩的意义主要有:(1)具有促使会计人员遵守职业道德规范的作用;(2)裁决与教育作用;(3)有利于形成抑恶扬善的社会环境。

58.【正确答案】对

【答案解析】依据我国《会计法》等法律法规的规定,对于认真执行《会计法》,忠于职守,坚持原则,作出显著成绩的会计人员,应给予精神的或者物质的奖励。

59.【正确答案】错

【答案解析】建立会计职业道德的检查与奖惩机制是一个复杂的系统工程,需要政府部门、行业组织、有关单位的积极参与,并且要运用经济、法律、行政、自律等综合治理手段予以实现。

60.【正确答案】错

【答案解析】本题考察学员会计职业道德的评价方法知识点的掌握情况。会计职业道德的评价方法包括社会舆论、传统习俗、内心信念及考核评比。

四、案例分析题

(一) **61.【正确答案】D**

【答案解析】发卡银行对准贷记卡及借记卡(不含储值卡)账户内的存款,按照中国人民银行规定的同期同档次存款利率及计息办法计付利息。发卡银行对贷记卡账户的存款、储值卡(含IC卡的电子钱包)内的币值不计付利息。

62.【正确答案】D

【答案解析】持卡人还清透支本息后,属于下列情况之一的,可以办理销户:(1)信用卡有效期满45天后,持卡人不更换新卡的;(2)信用卡挂失满45天后,没有附属卡又不更换新卡的;(3)信用卡被列入止付名单,发卡银行已收回其信用卡45天的;(4)持卡人死亡,发卡银行已收回其信用卡45天的;(5)持卡人要求销户或担保人撤销担保,并已交回全部信用卡45天的;(6)信用卡账户两年(含)以上未发生交易的;(7)持卡人违反其他规定,发卡银行认为应该取消资格的。发卡银行办理销户时,应当收回信用卡。有效信用卡无法收回的,应当将其止付。

63.【正确答案】AC

【答案解析】贷记卡的首月最低还款额不得低于其当月透支余额的10%。贷记卡选择最低还款额或超过批准的信用额度用卡,不得享受免息还款期待遇。

64.【正确答案】B

【答案解析】收费是指商业银行办理银行卡收单业务向商户收取结算手续费。

65.【正确答案】BC

【答案解析】个人卡是指发卡银行向个人发行的银行卡;贷记卡是指发卡银行给予持卡人一定的信用额度,持卡人可以在信用额度内先消费、后还款的信用卡,它具有透支消费、期限内还款可免息、卡内存款不计利息等特点。

(二) **66.【正确答案】A**

【答案解析】询价采购,是指只考虑价格因素,要求采购人向3家以上潜在的供应商发出询价单,对一次性报出的价格进行比较,最后按照符合采购需求、质量和服务相等且报价最低的原则,确定成交供应商的方式。

67.【正确答案】ABCD

【答案解析】根据《政府采购法》的规定,政府采购方式有:公开招标、邀请招标、竞争性谈判、单一来源采购、询价采购。

68.【正确答案】A

【答案解析】选项 B 是单一货源采购方式,选项 C 是竞争性谈判方式,选项 D 是邀请招标方式。

69.【正确答案】AD

【答案解析】选项 B 政府采购的主体是国家机关、事业单位和团体组织,选项 C 是政府采购的资金来源于纳税人缴纳的各种税金。

70.【正确答案】ABCD

【答案解析】政府采购的原则包括:公开透明原则、公平竞争原则、公正原则、诚实信用原则。